Natürlich mit Öffis!

35 Skitouren, Reibn und Skisafaris ab München

Natürlich mit Öffis!

Angelika Feiner • Michael Vitzthum • Barbara Schmid • Sven Schmid

#bergsportisnomotorsport

Dieses Buch steckt voller Leidenschaft für Skitouren. Aber es steckt auch voller Inspiration, wie wir unsere Lieblingsbeschäftigung sanft und klimaschonend ausüben können – nämlich ohne Auto. Und das auch noch auf eine Weise, die uns keinen Verzicht abringt, sondern uns im Gegenteil völlig neue Möglichkeiten erschließt und zur Bereicherung wird. Unsere Traumtouren sind nicht trotz, sondern nur mit öffentlichen Verkehrsmitteln möglich!

Wir wollen möglichst viele BergsportlerInnen für diese Art des Tourengehens motivieren – aus einem wichtigen Grund: Jedes Jahr wünschen wir uns eine schneereiche Saison in einer unberührten Bergwelt, aber gleichzeitig tragen wir mit unserer Ressourcenverschwendung und Bequemlichkeit dazu bei, dass es immer weniger Winterzauber gibt. Dieses Dilemma mit seinen krassen Auswirkungen auf Natur und Mensch können wir in Zukunft nur durch mutiges Handeln überwinden. Jede Skitour mit öffentlichen Verkehrsmitteln ist ein aktiver Beitrag zum Klimaschutz mit weniger Feinstaub, Lärm, Gestank und Mikroplastik. Wir durchbrechen endlich den Teufelskreis aus immer noch mehr Infrastruktur mit Straßen, Tunnels und Parkplätzen, die immer noch mehr Verkehr anzieht. Es ist ein Zeichen von Respekt gegenüber den Bewohnern der sensiblen Alpenregionen, wenn der Verkehrsdruck sinkt, gleichzeitig bleiben lokale Bahn- und Buslinien für uns alle erhalten.

Das ist jedoch nicht der einzige Grund für unsere Öffitouren. Der große Spaßfaktor dabei ist, dass erst mit ihnen großartige Rundtouren, Überschreitungen und Durchquerungen möglich werden – Routen, auf die man mit Auto nie kommen würde, weil das Auto Anfangs- und Endpunkt zwingend festlegt. Dieses Buch soll eine Einladung zu mehr Erlebnis, zu mehr Abenteuerlust im Gebirge sein. Viele neue Routen abseits der immer gleichen Wege werden möglich, weil wir nicht mehr zum Parkplatz zurück müssen. In dieser Freiheit liegt einer der unschlagbaren Vorteile der öffentlichen Verkehrsmittel: Wir können die Berge viel bewusster und intensiver entdecken.

Jede Tour ist eine Reise, die schon an der Haustür beginnt. Wir treffen uns unkompliziert am Bahnhof und starten zusammen ins Gebirge. Der Weg wird zum Gemeinschaftserlebnis mit viel Raum für Gespräche, Brotzeit, Detailplanung und Reflexion. Niemand muss übermüdet und gestresst die Gruppe am Ende durch den Stau wieder nach Hause chauffieren. Der Tag wird mit den Öffis vielleicht etwas länger, aber die gemeinsame Zeit unterwegs ist geschenkt.

Wir möchten Teil der Lösung sein und nicht des Problems, auch deshalb haben wir dieses Buch geschrieben. Probiert es einfach mal aus!

Angelika Feiner, Michael Vitzthum, Barbara Schmid und Sven Schmid

Links: Wohin die Reise in Zukunft geht, haben wir selbst in der Hand. Bei jeder Tour aufs Neue.

Inhalt

#bergsportisnomotorsport 5
Netzkarte 8
Wir fahren Öffentlich! 10
Unterwegs mit Bahn und Bus 12
Die gute Tourenplanung 17
Zum Gebrauch des Buchs 24
Unterwegs in und mit der Natur 28

1 Walsertaler Gipfel-Trilogie
Skisafari im Kleinwalsertal 38

2 Die Laus auf dem Sägeblatt
Skisafari über die Nagelfluhkette 42

3 Über Ochsen und Hörner
Skisafari in den Allgäuer Voralpen 50

4 Nordhang der Extraklasse
Auf das Tannheimer Gaishorn 56

5 Take me to Thaneller
Unterwegs im vorderen Lechtal 60

6 Lechtaler Reibn
Über Steinkarspitze und Galtjoch 64

7 Außerferner Sonnentour
Auf das Kleine Pfuitjöchle 70

8 LeiWannige Frühjahrstour
»By fair means« auf den Wannig 74

9 Höllisch grüne Rundfahrt
Von Biberwier nach Ehrwald 78

10 Ein Hoch auf Garmisch
Im Angesicht der Alpspitze 84

11 Reintal statt Rummel
Auf stillen Wegen zum Stuibenkopf 90

12	**Teuflisch gute Ammergauer** Auf den Teufelstättkopf 96
13	**Ammergauer Hörnlesafari** Von Bad Kohlgrub nach Unterammergau 102
14	**Ein Wank für alle Felle** Unterwegs im Estergebirge 106
15	**Von Scharten und Gipfeln** Übers Kuhlloch auf die Kuhljochspitze 110
16	**Cool-Loch-Safari** Von Hochzirl nach Gießenbach 116
17	**Auf Pleisentonis Spuren** Skitour auf die Pleisenspitze 120
18	**Auf den Spuren des Dammkarwurms** Hinauf in die Viererscharte 132
19	**Schneebaden in königlich-weißer Wanne** Hoch über dem Soiernsee 136
20	**Stairway to Heimgarten** Zwischen Walchensee und Kochelsee 142
21	**Kaffee-und-Kuchen-Safari** Auf Skiern im Brauneckgebiet 146
22	**Kleine Mangfall-Safari** Von Lenggries nach Klamm 150
23	**Aufn Hirschn** Skitour auf den Hirschberg 156
24	**Ins Herz der Bayerischen Rockies** Zum Tiefschneetresor der Plankensteine 160
25	**Plankenstein-Safari** Voralpen-Skisafari mit Setzberg 164

26	**Ausflug aufs Sonnendeck** Über Rofanspitze und Wiesingabfahrt 170
27	**Ins Reich der Freude** Reibn über die Brecherspitze 176
28	**Die stille Seite am Spitzing** Von Geitau über den Auerspitz 180
29	**Firstalm-Safari** Vom Schliersee zum Spitzingsee 186
30	**Steig ein und lass uns tanzen!** Ultimative Tanzeckreibn über dem Spitzingsee 192
31	**Von Dorf zu Dorf** Von Osterhofen nach Bayrischzell 196

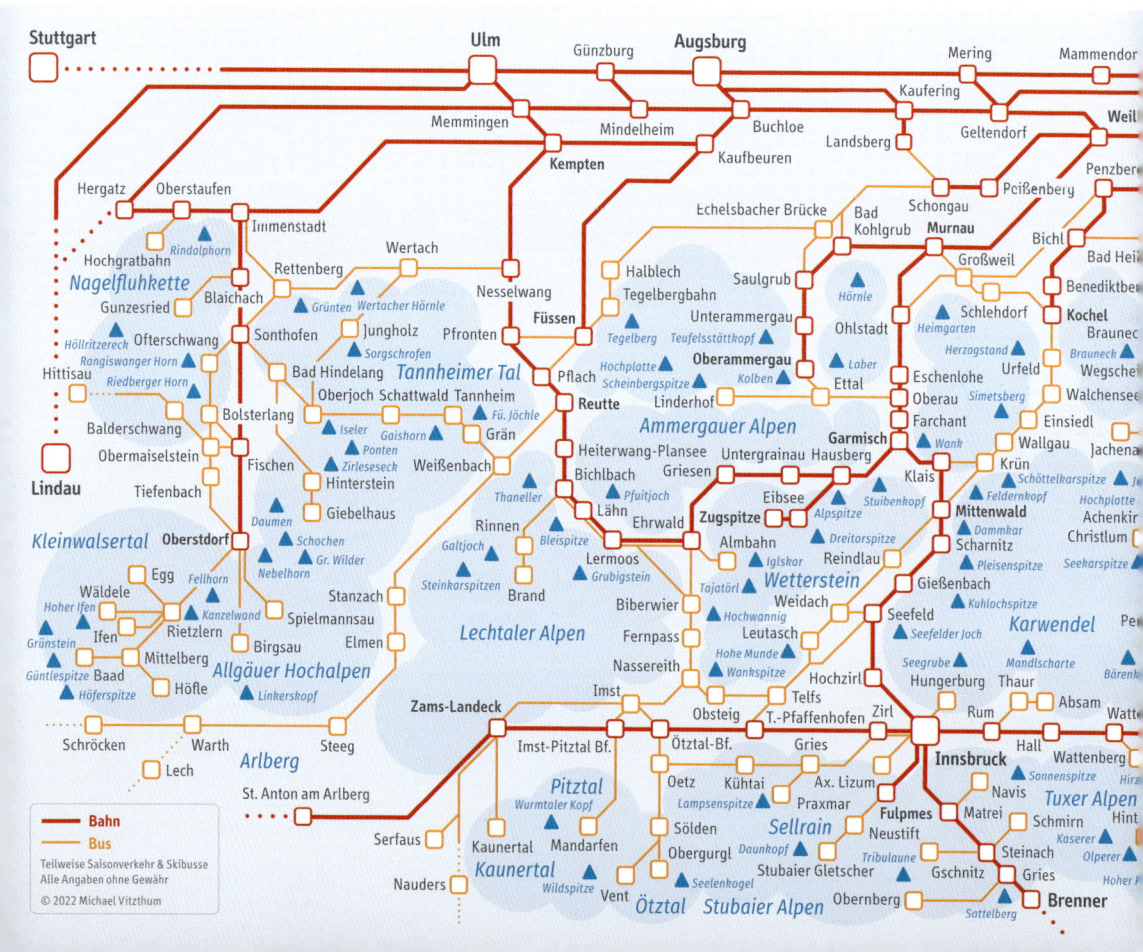

32	**Geigelstein-Express** **Unterwegs in den Chiemgauer Alpen** **200**
33	**Kaiserschmarrn und Chiemseeblick** **Auf die Kampenwand** **206**
34	**Im Herzen der Chiemgauer Alpen** **Auf das Dürrnbachhorn** **210**
35	**Mystisch und sagenhaft** **Skitour zum Dritten Watzmannkind** **214**
	Stichwortverzeichnis **224**

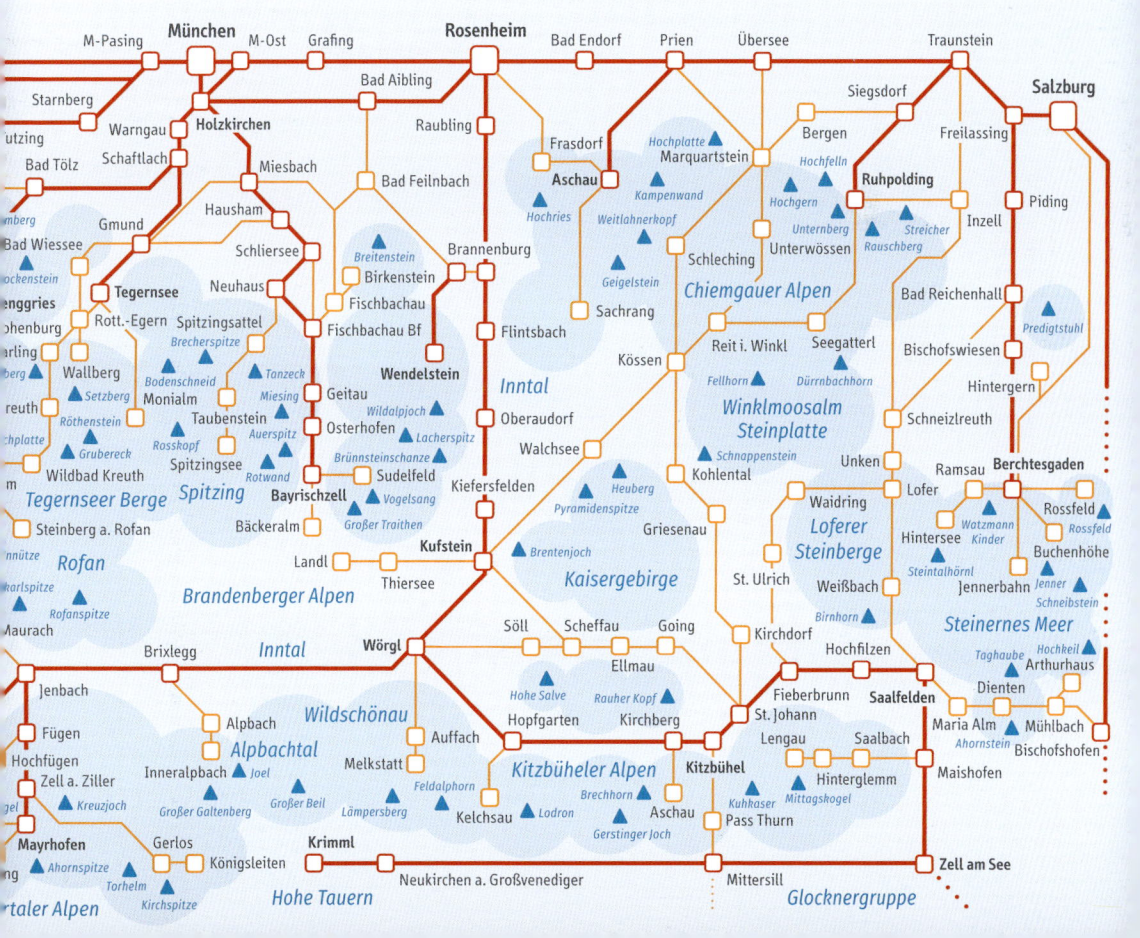

Wir fahren Öffentlich!

Michael ist schon seit mehr als einem Jahrzehnt so unterwegs, wir anderen drei haben es erst vor ein paar Jahren für uns entdeckt – Skitourengehen mit Bus und Bahn. Den meisten kommt wohl der Sonntagsausflug mit dem Zug zum Wandern nach Lenggries oder an den Tegernsee in den Sinn, wenn sie an Berge und Öffis denken. Dass das viele für eine gute Idee halten, beweisen die meist gut gefüllten Züge im Sommer. Aber im Winter? Mit Skiern? Läuft man da nicht ewig in den steifen Skischuhen, bis man die Skier anschnallen kann? Muss man da nicht in der Kälte an der Haltestelle frieren? Und sitzt dann mit nassen Klamotten im Zug? Skitouren sind doch zeitlich oft kritisch – geht das überhaupt mit einem fixen Öffi-Fahrplan?

So dachten wir, Barbara, Angelika und Sven, anfangs auch. Bis wir es das erste Mal ausprobiert haben. Seitdem sind wir auf den Geschmack gekommen, sehen überall Verbindungen zu anderen Haltestellen oder Abfahrtsvarianten, die in ein anderes Tal führen. Tragen unsere Skier gerne mal ein paar Meter, um wieder Neuland zu entdecken, und warten gemütlich im Bahnhofscafé auf die nächste Bahn. Trocknen im Zug schon mal unsere Felle und die nassen Klamotten, lassen uns dabei ein Getränk schmecken, essen die letzten Reste der Brotzeit auf und lassen die Tour noch einmal gemeinsam Revue passieren. Sind wir mal ehrlich: Was gibt es Besseres, als nach einer anstrengenden Tour bei einem Bier mit Freunden zusammen im Zug zurückzufahren und den nächsten Ausflug zu planen?

Einsamkeit und Stille sind noch immer auffindbar, auch in den Bayerischen Voralpen.

Oben: Mit bequemen Touren-Skischuhen gehen wir gleich aus dem Haus.
Mitte: Bei der Anreise Im Zug bleibt genug Zeit zum Auffellen.
Unten: Raus aus dem Zug, rein ins Vergnügen. Einige Touren beginnen direkt am Bahnhof.

Wer ohne Auto anreist, dem bieten sich viele Tourenmöglichkeiten, weil wir wunderbare Durchschreitungen machen können. Wir müssen schließlich nicht zurück zum Parkplatz, an dem das Auto steht, sondern können an jedem Bahnhof in den nächsten Zug einsteigen und zurückfahren. Klar, bei manchen Touren ist die sogenannte letzte Meile ein Problem. Nicht immer kann man die Skitour unmittelbar am Bahnhof oder der Bushaltestelle beginnen. Wenn es nicht so weit ist, gehen wir zu Fuß oder teilen uns ein Taxi, das wir im Voraus an den Bahnhof bestellen. Bei den in diesem Skitourenführer beschriebenen Touren liegen die Haltestellen aber so, dass man direkt losgehen kann.

Touren mit unterschiedlichem Ausgangs- und Endpunkt sind in diesem Buch als »Safaris« bezeichnet, Rundtouren hingegen bezeichnen wir als »Reibn«.

Zudem nutzen wir die Zeit im Zug, um unsere Tour final zu planen oder einen Plan B zu erstellen. Wir fellen auf und frühstücken. Die Zeit im Zug vergeht wie im Fluge. Meist ist es gesellig, denn man kann sich besser unterhalten als im Auto, in dem es oft so laut ist, dass man hinten nicht versteht, was vorn gesprochen wird. Häufig lernen wir in der Bahn neue Leute kennen, es entwickeln sich Gespräche und oft bekommen wir neue Ideen für unsere nächste Skireise.

Ein weiteres Thema steht natürlich noch im Mittelpunkt: der Klimaschutz. Den meisten BergsportlerInnen liegt Umwelt- und Naturschutz am Herzen. Auch suchen sie Ruhe und Stille in der Natur. Trotzdem sind die Parkplätze am Fuß der

Berge fast immer voll. Dabei sind Fahrten der größte Posten in der CO_2-Bilanz. Rund 80 Prozent der Emissionen einer Tour gehen auf die An- und Abreise zurück. Zudem verursacht jedes Auto Lärm und Feinstaub in den schützenswerten Bergregionen und belastet die Anwohner.

Unterwegs mit Bahn und Bus

Die Tourenlänge inklusive des Weges vom und zum Bahnhof sowie zum und vom eigentlichen Einstieg in die Skitour wählen wir mit Bedacht. Und wir passen sie an die Jahreszeit und die Tageslänge an. Ab Ende Januar/Anfang Februar werden die Tage wieder spürbar länger. Dafür müssen wir die tageszeitliche Erwärmung beachten.

Wir verschaffen uns Puffer: Lieber planen wir den vorletzten als den letzten Zug zurück ein, um entspannt nach Hause zu gelangen.

Gerade bei Tagesausflügen im Winter ist eine Verbindung mit wenig oder ohne Umsteigen empfehlenswert. Wer Skitouren mit Öffis ausprobieren möchte, sollte anfangs Ziele wählen, die leicht erreichbar sind.

Ticket-Apps erleichtern die Planung. Nahezu alle Tickets lassen sich online buchen. Wir vergleichen die Verbindungsvorschläge mehrerer Apps. Für die schnelle Buchung von Online-Tickets legen wir vorab einen Account für die jeweilige App an.

Pulverschnee schon bei der Abfahrt in München am Bahnhof Hirschgarten.

Abendstimmung am Bahnhof Kochel.

In allen Alpenregionen gibt es günstige Tickets für Einzelreisende und Gruppen: z. B. Bayernticket, Regio-Ticket Werdenfels etc. Bei weiterer Anreise bieten DB und ÖBB häufig Sparpreise und Gruppenfahrkarten an. Man sollte unbedingt die Fahrpreise vergleichen (mithilfe der Apps): Bei grenzüberschreitenden Touren kann es teilweise günstiger sein, für jedes Land getrennt Tickets zu kaufen. Bei längeren internationalen Fernverbindungen sollte man die Ticketangebote der Anbieter vergleichen (DB, ÖBB, Trainline).

Für Skitouren nehmen wir meist die erste Tagesverbindung und notieren bzw. speichern die letzte Verbindung. Auch hier planen wir Zeitpuffer ein. Bei Überschreitungen ergeben sich manchmal bessere Fahrmöglichkeiten, wenn man die Richtung der Tour umdreht, sofern es die Verhältnisse erlauben. Vor der Abfahrt überprüfen wir nochmals die gewählte Verbindung auf Störungen. Wir reduzieren unser Gepäck auf das Nötigste; die relevante Notfallausrüstung wie z. B. Erste-Hilfe-Set und Lawinenausrüstung bleibt natürlich im Rucksack. Unsere Tourenskistiefel ziehen wir am besten schon zu Hause an. Bei gleichem Start- und Zielbahnhof können unter Umständen Schließfächer genutzt werden (www.bahnhof.de). Die Zeit im warmen Zug nutzen wir für Detailplanung, Lagecheck und Auffellen. Stöcke befestigen wir am Rucksack. Wartezeiten nutzen wir bewusst für Einkehr und Einkauf, vor allem an kalten Tagen. Zugegeben, wer mit Öffis unterwegs ist, ist an einen festen Fahrplan gebunden, und es gilt, zu einer bestimmten Zeit an einem bestimmten Ort zu sein. Nun lässt sich eine Skitour leider nicht exakt durchplanen, sowohl die eigenen Fähigkeiten als auch die Verhältnisse unterwegs können das Zeitmanagement auf den Kopf stellen. Daher notieren wir bereits vor Antritt der Tour (unterwegs gibt es eventuell kein Netz) die Abfahrtszeiten und planen ausreichend Puffer ein. Denn auf einem Gipfel mit Aussicht, einer gemütlichen Bank in der Sonne oder in einer Hütte wartet es sich meist angenehmer als am Bahnsteig – außer an Haltestellen wie z. B. Tegernsee oder Fischhausen-Neuhaus mit ihren originellen und gemütlichen Einkehrmöglichkeiten am Endziel.

Ticket-Tipps

Der Normalpreis von Bahnfahrten ist verhältnismäßig hoch. Für VielfahrerInnen bieten sich die BahnCard 25 oder die BahnCard 50 an. Da wir bei Skitouren selten allein unterwegs sind, verwenden wir meistens Gruppentickets wie z. B. das Bayernticket oder das Regio-Ticket Werdenfels.

Das **Bayernticket** (bis zu 5 Personen) ist am Wochenende meistens die bessere Wahl als spezielle Tickets (zum Beispiel Regio-Ticket Allgäu-Schwaben oder das Guten Tag Ticket der Bayerischen Regiobahn), vor allem, wenn man noch den MVV (Bus, Tram, U-Bahn und S-Bahn) als Zubringer zum Bahnhof nutzen möchte. Am Samstag und Sonntag gilt das Bayernticket ganztags, von Montag bis Freitag erst ab 9 Uhr.

Das **Regio-Ticket Werdenfels** (bis zu 5 Personen) gilt auch werktags schon vor 9 Uhr. Der gesamte S-Bahn-Bereich München ist inklusive, allerdings keine MVG-Angebote wie Bus, Tram und U-Bahn. Es ist auch auf der grenzüberschreitenden Strecke gültig zwischen Garmisch-Partenkirchen und Reutte in Tirol und ab Mittenwald bis Innsbruck (hier mit dem Ticketzusatz »+Innsbruck«). Es eignet sich besonders unter der Woche, um zeitig ins Werdenfelser Land starten zu können. Mögliche Ziele sind dann beispielsweise Pfuitjoch, Thaneller, Teufelstättkopf, Dammkar oder Grünsteinumfahrung. Es ist außerdem geplant, ein Monatsticket für 49 Euro einzuführen, mit dem der gesamte Regionalverkehr mit Bahn und Bus deutschlandweit ohne Zeitbeschränkung benutzt werden kann. Gruppentickets gibt es auch für Tirol, z. B. das »Einfach-Raus-Ticket« oder das »Tagesticket 2Plus«. In Tirol sind zudem viele Busse (auch Postbusse) während der Skisaison für Passagiere mit Skikleidung gratis, z. B. in der Region Ehrwald-Lermoos.

Der Kiosk am Bahnhof Tegernsee bietet alles für eine zünftige Zugbrotzeit nach der Tour.

Ohne Apps & Co nichts los

Touren mit Öffis brauchen mehr Planung, aber mit den richtigen Apps und etwas Übung ist es ein Kinderspiel, den richtigen Tarif und die passenden Abfahrtszeiten zu finden:

 DB Navigator: Bahn- und Busverbindungen mit Schwerpunkt Deutschland und international, Buchung von Online-Tickets (Bahn, Fahrrad, Fernverkehr national)

München Navigator: Bahn- und Busverbindungen mit Schwerpunkt München, Buchung von regionalen Online-Tickets und Fahrradtageskarten (MVV und Bayern)

 Bayern Fahrplan: Bahn- und Busverbindungen mit Schwerpunkt Bayern, Download von Netzplänen

 ÖBB: Bahn- und Busverbindungen mit Schwerpunkt Österreich und international, Buchung von Online-Tickets (Bahn, Bus, Fahrradkarten national und international)

 VVT Smart Ride: Bahn- und Busverbindungen mit Schwerpunkt Tirol, sehr detaillierte Kartenansicht mit allen Haltestellen und deren Ankunfts- und Abfahrtszeiten

Dichtes Busnetz in der Tiroler Zugspitzregion, ideal für unsere Touren.

Während der Anfahrt im Zug ist genug Zeit, letzte Details der Tour zu besprechen oder die Strecke zu modifizieren.

Weitere hilfreiche Internetseiten
- bahn-zum-berg.at – eine Sammlung von Touren in Österreich, die mit öffentlichen Verkehrsmitteln erreichbar sind
- zuugle.at – Suchmaschine für Touren mit öffentlichen Verkehrsmitteln
- alpenverein-salzburg.at – Wander- und Skitourentipps des Alpenvereins Salzburg, für deren Anreise man kein Auto braucht
- alpenverein.at – Broschüren mit Tipps für autofreie Ski- und Wandertouren
- karwendel.org – Wandern mit öffentlicher Anreise in den Tiroler Naturparks
- alpenverein.de/Bahn-und-Berg – Heft mit vielen Tipps für Bergurlaub mit Anreise ohne Auto
- alpenverein.de/mitfahrgelegenheiten – Liste mit einigen Mitfahrportalen
- innsbruck.info – Infos zum kostenlosen Skibus zwischen Innsbruck und einigen umliegenden Skigebieten

Die gute Tourenplanung

Das Gelingen einer Skitour hängt von der richtigen Planung ab. Denn die gleiche Skitour kann bei optimalen Schneeverhältnissen und Witterungsbedingungen an einem Tag ein wahres Vergnügen sein und am anderen Tag eine Schinderei. Der richtige Zeitpunkt entscheidet oft darüber.

Der Frühwinter (Mitte November bis Mitte Januar) ist von Jahr zu Jahr unterschiedlich; in manchen Jahren schneit es bereits Mitte November, in anderen Jahren beginnt der Schneefall erst Anfang Januar. Sind bereits im Frühwinter Skitouren möglich, muss die Kürze des Tages beachtet werden. Geht man um Weihnachten herum auf Skitour, ist es bereits um halb fünf dunkel. Im Hochwinter von Januar bis Anfang März jedoch können die meisten Skitouren unseres Öffi-Skiourenführers unternommen werden. Bei Früh- und Hochwintertouren muss die aktuelle Lawinensituation besonders beachtet werden. Der Spätwinter von März/April bis Ende Mai gilt im Hochgebirge als Skitourensaison schlechthin. Viele öffentlich erreichbare Touren im Einzugsbereich von München sind dann für Tagestouren nicht mehr geeignet. Auf reinen Ostseiten erwartet uns eine perfekte Firnabfahrt zwischen 8 und 10 Uhr, auf Südseiten zwischen 10 und 12 Uhr und auf Westseiten zwischen 13 und 15 Uhr. Die Zeit für die perfekte Abfahrt verschiebt sich mit dem Fortschreiten der Jahreszeit weiter nach vorn. Im Frühjahr entscheidet das richtige Zeitfenster über das Gelingen einer Tour. Generell gelten bei der Planung von Skitouren mit Öffis die gleichen Grundsätze wie mit anderen Verkehrsmitteln:

- Wir wählen eine geeignete Skitour, Skireibn oder Skisafari unter Berücksichtigung des Lawinenlageberichts, der Schneehöhen und der Wettervorhersagen.

Eine ziemlich staubige Angelegenheit – die Skier pflügen durch den Neuschnee.

In Waldgebieten kann die Wegfindung unter Umständen herausfordernd sein, eine Navigationsapp oder ein GPS-Empfänger leisten Hilfe. Bitte hier ganz besonders auf mögliche Wildschutzgebiete achten!

- Wir machen uns mit der Karte vertraut. Apps mit guten topografischen Karten mit Skirouten und Anzeige der Hangneigung erleichtern die Planung (z. B. Rother oder alpenvereinaktiv).
- Bei längeren Durchquerungen erstellen wir einen Plan B mit alternativen Zielen und Bahnhöfen oder Bushaltestellen.
- Ganz selbstverständlich informieren wir uns über Schutzgebiete und berücksichtigen diese auf unseren Skitouren. Kampagnen wie »Natürlich auf Tour«, »RespekTIERE deine Grenze«, »Bergwelt miteinander« (für Tirol) und ähnliche klären informativ auf.
- Touren mit Skiern, Snowboard und Schneeschuhen sollten immer nur dann vorgenommen werden, wenn genügend Schnee liegt. Vor allem Aufforstungen und Jungwald müssen gemieden und geschont werden.
- Im Winter sind insbesondere in den Bayerischen Voralpen eine Reihe von Alpenvereinshütten geöffnet und freuen sich auf Übernachtungsgäste. Viele bahnhofsnahe Dörfer eignen sich hervorragend als Stützpunkt für Skitouren.

Ausrüstung

Zur Grundausstattung gehören Tourenskier, Felle, Skitourenstiefel, Stöcke, u. U. Harscheisen, Rucksack (ggf. mit Skibefestigungsmöglichkeit), Lawinensuchgerät, Schaufel und Sonde. Sportfachgeschäfte beraten beim Kauf der Ausrüstung. Auch bei Tagesskitouren sind zudem ein Biwaksack, eine Stirnlampe und ein Taschenmesser immer im Rucksack. Mindestens ein Gruppenmitglied führt ein Erste-Hilfe-Set mit. Auch das Handy und weitere Hilfsmittel für die Orientierung (Karte, eventuell GPS-Gerät) dürfen nicht fehlen.
Zusätzliche optionale Ausrüstung (etwa Lawinenairbag und Helm) kann je nach Tour die Standardausrüstung sinnvoll ergänzen.

Anstelle von Karte und Kompass werden heutzutage meist Navigations-Apps und GPS-Geräte verwendet. Auch wenn damit vieles einfacher und sicherer geworden ist und diese Hilfsmittel auf den ersten Blick selbsterklärend wirken, sollte man die Risiken dieser Technik im Hinterkopf behalten. Niedrige Temperaturen können den Akku der Geräte frühzeitig erschöpfen, tiefe Täler oder steile Bergwände können das GPS-Signal beeinträchtigen und die Positionsbestimmung ungenau machen. Eine Backup-Lösung kann in diesem Fall hilfreich sein.
Neben den Navigations-Apps haben wir bei größeren Touren Karten mit eingezeichneten Ski- und Schneeschuhrouten dabei. Die beste Übersicht über das Gelände gibt eine Karte im Maßstab 1:25.000. Für die Touren in Bayern sind die AV-Karten der Reihe BY Bayerische Alpen zu empfehlen.

Bekleidung

Richtige Bekleidung ist gerade im Winter wichtig und kann lebensrettend sein. Auch bei Minusgraden kommt man durch das Aufsteigen ins Schwitzen. Auf dem Gipfel beginnen wir dann schnell zu frieren. Die einen schwören auf Funktionsbekleidung aus Kunstfaser, andere auf Merinowolle. Die zweite Lage besteht aus einem mehr oder weniger dicken Fleece, auch hier gibt es viele Materialien. Ein warmes Kleidungsstück aus Daune, Primaloft oder Merinowolle sollte nicht fehlen, ebenso eine wasserdichte Jacke, eine Mütze und ein warmes Paar Handschuhe. Ein Tipp bei kalten Händen: Wenn man unter die eigentlichen Handschuhe dünne Handschuhe aus Merinowolle oder Kunstfaser anzieht und mit diesen ab- und auffellt, sind die Hände der Kälte nicht direkt ausgesetzt.

Ungünstige Wetterverhältnisse wie Nebel, Niederschlag oder Sturm können eine scheinbar harmlose Skitour schnell zu einer ernsten Angelegenheit machen.

Schnee reflektiert das Sonnenlicht zu 98 %. Entsprechend hoch ist die UV-Belastung im Winter. Daher sollte man vor jeder Skitour Sonnenschutzcreme auftragen und möglichst eine kleine Tube Sonnencreme bzw. Lippenstift mit Schutzfaktor im Gepack haben. Mindestens ebenso wichtig ist eine Sonnenbrille mit UV-Schutz und eventuell eine Skibrille.

Verpflegung

Skitourengehen ist anstrengend und schweißtreibend, entsprechend viel nehmen wir zu trinken mit. An kalten Wintertagen darf die Thermoskanne mit einem warmen Getränke nicht fehlen. Nüsse, Trockenfrüchte und Schokolade geben genügend Energie und haben ein geringes Gewicht. Ein Tipp für sehr kalte Wintertage: Eine Kürbis- oder Kartoffelsuppe in einem Thermosbehälter einpacken. In den bayerischen Alpen ist meist eine geöffnete Hütte gut für einen Einkehrschwung unterwegs; oder wir nutzen die Wartezeit auf die Bahn, um die lokale Gastwirtschaft vor Ort zu unterstützen.

Wetter

Der Charakter einer Skitour wird in erheblichem Maße vom Wetter beeinflusst, sowohl der Genussfaktor als auch die Schwierigkeit und das Gefahrenpotenzial. Erscheint eine Tour bei großflächiger stabiler Hochdruckwetterlage mit Sonne und Windstille als Spaziergang, so kann dieselbe Tour bei aufziehender Kaltfront mit starkem Wind, Nebel, fallenden Temperaturen und einsetzendem Schneefall ziemlich hässlich und sogar lebensbedrohlich werden. Wettervorhersagen wurden in den letzten Jahren im Allgemeinen immer sicherer, trotzdem handelt es sich um wahrscheinlichkeitsbasierte Aussagen ohne vollständige Garantie. Im alpinen Gelände ist die Unsicherheit von Wetterprognosen aufgrund der komplexen Geländetopologie besonders hoch, sodass man zumindest bei nicht eindeutigen Wetterlagen immer einen Plan B in der Tasche haben sollte.

Wichtig ist daher vor allem bei unsicheren Wetterlagen die Einschätzung vor Ort: Stimmt die Wolkensituation mit der Vorhersage überein? Ziehen im Westen Wolken auf oder ist ein Schneeschauer im Anmarsch?

Beispielsweise zeigen dichte Haufenwolken oder Wolkenwalzen schnell wechselndes Schauerwetter an. An solchen Tagen kann es sehr leicht passieren, dass ein oder zwei Schneeschauer zwischen kurzen Aufklarungen möglich sind.

Hohe Federwolken sind Vorboten von schlechtem Wetter am nächsten oder übernächsten Tag. Auch lange, breite Kondensstreifen am Himmel zeigen eine hohe Luftfeuchtigkeit in großer Höhe an und können oft als Anzeichen gesehen werden, dass sich in den nächsten Tagen das Wetter verschlechtert.

Können wir die Tour wie geplant durchführen oder müssen wir gegebenenfalls vorzeitig abbrechen und auf den Gipfel verzichten? Auch Nebel kann auf einer Skitour zum Umdrehen veranlassen bzw. eine Tour sehr schnell anspruchsvoll werden lassen.

Auch wenn elektronische Hilfsmittel und Apps die Planung sicherer und einfacher gemacht haben, ist die Beobachtung und Beurteilung des Wettergeschehens vor Ort unverzichtbar. Zu empfehlen ist der vom DAV angebotene Bergwetterbericht unter folgender Adresse:

- www.alpenverein.de/DAV-Services/Bergwetter/

Mit Sonne im Gesicht und mit Ausblick auf die Berge schmeckt das Essen gleich doppelt so gut. Guten Appetit!

Lawinengefahr

Zur Tourenplanung gehört auch, sich über die Lawinenlage und das Lawinenrisiko im betreffenden Gebiet zu informieren und die Tour danach zu planen. Wir sind glücklich, technische Errungenschaften wie detaillierte Lawinenprognosen, den Lawinenlagebericht, Lawinenrucksäcke und Hightech-LVS-Suchgeräte nutzen dürfen, um damit das Risiko eines Lawinenunfalls zu senken, doch noch immer gibt es keine Garantie dafür, dass diese Hilfsmittel zu jeder Zeit und in jeder Situation zuverlässig sind und einwandfrei funktionieren.

Wie auch der Wetterbericht, basieren Lawinenprognosen auf physikalischen Rechenmodellen, lokalen Messwerten und von Menschen getroffenen Annahmen. Aufgrund der Komplexität der zugrundeliegenden Physik und der nur punktuell verfügbaren Messwerte können die Modelle nur einen Teil der Wirklichkeit abbilden und sind daher mit einer gewissen Rest-Unsicherheit behaftet. Die eigene Einschätzung der Situation und die Risikobewertung vor Ort wird dadurch nicht ersetzt.

Der Lawinenlagebericht beurteilt die aktuelle Gefahr in sogenannten Gefahrenstufen von 1 (gering) bis 5 (sehr groß), weiterhin werden Zusatzinformationen zu den Gefahrenmustern und zu günstigen bzw. ungünstigen Bereichen wie Exposition, Steilheit und Geländeform gegeben.

Von großflächigen steilen Hängen, wie hier im Kleinwalsertal, geht eine besonders große Lawinengefahr aus.

Besonders im Frühjahr ist aufgrund der tageszeitlichen Erwärmung ein gutes Zeitmanagement nötig.

Tagesaktuelle Lawinenprognosen sind während der Skitourensaison unter folgenden Webseiten verfügbar:
- Allgemein: www.alpenverein.de/DAV-Services/Lawinen-Lage/
- Für Bayern: www.lawinenwarndienst-bayern.de
- Für Österreich: www.lawine.at

Zusätzlich zu der vorherigen intensiven Beschäftigung mit den Lawinensituation ist es zwingend erforderlich, auch während der Tour die Lawinensituation im Auge zu behalten und die Verhältnisse vor Ort abzugleichen. Sehen wir die vorhergesagten Gefahrenmuster? Wo auf unserer Tour befinden sich kritische Expositionen? Verläuft die Tour durch oder unterhalb einer Gefahrenzone? Wie lässt sich durch die Spurwahl das Risiko reduzieren? Sind Entlastungsabstände erforderlich? Bei Abfahrten mit erhöhten Lawinenrisiko sollte man gegebenenfalls einzeln abfahren.

Zum Gebrauch des Buchs

Tourenkopf

Skitouren bringen unterschiedliche objektive technische und alpine Herausforderungen mit sich. Bei jeder Tour ist deshalb im Tourenkopf die Schwierigkeitseinstufung hinterlegt, um auf einen Blick beurteilen zu können, ob die Tour passend ist. Dabei gibt die Farbe der Tournummer Auskunft, ob eine Tour leicht, mittel oder schwierig ist:

■ **Leicht** Diese Skitouren sind in der Regel ohne besondere technische Schwierigkeiten durchzuführen. Sie sind daher auch für Skitouren-Anfänger geeignet, die bereits mit den Grundlagen des Aufsteigens und des Abfahrens in verschiedenen Schneearten vertraut sind. Die Hangneigung bleibt meist unter 30 Grad und wenn, dann sind nur kurze Abschnitte steiler. Die Skitour kann meistens ohne Fußanstiege komplett mit Skiern durchgeführt werden. Die Kaffee-und-Kuchen-Safari zum Brauneck (Tour 21), die Reibn auf die Brecherspitze (Tour 27) oder die Firstalm-Safari (Tour 29) sind Beispiele aus unserem Buch.

■ **Mittel** Bei diesen Skitouren sind längere, steile Hänge über 30 Grad, schmale Rinnen oder Waldschneisen zu bewältigen. Daher eignen sich diese Touren für fortgeschrittene TourengeherInnen mit einer guten Kondition. Beim Aufstieg sollte die Spitzkehrentechnik gut beherrscht werden und in der Abfahrt ist eine fortgeschrittene Skifahrtechnik erforderlich. Um zum Gipfel zu gelangen, müssen teilweise die Skier abgeschnallt und kurze ausgesetzte Passagen überwunden werden. Beispiele für Touren im mittleren Schwierigkeitsbereich aus diesem Skitourenbuch sind die Tour Über Ochsen und Hörner (Tour 3), die Tour Hinauf in die Viererscharte (Tour 18) und der Geigelstein-Express (Tour 32).

Ganz im Hier und Jetzt – Manfred lässt es bei der Abfahrt vom Dritten Watzmannkind ordentlich krachen.

Dem Himmel so nah – Sybille am exponierten Gipfelgrat der Kuhljochspitze.

■ **Schwierig** Diese Skitouren eignen sich nur für erfahrene Skibergsteiger-Innen. Die Hänge sind teils mehr als 40 Grad steil und eine sehr gute Skitechnik ist sowohl für den Aufstieg als auch für die Abfahrt zwingend notwendig. Oftmals müssen die Skier über längere Abschnitte am Rucksack befestigt und getragen werden, teils auch über Fels oder Eis. Steigeisen und Pickel können notwendiges Equipment sein. Dabei kann die Tour absturzgefährdete Passagen enthalten. Schwierige Touren in diesem Buch sind z. B. die Skisafari über die Nagelfluhkette (Tour 2) oder die Tour Hoch über dem Soiernsee (Tour 19).

Neben dem eigentlichen Tourenziel liefert der Tourenkopf mittels einfacher Symbole wichtige Informationen zur Anreise, z. B. welche Art von Verkehrsmitteln genutzt werden:

 Entspannte Anreise mit der Bahn

 Entspannte Anreise mit Bahn und Bus

Die Symbole am Ende der Kopfzeile zeigen, welche Verkehrsmittel für die Rückfahrt nach München zu nutzen sind. Darüber hinaus informiert der Tourenkopf über die Höhenmeter für den Aufstieg und für die Abfahrt sowie über die ungefähre Zeit, die für die Tour benötigt wird. Bei der Zeitangabe handelt es sich immer um einen ungefähren Richtwert, je nach Kondition, skifahrerischem Können und Bedingungen kann es hier zu Abweichungen kommen. Pausenzeiten sind zudem nicht mit eingerechnet.

 Die Windrose im Tourenkopf gibt die wichtigsten Hangrichtungen der jeweiligen Skitour an, sodass je nach Jahreszeit, Schneebedingungen und Lawinenlage die Tour gewählt werden kann.

Kurzinfo
Ausgangspunkt: Am Start der Tour befindet sich immer die Haltestelle einer Bahn oder eines Busses. Mit der Beschreibung der Verbindung hat man bereits einen Überblick über die öffentliche

Tief hinein ins Tal fährt auch in Bayern in vielen Tourengebieten der Linienbus. Dadurch sind unsere Safaris richtig gut machbar.

Anreise. Oft gibt es mehrere Möglichkeiten, auch die Abfahrts- und Ankunftszeiten ändern sich hin und wieder. Daher ist es notwendig, dass man sich aktuell über eine App informiert. Die Angabe der Dauer orientiert sich an der besten Verbindung.
Endpunkt: Am Schluss der Tour erreichen wir wiederum immer einen Bahnhof oder eine Bushaltestelle. Analog zur Anreise ist es auch für die Abreise wichtig, sich immer vor der Tour über die aktuellen Verbindungen zu informieren.
Gipfel: Gipfel, die auf der Tour erreicht werden können.
Gehzeiten: Angabe von Aufstiegs- und Abfahrtszeiten. Unterschiede können sich je nach Schneequalität, Kondition usw. ergeben. Bei Touren mit Bahn und Bus ist eine gute Abschätzung der Aufstiegszeit mit Rücksicht auf den konditionell schwächsten SkitourengeherInnen und auch der Abfahrtszeiten wichtig, um rechtzeitig am Endpunkt anzukommen, aber nicht zu lange an der Haltestelle warten zu müssen.
Der Deutsche Alpenverein gibt als Richtmaß für die Berechnung der Dauer von Bergtouren 400 Höhenmeter (Hm) plus 4 horizontale Kilometer (km) pro Stunde (Std.) an. Muss nicht gespurt werden, ist man auf Skitour oftmals schneller unterwegs. Für die Abfahrtszeit sind je nach Gelände, Schneeverhältnissen und Fahrkönnen zwischen einem und zwei Fünftel der Aufstiegszeit anzusetzen.
Anforderungen: Diese hängen vor allem von Steilheit und Enge der Routenführung ab. Beim Aufstieg ist die Beherrschung der Spitzkehrentechnik ein wichtiger Faktor, bei der Abfahrt entscheidet das skifahrerische Können, ob eine Tour möglich ist oder nicht. Die meisten Skitouren, Skireibn und Skisafaris dieses Buches bewegen sich im mittleren Bereich im Hinblick auf Aufstiegs- und Abfahrtstechnik. Die Angaben der Hangsteilheit orientieren sich an folgende Neigungen: Flache Hänge geringer als 25 Grad, mäßig- bzw. mittelsteile Hänge 25 bis 35 Grad, steile Hänge 35 bis 40 Grad, sehr steile Hänge größer 40 Grad. Werden Steigeisen und Pickel benötigt, wird dies angegeben.
Orientierung: Bei Unternehmungen im Winter ist die Orientierung besonders wichtig. Sind Skitouren gespurt, so ist die Orientierung meist leicht. Ohne vorhandene Spur kann es beispielsweise in einem Waldgebiet unübersichtlich

werden. Vor allem bei Skisafaris oder Skireibn ist eine gute Orientierung im Gelände wichtig. Bei Skisafaris sollte man Abbruchmöglichkeiten und einen Plan B mit alternativen Zielen bzw. Bahnhöfen und Bushaltestellen erstellen. Beispielsweise kann die Tanzeckreibn nur bis zum Tanzeck gemacht werden oder an der Bergstation der Taubensteinbahn über die Piste direkt abgefahren werden.
Einkehrtipps: Gasthäuser, Jausenstationen, aber auch Kioske, die auf der Route oder für uns strategisch wichtig liegen. Hütten führen wir an, sofern sie im Winter bewirtschaftet werden. Einkehrmöglichkeiten, die am Ende einer Tour liegen, sind uns sehr wichtig, da wir dort unsere Rückfahrt timen oder Proviant für die Zugfahrt einkaufen können. Mit einer Einkehr oder einem Einkauf vor Ort unterstützen wir zudem die regionalen Anbieter.
Naturschutz: Unter diesem Punkt finden sich Hinweise zu Schutz- und Schongebieten sowie gegebenenfalls weitere den Natur- und Umweltschutz betreffende Hinweise.
Varianten: Hier werden in Kurzform alternative und empfehlenswerte Aufstiegs- oder Abfahrtsvarianten beschrieben.
Autorentipp: Die AutorInnen geben hier den einen oder anderen Tipp zu Übernachtungsmöglichkeiten oder zu alternativen und lohnenden Routenoptionen. Im Unterschied zu den Varianten stehen für die Tipps zu alternativen Routen aber keine GPS-Tracks zum Download bereit. Es handelt sich lediglich um Anregungen für weitere spannende Touren.

Wegbeschreibung

Die Angaben »rechts« und »links« in den Wegbeschreibungen beziehen sich immer auf die Gehrichtung. Zur Verdeutlichung der Beschreibung finden sich bei jeder Tour ein Kartenausschnitt mit Routeneintrag und ein Höhenprofil.

GPS-Daten

Auf der Internetseite des Rother Bergverlag (www.rother.de) finden Sie die GPS-Daten zu den Skisafaris, Skireibn und Skitouren dieses Buches zum kostenlosen Download. Für den Download benötigen Sie folgende Daten:
1. Auflage, Passwort: **331201pke**
Die GPS-Daten wurden von den AutorInnen erfasst und anhand einer digitalen Karte aufbereitet. Sowohl von den AutorInnen als auch vom Verlag wurden die Tracks und die darin enthaltenen Wegpunkte nach bestem Wissen und Gewissen überprüft. Dennoch können Abweichungen und Fehler nicht ausgeschlossen werden. Zudem können sich zwischenzeitlich die Gegebenheiten vor Ort geändert haben (z. B. neues Wildschutzgebiet, Felssturz oder ähnliches). Informieren Sie sich daher bitte immer über aktuelle Wegführungen, und nutzen Sie auch analoges Kartenmaterial für die Planung. Bereiten Sie sich sorgfältig vor; dies ist vor allem bei Skisafaris und Reibn notwendig. Hier ist es besonders wichtig, die Orientierungsfähigkeit auszubauen und eigenverantwortlich die jeweilige (Gelände-)Situation zu beurteilen.

Symbole in den Höhenprofilen

- Ort mit Einkehrmöglichkeit
- Einkehrmöglichkeit
- unbewirtschaftete Hütte, Alm
- Bahnhof
- Bushaltestelle
- Parkplatz
- Gipfel
- Joch, Passübergang
- Kirche, Kapelle
- Burg, Schloss
- Brücke
- Auf-/Abfahrt mit Seilbahn
- Auffahrt mit Schlepplift
- Auffahrt mit Sessellift
- Abzweigung

Unterwegs in und mit der Natur

Naturschutz

In diesem Buch sind Touren abseits vom Mainstream beschrieben darunter Skisafaris, die bisher – in Abhängigkeit von der Rückkehr zum Ausgangspunkt – eher selten begangene Abschnitte queren. Bewegen wir uns achtlos in der Natur, tritt das ein, was der Spruch »Der Tourist zerstört, was er sucht, indem er es findet« orakelt.

Wir reisen umweltverträglich mit den Öffis an, und nun wollen wir diesen Gedanken natürlich während der Skitour fortsetzen und uns mit kleinem Fußabdruck in der empfindlichen Alpenflora und -fauna bewegen. Und das ganz eigennützig, denn wir möchten uns auch in Zukunft möglichst frei von Verboten in einer intakten Natur bewegen und uns darüber freuen, Wildtiere beobachten zu können.

Wie aber gestalten wir unseren Sport in der Natur, der den dringend benötigten Ausgleich zum Arbeitsalltag bringt, umweltschonend und somit für die Natur und letztendlich auch für uns nachhaltig? Dazu gibt es inzwischen einige Initiativen von Bergsport- und Naturschutzverbänden. Für die in diesem Führer beschriebenen Skitouren ist die Kampagne »Natürlich auf Tour – Naturverträgliche Skitouren in den Bayerischen Alpen« des Deutschen Alpenvereins besonders relevant (Infos unter www.alpenverein.de/Natur-Klima/Naturvertraeglicher-Bergsport/Natuerlich-auf-Tour). Insbesondere sollen im Rahmen dieser Initiative die Lebensräume der vom Aussterben bedrohten Raufußhühnerarten Auerhuhn, Birkhuhn und Alpenschneehuhn geschützt werden. Aber natürlich freuen sich auch Gämsen, Hirsche und Rehe über Rücksichtnahme in ihrem Wohn- und Schlafzimmer. Über ausgewiesene Skirouten sollen TourengeherInnen naturverträglich gelenkt

Im Schnee versunken – die Rauhalm am Fuß des Seekarkreuzes.

DAV-Gütesiegel »Natürlich auf Tour«

Der Rother Selection-Band »Natürlich mit Öffis! Die besten Skitouren, Reibn und Skisafaris ab München« von Angelika Feiner, Michael Vitzthum, Barbara Schmid und Sven Schmid erhält das Gütesiegel »Natürlich auf Tour« des Deutschen Alpenvereins (DAV). Folgende, für die Auszeichnung erforderliche Kriterien sind erfüllt:
- Die Skitouren sind so ausgewählt und beschrieben, dass sie den Routenempfehlungen des DAV-Projektes »Skibergsteigen umweltfreundlich« entsprechen. Das Projekt führen der DAV und das Bayerische Umweltministerium für das Gesamtgebiet der Deutschen Alpen durch.
- Hinweise zu örtlichen Besonderheiten (Schon- und Schutzgebiete, gekennzeichnete Routenabschnitte etc.) werden bei der Darstellung der Touren gegeben.
- Anreisemöglichkeiten mit Bahn und Bus sind bei jeder Tour aufgeführt.
- Der Einführungsteil enthält allgemeine Informationen und Tipps für naturverträgliches Wintertourengehen.
- Skitouren in Österreich wurden von der Abteilung Raumplanung & Naturschutz des Österreichischen Alpenvereins sowie vom Naturpark Karwendel geprüft.

Damit kann der Führer naturverbundenen SkitourengeherInnen empfohlen werden. Der DAV gratuliert den AutorInnen sowie dem Rother Bergverlag und dankt für die gute Zusammenarbeit!

Deutscher Alpenverein, Ressort Naturschutz und Kartografie

werden. Außerdem hat der Alpenverein in Zusammenarbeit mit Behörden Wald-Wild-Schongebiete ausgewiesen.
Neben den Wald-Wild-Schongebieten, die wir auf Skitour auf freiwilliger Basis nicht betreten, spielen auf einigen Touren auch amtliche Wildschutzgebiete (WSG) eine Rolle. Diese meist eher kleinen Flächen werden von den Jagdbehörden der Landratsämter ausgewiesen. Wildschutzgebiete dürfen zu bestimmten Zeiten im Jahr überhaupt nicht betreten werden, je nach zu schützender Art. Bei Missachtung werden Geldbußen von bis zu 5000 Euro fällig.
Alle relevanten Schutzgebiete sind seit März 2021 in der Touren-App alpenvereinaktiv enthalten. Um sie darzustellen, muss der Karten-Layer »Hinweise und Sperrungen« eingeblendet werden. Hinter dem Blattsymbol verbergen sich weitere Hinweise zum jeweiligen Schutzzweck. Außerdem informieren in den stark frequentierten Tourengebieten meist Schilder am Ausgangspunkt und an kritischen Abschnitten über die Schutzgebiete und gesperrte Abschnitte. Da das jedoch nicht immer der Fall ist und Schilder eingeschneit oder übersehen werden können, ist es wichtig, sich vor der Tour zu informieren und die Route vor dem Start naturverträglich zu planen. Für Karten und Tourenführer, die die Schutzgebiete berücksichtigen, vergibt der DAV das Gütesiegel »Natürlich auf Tour«.
Auch außerhalb der Schongebiete können wir aber natürlich auf Tiere treffen. Gerade Gämsen sieht man in Spätwinter oder auf Frühjahrstouren häufig. Hunde sollten auf Skitour im Gelände daher grundsätzlich angeleint bleiben. Und wir bleiben auf Distanz, gehen vielleicht sogar einen kleinen Umweg, um sie nicht in die energieraubende Flucht zu drängen. Im Hochwinter sollten Gipfel,

Ein erlebnisreicher Tag neigt sich dem Ende zu, Blick zurück zu unserem Tagesziel, dem Gipfel des Wannigs. Rechts: Wolle schützt seit eh und je hervorragend vor Nässe und Kälte.

Rücken und Grate vor 10 Uhr und nach 16 Uhr im freien Gelände gemieden werden, da Gämsen und Schneehühner dann dort, wo die Schneedecke dünner ist, nach Nahrung suchen. Für die beliebten Sonnenuntergangs- und Abendskitouren bleiben die Tourenabende in den Skigebieten sowie ausgewiesene Strecken wie z. B. im Taubensteingebiet. Bei Öffi-Nutzung sind wir hier ohnehin (oder: zum Glück für die Tiere) durch den Fahrplan eingeschränkt.

Einige Gedanken zur Nachhaltigkeit

In Second-Hand-Läden und Online-Stores gibt es gebrauchte und preiswerte Jacken, Merinooberteile, Hosen und Mützen. Auf Verkaufsportalen (z. B. Ebay Kleinanzeigen) oder in entsprechenden Facebook-Gruppen findet man Skier, Harscheisen, Felle, aber auch Bekleidung von neu bis gebraucht. Alpinflohmärkte wie der des Deutschen Alpenvereins in München nutzen wir, um eigene noch funktionsfähige Dinge weiterzuverkaufen oder Gebrauchtes zu erwerben. Wir verwenden zudem bei wasserdichten Materialien geeignete Waschmittel, um unsere Jacken und Hosen lange Zeit nutzen zu können. Statt in Plastiktüten und Alufolie verpacken wir unsere Brotzeit in Papiertüten oder in Bienenwachstüchern oder -taschen. Für unseren Kaffee nehmen wir einen eigenen Recup-Becher oder wiederverwertbaren Kaffeebecher mit. An kalten Tagen packen wir statt Brot und Käse Kürbis- oder Kartoffelsuppen in Thermobehältern in den Rucksack.

Los geht's

Noch sitzen wir in der wohligen Wärme des Zugabteils und genießen die an uns vorbeiziehende Winterlandschaft. Doch in wenigen Minuten öffnen sich die Türen und wir sind mittendrin im Abenteuer.

Links: Die letzte Meile erledigt bei etlichen Touren der Bus.
Oben: Gleich geht's los, die Skispitzen freuen sich schon auf ihren Einsatz.
Unten: So lieben wir es, die Tour startet gleich am Bahngleis.

1 Walsertaler Gipfel-Trilogie
Skisafari im Kleinwalsertal

  Baad   Safari ↗ 1800 m   Riezlern
                    ⏱ 7.00 h ↘ 2000 m

Drei aussichtsreiche Gipfel, fast 2000 Höhenmeter Abfahrt und bis zu 40 Grad steile Hänge: Das sind die Eckpunkte der »kleinen Haute-Route« im »kleinen Wallis«, dem Kleinwalsertal. Vom sprichwörtlich hintersten Winkel bei Baad führt unsere Tour über interessante Umwege bis nach Riezlern und reiht damit drei lohnende Skitourenziele aneinander: die Güntlespitze, das Grünhorn und das Steinmandl. Die Berge sind im Grunde nicht weit voneinander entfernt, aber da man nicht wieder am Ausgangsort herauskommt, würde man diese Route bei Anreise mit dem PKW üblicherweise nicht in dieser Form wählen. Für die Anreise mit den öffentlichen Verkehrsmitteln hingegen ist diese Tour perfekt.

Geht man bei guten Verhältnissen im Aufstieg zu der als Skiberg recht beliebten Güntlespitze noch in Begleitung zahlreicher anderer TourengeherInnen, so fühlen wir uns zwischen Häfner Joch und Grünhorn schon viel einsamer. Nur wenige fahren in das Schrecksbachtal nach Norden ab, wo sich der Powder in den schattigen Mulden am längsten hält. Die 35 Grad steile Flanke im oberen Teil fordert den ganzen SkifahrerInnen und entlohnt für die Mühen des Aufstiegs. Der obere Teil des Aufstiegs zum Grünhorn ist eine wahre Himmelsleiter, von dem meist mit fotogenen Wechten übersäten Südgrat genießt man beeindruckende Tiefblicke. Auf der Nordostseite des Gipfels wartet mit einem im oberen Bereich bis zu 40 Grad steilen Hang ein weiteres Abfahrtsschmankerl auf uns. Das Steinmandl westlich der Schwarzwasserhütte liegt im Prinzip ideal auf der Strecke. Und wenn Wetter oder Kondition nicht mehr mitmachen, kann man diesen Gipfel auch einfach auslassen. Ebenso hat man die Wahl, die Tour an der Bushaltestelle der Ifen-Talstation zu beenden oder noch die Abfahrt über die Skipisten des Skigebiets Heuberg anzuhängen.

Das Kleinwalsertal ist ein wahres Öffi-Paradies unter den Tourismusregionen! Die fünf Linien des Walserbusses bringen uns im Sommer wie im Winter an fast alle Ausgangspunkte für Wanderungen und Skitouren, teilweise im 10-Minuten-Takt.

Das Kleinwalsertal ist mit Öffis vorbildlich erschlossen.

Im Aufstieg zur Güntlespitze.

Ausgangspunkt: Bushaltestelle Baad, 1223 m. Mit dem Regional-Express (RE 76) von München Hbf über Pasing direkt nach Oberstdorf oder mit dem Regional-Express (RE 72) nach Buchloe und dort Umstieg in den Regional-Express (RE 17) nach Oberstdorf. Weiterfahrt mit Bus 1 nach Baad. Abfahrt München Hbf über München Pasing werktags ab 5.20 Uhr, sonntags ab 6.20 Uhr, mindestens stündlich, Dauer ca. 3.30 Std.
Endpunkt: Bushaltestelle Breitachbrücke in Riezlern, 1067 m, alternativ Bushaltestelle Ifen an der Talstation der Ifenbahn, 1239 m, und mit Bus 5 bis Breitachbrücke. Weiter mit Bus 1 nach Oberstdorf und von dort mit dem Regional-Express (RE 76) nach München. Letzte Rückfahrt von Ifen um 17.40 Uhr, von Breitachbrücke um ca. 19 Uhr. Verbindungen mindestens stündlich, Dauer ca. 3 bis 3.30 Std.
Gipfel: Güntlespitze, 2092 m; Grünhorn, 2039 m; Steinmandl, 1982 m.
Gehzeiten: Bushaltestelle Baad – Güntlespitze (Aufstieg ca. 2 Std.), Güntlespitze – Häfner Joch – Schrecksbachtal (Abfahrt ca. 30 Min.), Schrecksbachtal – Starzeljoch – Grünhorn (Aufstieg ca. 2 Std.), Grünhorn – Schwarzwasserhütte (Abfahrt ca. 15 Min.), Schwarzwasserhütte – Steinmandl (optional, Aufstieg ca. 1 Std.), Steinmandl – Riezlern (Abfahrt mit kurzem Gegenanstieg, ca. 1.15 Std.), gesamt ca. 7 Std.
Hangrichtung: Alle Hangrichtungen.

Lawinengefährdung: Die in Richtung Nordosten geneigten Abfahrten am Grünhorn und am Häfner Joch mit einer Steilheit von 35 Grad bzw. 40 Grad erfordern sichere Lawinenverhältnisse.
Anforderungen: Die im Aufstieg zu bewältigenden 1800 Hm erfordern sehr gute Kondition und Ausdauer, die beiden Abfahrten vom Grünhorn und von der Güntlespitze verlangen aufgrund ihrer Steilheit eine solide und sichere Fahrtechnik. Mehrmaliges An- und Abfellen ist erforderlich.
Orientierung: Diese Tour ist aufgrund des komplexen Wegverlaufs nur bei guten Sichtbedingungen zu empfehlen. Die Verhältnisse am Häfner Joch, am Starzeljoch und am Nordgrat des Grünhorns können bedingt durch Wechten stark variieren, die Entscheidung der Einfahrten in die Hänge erfordert alpine Erfahrung.
Einkehrtipp: Metzgerei Räucherkammer neben der Bushaltestelle Breitachbrücke in Riezlern, Mi–Mo 9–18 Uhr, www.metzgerei-beck.at, Tel. +43 5517 20558.
Naturschutz: Im Kleinwalstertal sind die Wald-Wild-Schongebiete des Projektes »Natur bewusst erleben« zu beachten.
Autorentipp: Sollten in der steilen, oft überwechteten Abfahrt vom Grünhorn nach Nordosten ungünstige Verhältnisse vorliegen, kann über die Ochsenhofer Scharte ausgewichen werden.

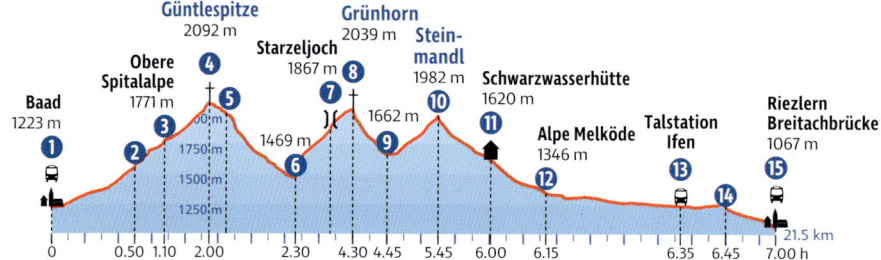

Von der Endhaltestelle der Buslinie 1 in **Baad** ❶, 1223 m, geht es zunächst in westliche Richtung entlang des Derrenbachs, den wir kurz hinter dem Parkplatz in spitzem Winkel überqueren, um dann leicht ansteigend auf dessen Südseite in das Derrenbachtal zu gelangen. Die Aufstiegsroute nähert sich mit steiler werdendem Talgrund dem Bach an, um diesen bei 1380 m auf die Nordseite zu überqueren. In einem großen Linksbogen geht es hinauf zur **Mittleren Spitalalpe** ❷, 1560 m, und von dort, dem Talgrund folgend, zur **Oberen Spitalalpe** ❸, 1771 m. Hier queren wir den steilen Osthang in südliche Richtung nach links, bis dieser abflacht. Über eine nach Nordwesten ansteigende Flanke gelangen wir anschließend etwa auf Höhe des Derrenjochs, 1807 m, auf den Nordostgrat der Güntlespitze, der uns zum Gipfel der **Güntlespitze** ❹, 2092 m, bringt. Vom Gipfel der Güntlespitze geht es dem Grat nach Südwesten folgend in

Alpines Ambiente beim Aufstieg vom Starzeljoch zum Grünhorn.

Richtung Häfner Joch. 200 m vor dem eigentlichen Joch verlassen wir auf einer Höhe von etwa 2000 m den **Grat** ❺ nach Nordosten an seiner flachsten Stelle ins Schrecksbachtal und folgen dem Tal in einer logischen Linie entlang des Sommerwegs östlich vom Talgrund bis auf eine Höhe von etwa 1360 m. Noch vor Queren des von einem Bach durchzogenen tiefen bewaldeten Geländeeinschnitts im **Schrecksbachtal** ❻, 1469 m, ziehen wir die Felle wieder auf und steigen in nordöstliche Richtung vor dem Einschnitt zum **Starzeljoch** ❼, 1867 m, hinauf. Der Südostgrat bringt uns zum Gipfel des **Grünhorns** ❽, 2039 m. Etwa 100 m nördlich des Grünhorns fahren wir in östliche Richtung in eine kleine Rinne nach rechts steil ab und halten auf die Schwarzwasserhütte zu. Kurz vor der Hütte ❾ steigen wir in westlicher Richtung über den Ostgrat zum Gipfel des **Steinmandls** ❾, 1982 m, auf.

Die Abfahrt erfolgt in nahezu direkter Linie über die Ostflanke direkt zur **Schwarzwasserhütte** ⓫, 1620 m. Von der Hütte folgen wir der Beschilderung zur **Alpe Melköde** ⓬, 1346 m, und gelangen über den Winterweg des Melkbodens entweder zur **Bushaltestelle Ifen Talstation** ⓭, 1239 m, oder am Skigebiet Ifen vorbei und der Straße folgend bis zur **Bergstation der Parsennbahn** ⓮, 1254 m. Über die Parsen-Abfahrt gelangt man direkt zur **Bushaltestelle Breitachbrücke** ⓯, 1067 m, in **Riezlern**.

Der beste Schnee der Tour findet sich in den nach Nordosten ausgerichteten Steilabfahrten des Häfner Jochs und des Grünhorns.

2 Die Laus auf dem Sägeblatt
Skisafari über die Nagelfluhkette

| Steibis Hochgratbahn | Safari ⏱ 5.40 h | ↗ 1200 m ↘ 2200 m | Immenstadt |

Obwohl die Skitour über die Nagelfluhkette nie die 2000-Meter-Marke reißt, könnte die Bezeichnung »Haute Route« treffender nicht sein. Wie eine Laus auf einem Sägeblatt arbeiten wir uns über knackige Anstiege, aussichtsreiche Gipfel und rassige Abfahrten auf knapp 20 Kilometern entlang dieser einzigartigen Bergkette im Herzen des Allgäus. Dabei ist diese Skisafari perfekt als Öffi-Tour geeignet, da wir uns den Rücktransfer zum Auto sparen und von Immenstadt aus direkt die Rückfahrt antreten können.

Liebe zum Fellhandling ist bei mindestens fünf zu bewältigenden Anstiegen von Vorteil. Diese führen uns von der Bergstation der Hochgratbahn über den Hochgrat (1832 m), das Rindalphorn (1821 m), den Gündleskopf (1748 m), den Buralpkopf (1772 m), den Sedererstuiben (1737 m) und den Stuiben (1749 m) nach Immenstadt. Die von einigen Gipfeln herabziehenden steilen Mulden oder Schläuche, wie sie im Allgäu gerne genannt werden, sind je nach Können und Schneebedingungen ein herrlicher Genuss oder eine echte skitechnische Herausforderung. Der ständige Rhythmuswechsel ist selbst für konditionsstarke SkitourengeherInnen eine ganz ordentliche Aufgabe. Und die Oberschenkel können es kaum glauben, dass es sich in Summe lediglich um 1200 Höhenmeter Aufstieg handelt.

Mit Bahnbenutzung ist diese grandiose Überschreitung gut als Tagestour zu schaffen. Wer also gerne zu Hause schläft oder wenig Zeit hat, lässt sich von Steibis per Hochgratbahn hinauf schleudern. Wer sich allerdings den Luxus zweier freier Tage leisten kann, reist unbedingt bereits am Vorabend an und übernachtet auf dem gemütlichen Staufner Haus, rund 230 Höhenmeter unterhalb des Gipfels des Hochgrats, denn der Blick ins Alpenvorland zum Sonnenuntergang, wenn die Lichter im Alpenvorland zu leuchten beginnen, erhöht die Vorfreude auf die Tour.

Blick vom Seelekopf nach Westen, hinter dem Bregenzer Wald erhebt sich der Säntis.

Oben: Abendstimmung am Staufner Haus.
Unten: Bahnhof Immenstadt, der Endpunkt der Tour.

Ausgangspunkt: Bushaltestelle Steibis Hochgratbahn, Oberstaufen, 800 m. Mit dem Regional-Express (RE 70) Richtung Lindau-Reutin oder (RE 72) Richtung Memmingen (dann Umstieg in Buchloe am gleichen Bahnsteig in den RE 70) bis Oberstaufen. Weiter mit Bus 9795 Richtung Steibis Hochgratbahn, Oberstaufen. Abfahrt München Hbf über München Pasing werktags ab 5.20 Uhr, sonntags ab 6.20 Uhr mindestens stündlich, Dauer ca. 2.35 Std.
Endpunkt: Bahnhof Immenstadt, 730 m. Mit dem Regional-Express (RE) bis München Hbf (teils direkt, teils mit Umstieg in Buchloe am gleichen Bahnsteig). Abfahrt Bahnhof Immenstadt nach München Hbf über München Pasing bis ca. 23.00 Uhr mindestens stündlich, Dauer ca. 1.35 Std.
Gipfel: Hochgrat, 1832 m; Rindalphorn, 1821 m; Gündleskopf, 1748 m; Buralpkopf, 1772 m; Sedererstuiben, 1737 m; Stuiben, 1749 m.
Gehzeiten: Bushaltestelle Steibis Hochgratbahn – Hochgratbahn Bergstation (mit Seilbahn ca. 20 Min.), Hochgratbahn Bergstation – Hochgrat (Aufstieg ca. 25 Min.), Hochgrat – Rindalphorn (Abfahrt und Aufstieg ca. 1 Std.), Rindalphorn – Gündleskopf (Abfahrt und Aufstieg ca. 45 Min.), Gündleskopf – Buralpkopf (Abfahrt und Aufstieg ca. 45 Min.), Buralpkopf – Sedererstuiben (Abfahrt und Aufstieg ca. 1 Std.), Sedererstuiben – Stuiben (Abfahrt

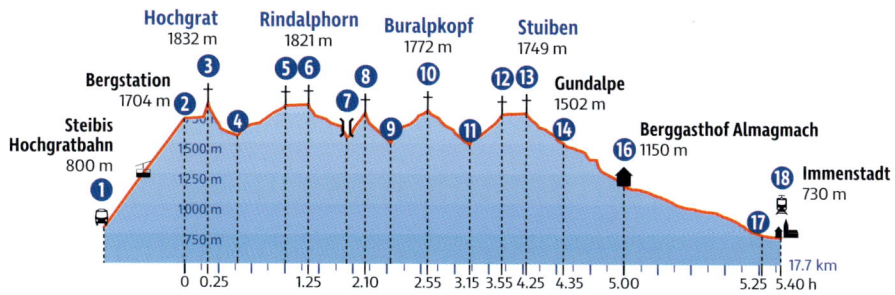

und Aufstieg ca. 30 Min.), Stuiben – Immenstadt Friedhof (Abfahrt ca. 1 Std.), Immenstadt Friedhof – Bahnhof (zu Fuß ca. 15 Min.); gesamt ca. 5.40 Std. (ohne Seilbahnauffahrt).
Hangrichtung: Alle Hangrichtungen; Abfahrten überwiegend Ost und Südost.
Höhenmeter: Aufstieg (mit Benutzung der Seilbahn) ca. 1200 Hm, Abfahrt ca. 2200 Hm.
Lawinengefährdung: Mittel bis hoch.
Anforderungen: Steile Hänge und Rinnen in der Abfahrt; sichere Skitechnik notwendig.
Orientierung: Bei guter Sicht mittel; viel begangen; bei schlechter Sicht und nicht vorhandener Ortskenntnis ist die Tour nicht empfehlenswert.
Einkehrtipps: Bahnhofsbäck Oberstaufen, Mo–Sa 6.30–17 Uhr, So 7–17 Uhr, www.oberstaufen.de/partner/bahnhofsbaeck, Tel. +49 8386 326264; Staufner Haus (1634 m), DAV Sektion Oberstaufen-Lindenberg, April, Nov. und Dez. bis Weihnachten geschlossen, www.staufner-haus.de, Tel. +49 8386 8255; Vis-à-vis, Bistro am Bahnhof Immenstadt, Di–Do 9.30–1 Uhr, Fr/Sa 9.30–3 Uhr, So/Feiertag ab 14 Uhr, Mo Ruhetag, www.bistro-vis-a-vis.de, Tel. +49 8323 994872.
Naturschutz: Im Gebiet der Nagelfluhkette gibt es mehrere Wald-Wild-Schongebiete, deren Umgehung bei der Tourenplanung unbedingt zu berücksichtigen ist!
Varianten: 1) Aufstieg Variante Skigebiet: Aufstieg von Talstation Hochgratbahn durch das Skigebiet als ausgewiesene Skitour zur Hochgratbahn Bergstation. Strecke ca. 3,5 km, Aufstieg ca. 800 Hm, Dauer ca. 2 Std.; Anreise am Vortag und Übernachtung auf dem Staufner Haus empfehlenswert.
2) Aufstieg Variante Seelekopf: Aufstieg von Talstation Hochgratbahn durch das Skigebiet und den Seelekopf zur Hochgratbahn Bergstation. Strecke ca. 6,5 km, Aufstieg ca. 1050 Hm, Dauer ca. 3 Std.; Anreise am Vortag und Übernachtung auf dem Staufner Haus empfehlenswert.
3) Abfahrt Variante Mittag: Stuiben – Mittagberg (Aufstieg und Abfahrt, ca. 1.30 Std.), Mittagberg – Immenstadt Friedhof (Abfahrt ca. 30 Min.). Strecke ca. 9 km, Aufstieg ca. 300 Hm, Abfahrt ca. 1200 Hm, Dauer ca. 2 Std.
Autorentipp: Der Aufstieg kann alternativ zur Bahn »by fair means« auf einer ausgewiesenen Route durch das Skigebiet erfolgen (Aufstieg Variante Skigebiet). Bei Übernachtung im Staufner Haus bietet sich an, den Aufstieg mit einer Tour auf den Seelekopf zu verbinden (Aufstieg Variante Seelekopf). Wer nach dem Stuiben noch immer ausreichend Saft in den Beinen verspürt, der sollte noch nicht der Abfahrt über das Steigbachtal nach Immenstadt folgen, sondern den Kurs beibehalten und die Tour über den Steineberg und den Mittag fortsetzen (Abfahrt Variante Mittag). Dort wartet mit einer einfachen kurzen Kletterpassage über einen versicherten Steig ein spannendes, grandioses Finale. Die Tiefblicke vom schmalen Grat auf Sonthofen mit den Gipfeln der Allgäuer Alpen im Hintergrund belohnen für alle Mühen und machen aus diesem Skitourenklassiker ein wahres Highlight!

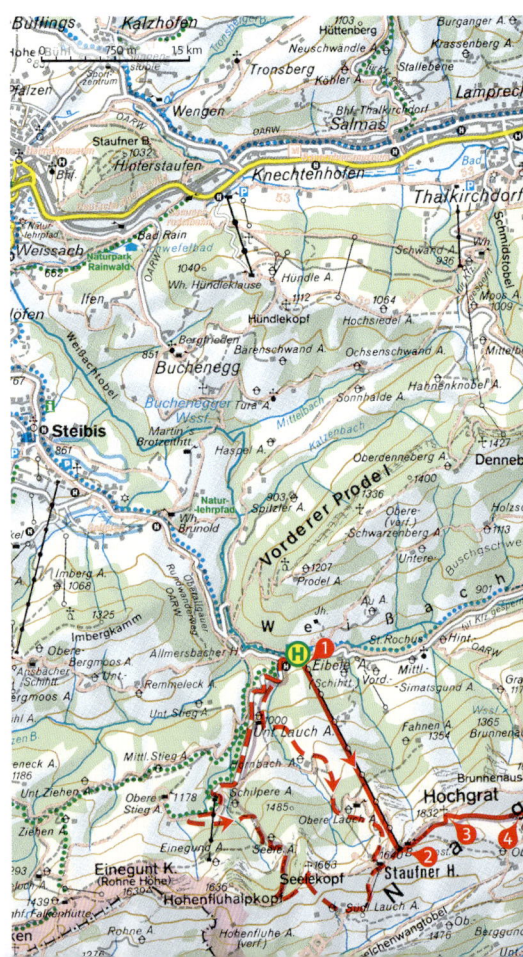

Die meisten Gipfel sind geschafft, Blick vom Stuiben nach Westen.

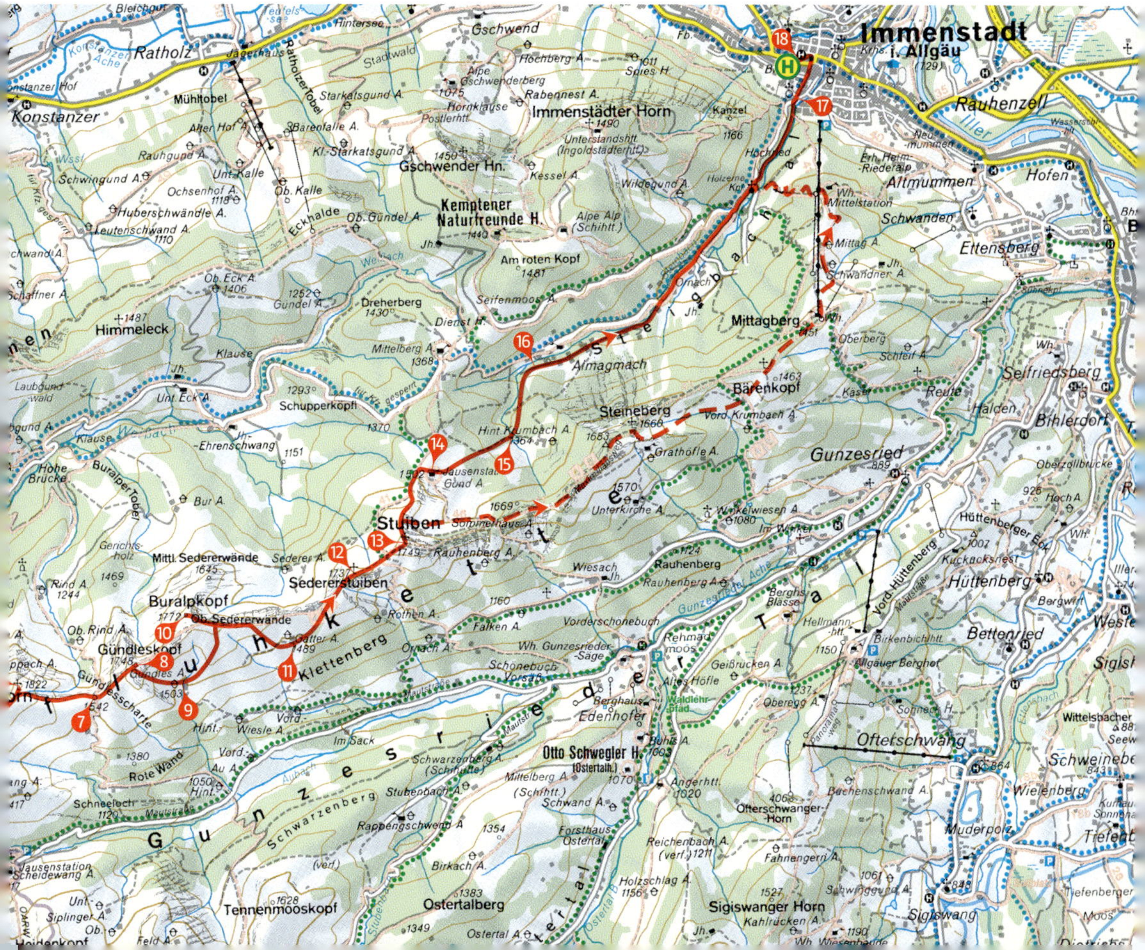

Die letzten Lichtstrahlen des Tages streichen über die Allgäuer Alpen.

Wenige Meter neben der **Bushaltestelle Steibis** steigen wir an der **Talstation** in die **Hochgratbahn** ❶, 800 m, und lassen uns bequem zur **Bergstation** ❷, 1704 m, shutteln. Von dort gehen wir je nach Verhältnissen über den zunächst breiten Fußweg oder direkt nach der Station hoch zum Grat und an diesem entlang bis hinauf zum **Hochgrat** ❸, 1832 m. Eine Rinne zieht nun direkt vom Gipfel nach Osten hinab Richtung **Gütlealpe** ❹, 1560 m. Je nach Verhältnissen kann man hier alternativ zunächst ein paar Meter dem Grat folgen und dann die breite, aber ebenfalls steile Südostflanke abfahren. Nun heißt es wieder auffellen. Wir steigen in gemächlichem Anstieg auf den wenig exponierten **Gelchenwanger Kopf** ❺, 1812 m, rutschen ein paar Meter auf Fellen in eine kleine Scharte nach Südosten ab, bevor wir schließlich auf den nächsten markanten Gipfel, das **Rindalphorn** ❻, 1821 m, steigen. Wir legen unterhalb des Gipfelaufbaus unser Skidepot an und stapfen den kurzen schmalen Grat zum Kreuz zu Fuß hinauf.
Am Skidepot zurück, fahren wir in den steilen Südosthang Richtung **Gündlesscharte** ❼, 1545 m, hinab. Am Grat etwas rechts haltend, gehen wir nun in gemütlichen Kehren südöstlich hinauf zu einem kleinen Plateau. Von dort tragen wir die Skier ein paar Meter hinab in eine kleine Scharte, wo wir diese deponieren, um mit leichtem Gepäck auf den **Gündleskopf** ❽, 1748 m, zu steigen. Nur kurz genießen wir die Aussicht, denn es lockt schon die Abfahrt durch die nächste steile Mulde nach Südosten. Auf Höhe der **Gündlesalpe** ❾, 1503 m, fellen wir wieder an, denn von dort zieht die Route, dem breiten Rücken folgend, zunächst wieder südöstlich, dann südlich hinauf. Weiter entlang des Grates nach Westen erreichen wir über einen Abstecher von ca. 200 m den **Buralpkopf** ❿, 1772 m.

Von dort fahren wir zurück und noch ca. 200 m weiter am Grat entlang nach Osten, bis wir schließlich in weiterer Abfahrt nach Süden die **Gatteralpe** ⓫, 1489 m, erreichen. Und wieder steigen wir südöstlich auf zum **Sedererstuiben** ⓬, 1737 m. Wir rutschen etwas nördlich des flachen Grates mit oder ohne Felle in eine kleine Scharte ab und erreichen nach ein paar weiteren Metern unseren letzten Gipfel, den **Stuiben** ⓭, 1749 m. Vom Stuiben fahren wir nördlich, gegebenenfalls etwas links haltend, den oft abgeblasenen Rücken ab bis zu einer ausgeprägten Schulter auf ca. 1650 m Höhe. Nun geht es weiter nordöstlich hinab. Kurz nach dem markanten Krätzenstein auf ca. 1500 m halten wir uns rechts und erreichen die im Winter geschlossene **Gundalpe** ⓮, 1502 m. Nun geht es zunächst flach nach Nordosten in bewaldetes Gebiet. Auf einer Lichtung in der Nähe der **Hinteren Krumbachalpe** ⓯, 1364 m, halten wir uns nördlich. Wir fahren teils überraschend steil durch den Wald ab zum **Berggasthof Almagmach** ⓰, 1150 m, und folgen dem nun flachen Weg (später Rodelbahn) das Steigbachtal hinaus direkt zum **Friedhof Immenstadt** ⓱, 743 m. Ab hier tragen wir die Skier, folgen der Adolph-Probst-Straße, überqueren die Gleise über eine Fußgängerbrücke und erreichen so den **Bahnhof Immenstadt** ⓲, 730 m.

Aufstieg Variante Skigebiet: Direkt an der Bushaltestelle Steibis legen wir die Skier an und gehen am Rand der Unterlauch-Abfahrtspiste bergan. Wenige Meter nachdem wir den Horbach überquert haben und der Abfahrtsweg den Wald verlässt, steigen wir links am Waldrand empor. Auf Höhe der Unteren Lauchalpe folgen wir einem kleinen Pfad nach links in den Wald und überqueren ein zweites Mal den Horbach. Wo der Pfad den Wald verlässt, gehen wir wieder am Waldrand entlang steil bergan nach rechts. Wir gelangen zur Piste der Hauptabfahrt, die wir bereits nach etwa 150 m wieder nach rechts an einem Waldweg verlassen. Statt der 180-Grad-Linkskurve zu folgen, gehen wir geradeaus und erreichen zuletzt über die Skipiste das Staufner Haus und die **Bergstation der Hochgratbahn** ❷.

Aussichtsreich: Diese Skisafari über die Nagelfluhkette gewährt so manche Tiefblicke.

Links: Die Abfahrt über den Südosthang des Hochgrats ist eines der Highlights dieser Tour.
Rechts: In den schattigen Mulden findet sich meist noch feinster Pulverschnee.

Aufstieg Variante Seelekopf: Direkt an der Bushaltestelle Steibis legen wir die Skier an und gehen am Rand der Unterlauch-Abfahrtspiste bergan. Etwa 500 m nach der Unteren Lauchalpe folgen wir nicht der Piste nach links, sondern gehen geradeaus zur Alpe Schilpre. Bei der Weggabelung etwa 300 m nach der Alpe Schilpre nehmen wir den linken Weg in den Wald hinein, folgen diesem bis zur Seelealpe und gelangen über zwei etwas steilere Geländestufen zum Seelekopf. Über dessen Südhang gleiten wir hinab zur Südlichen Lauchalpe und steigen über das Staufner Haus hinauf zur **Bergstation der Hochgratbahn** ❷.

Abfahrt Variante Mittag: Haben wir noch nicht genug, dann fahren wir vom **Stuiben** ⓭ zunächst auf die Schulter, ca. 1650 m, und von dort direkt nach Osten in den zunächst steilen, dann aber in idealer Neigung auslaufenden Hang ein. An der flachsten Stelle »Im Gund« ziehen wir die Felle auf die Skier und steigen zunächst in freiem Gelände, später steil und bewaldet, zum Steinköpfle, 1669 m, auf. In wundervoller Landschaft geht es weiter in Richtung Osten, bis uns ein kleiner Felsriegel den Weg versperrt. Hier packen wir die Skier für ein kurzes Stück an den Rucksack und kraxeln den kurzen, versicherten Steig hinauf. Je nach Bedingungen geht es nun mit Skiern oder zu Fuß weiter am Grat entlang, bis wir schließlich den Steineberg, 1660 m, erreichen. Von hier fahren wir ein kurzes Stück nach Süden, dann – zunächst sehr steil – nach Osten ab. Wir finden unseren Weg durch den Wald. Es wird lichter und flacher und schließlich wechseln wir etwas oberhalb der Vorderen Krumbachalpe wieder in den Aufstiegsmodus. Wir kommen am Bärenkopf vorbei und erreichen endlich den letzten Gipfel der Kette, den Mittagberg, 1451 m. Nach Immenstadt kommen wir nun über das nordseitige Skigebiet der Mittagbahn. Ab der Mittelstation wechseln wir auf die Rodelbahn, die uns, zuletzt entlang des Steigbaches, direkt zum **Friedhof Immenstadt** ⓱ führt. Ab hier folgen wir der Hauptroute bis zum **Bahnhof** ⓲.

3 Über Ochsen und Hörner
Skisafari in den Allgäuer Voralpen

| Bolsterlang Dorflift | Safari 4.20 h | ↗ 1100 m ↘ 1100 m | Gunzesried Säge |

Die Hörnergruppe im Allgäu besteht aus mehreren niedrigeren Grasbergen oberhalb der Dörfer Ofterschwang und Bolsterlang. Im Hochwinter zeigen sich diese Grasberge von ihrer schönsten Seite, wenn feinster Pulver Wald und Wiesen in fluffige weiße Watte hüllen. So sitzen wir bei Schneegestöber gemütlich im Zug nach Sonthofen und fahren mit dem Bus weiter nach Bolsterlang. Was für ein Trubel an der Talstation der Hörnerbahn! Wir verlassen schnell diesen Ort und steigen zügig und ohne weitere Hilfsmittel zur Bergstation der Hörnerbahn auf. Ein paar Meter hinter der belebten Piste wird es sofort ruhig und wir tauchen in eine liebliche Winterlandschaft ein. Aus dichten Wolken schneit es immer noch munter weiter, und so freuen wir uns jetzt schon auf pulvrige Abfahrten. Heute haben wir genug Zeit, daher überlegen wir nicht lange und freuen uns über einen Einkehrschwung. Das gemütliche Berghaus Schwaben liegt direkt auf dem Weg und lädt zu Kaffee und Kuchen ein. Danach geht es wieder hinaus ins Schneegestöber und weiter zum ersten Gipfel: zum Großen Ochsenkopf! Während wir weiter unsere Spur in die weiße Schneedecke ziehen, lichtet sich die Wolkendecke und es hört auf zu schneien. Ja, manchmal braucht man einfach eine Portion Glück! Wir genießen die grandiose Aussicht am unscheinbaren Gipfel und ziehen unsere Kurven in feinsten weißen Pulverschnee. Schnell ist wieder aufgefellt und wir ziehen weiter Richtung Rangiswanger Horn. Es ist spät geworden und wir stehen allein auf dem Gipfel. Immer klarer wird der Himmel und einige Sonnenstrahlen erreichen uns. Jetzt aber los, eine lange Abfahrt erwartet uns. Nordseitig und pulvrig schwingen wir hinab Richtung Gunzensrieder Säge. Ab dem Berggasthof Pension Buhl's Alpe wird es ein Stück flacher, bis wir das letzte Stück bis zur Bushaltestelle Gunzenried Säge über Wiesengelände abfahren.

Am Bahnhof Fischen steigen wir entspannt in den Bus zum Startpunkt der Safari um.

Mit dem letzten Tageslicht flott hinab nach Gunzesried.

Ausgangspunkt: Bushaltestelle Bolsterlang Dorflift, 888 m. Mit dem Regional-Express (RE 76) Richtung Oberstdorf bis Bahnhof Fischen i. Allgäu oder mit dem Regional-Express (RE 72) Richtung Memmingen bis Bahnhof Buchloe und Weiterfahrt mit dem Regional-Express (RE 17) Richtung Oberstdorf bis Bahnhof Fischen i. Allgäu; Weiterfahrt mit Bus 44 Richtung Oberstdorf bis Dorflift, Bolsterlang. Abfahrt München Hbf über München Pasing werktags ab 5.20 Uhr, sonntags ab 6.20 Uhr, mind. stündlich, Dauer ca. 2.40 Std.
Endpunkt: Bushaltestelle Gunzesried Säge, Blaichach, 932 m. Mit dem Anruf-Sammeltaxi 20 zum Bahnhof Sonthofen, Weiterfahrt mit der Regional-Express (RE 75) nach Bahnhof Memmingen, Weiterfahrt mit der Regionalbahn (RB 96) nach München Hbf. Alternativ mit Regional-Express (RE 76) von Bahnhof Sonthofen ohne Umstieg nach München Hbf. Abfahrt Bushaltestelle Gunzesried Säge nach München Hbf über München Pasing bis spätestens 17.10 Uhr alle zwei Stunden, Dauer ca. 2.40 Std. (je nach Verbindung bis 3.30 Std.). Hinweis: Sammel-Taxi Voranmeldung bis 1 Std. vor Abfahrt, Tel. +49 8321 4040.
Gipfel: Großer Ochsenkopf, 1662 m, Rangiswanger Horn, 1615 m.

Gehzeiten: Bushaltestelle Bolsterlang Dorflift – Bergstation Hörnerbahn (Aufstieg 1.30 Std.), Bergstation Hörnerbahn – Berghaus Schwaben (Aufstieg 30 Min.), Berghaus Schwaben – Großer Ochsenkopf (Aufstieg 30 Min.), Großer Ochsenkopf – Oberalm (Abfahrt 20 Min.), Oberalm – Rangiswanger Horn (Aufstieg 45 Min.), Rangiswanger Horn – Bushaltesstelle Gunzesried Säge (Abfahrt 45 Min.); gesamt ca. 4.20 Std.
Hangrichtung: Alle Expositionen, in der Abfahrt vor allem Nord.
Lawinengefährdung: Mäßig, bei geeigneter Spuranlage in vielen Bereichen gering.
Anforderungen: Keine besonderen Anforderungen, mehrmaliges Auf- und Abfellen notwendig.
Orientierung: Bei schlechter Sicht unter Umständen schwierig, in vielen Teilen durch das Gelände vorgegeben und oft gespurt.
Einkehrtipps: Berghaus Schwaben, Mo–So 9–15.30 Uhr. www.berghaus-schwaben.de, Tel.+49 8326 438, Übernachtung möglich; Berggasthof Pension Buhl's Alpe, Fr–Di, 10.30–20 Uhr, www.buhls-alpe.info, Tel. +49 8321 3733.
Autorentipp: Die Tour eignet sich hervorragend für ein Wochenende. Mit einer Übernachtung in Gunzesried Säge oder im Berghaus Schwaben kann man die Skisafari beliebig erweitern.

Die **Bushaltestelle Bolsterlang Dorflift** ❶, 888 m, befindet sich direkt bei der Talstation. Wir folgen zunächst der Piste, bis die Skiroute nach links quert und zur Buchloer Hütte führt. Hier gehen wir weiter in einem Rechtsbogen aufsteigend zum Hörnerhaus, 1385 m, und anschließend auf der rechten Seite der Seilbahn entlang bis oberhalb der Bergstation der Hörnerbahn. Von hier folgen wir einem breiten Forstweg, den wir vor der Alpe Hinteregg nach rechts auf einen weiteren Forstweg verlassen. Nach 2 Std. Aufstieg dürfen wir uns über Kaffee und Kuchen im ursprüngliche **Berghaus Schwaben** ❷, 1520 m, freuen, bevor wir uns zu unserem ersten Gipfel aufmachen. Dazu gehen wir links vom

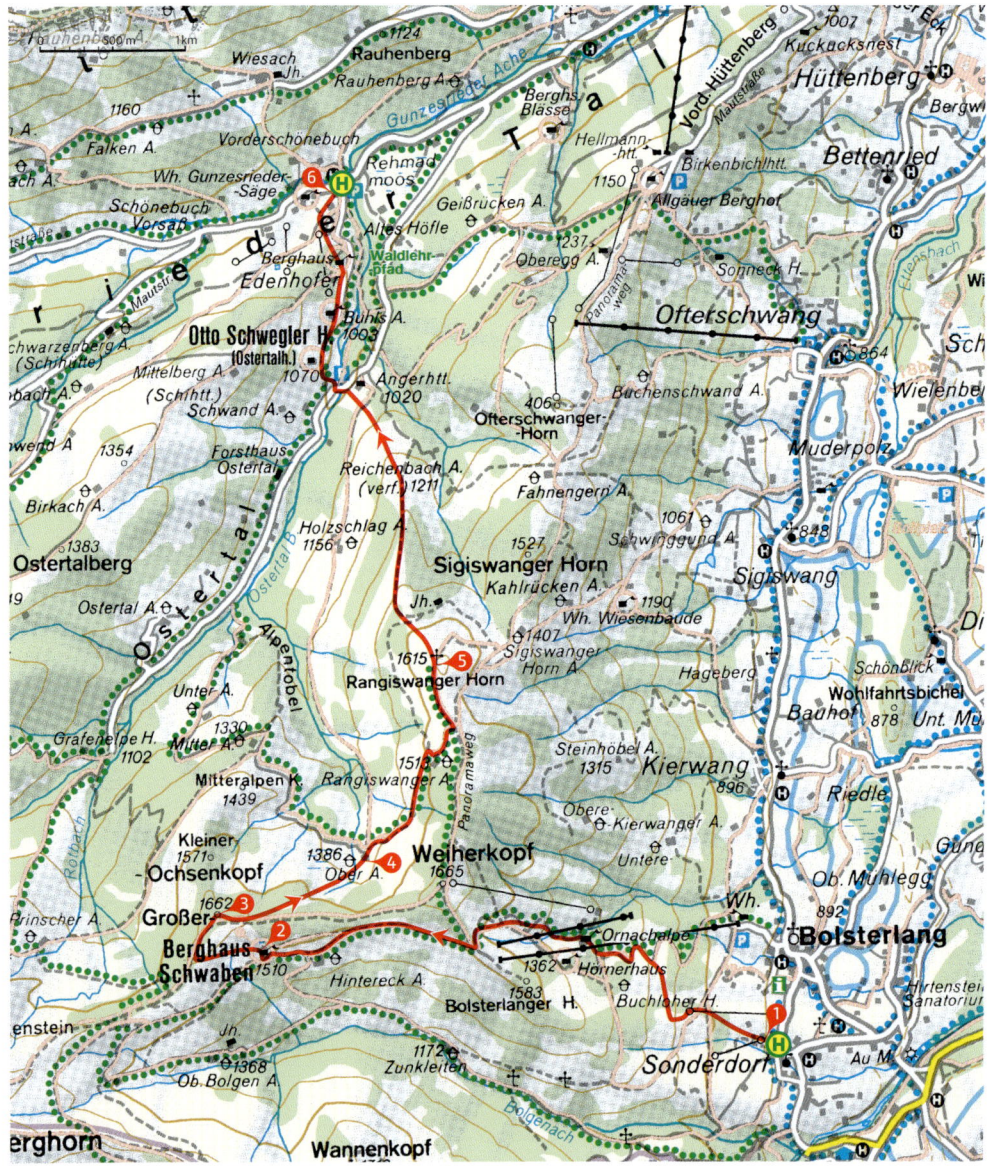

Ein letzter Blick zurück und bereit zum pulvrigen Finale.

Berghaus Schwaben über freies Gelände bis zum Kamm, dem wir nach rechts bis zum **Großen Ochsenkopf** ❸, 1662 m, folgen. Hier erwartet uns eine wunderbare Aussicht über die schönen Allgäuer Berge.

Wir fellen ab, fahren zunächst rechtshaltend einen Kamm ab und gelangen über eine weitere Rampe über offene Waldzonen und freie Alpweiden zur **Oberalpe** ❹, 1386 m. Hier fellen wir auf, steigen schräg rechts haltend zur

Planung im Zug und eine feine Auswahl im Berghaus Schwaben.

Der letzte Aufstieg Richtung Rangiswanger Horn.

Rangiswanger Alm, 1516 m, auf und folgen einem Wanderweg weiter zur sichtbaren Einbuchtung am Kamm. Wer wieder nach Bolsterlang abfahren möchte, kann ab hier in kurzer Zeit über den Grat zum Weiherkopf und über die Skipiste relativ schnell zurück nach Bolsterlang gelangen. Wir jedoch folgen dem Kamm nach links und gehen über den reizvollen Südgrat weiter zum zweiten Gipfel, dem **Rangiswanger Horn** ❺, 1615 m.

Jetzt erwartet uns eine lange Abfahrt zur Gunzesrieder Säge. Diese führt zunächst ca. 100 Hm über einen Nordhang mit einigen großen Fichten hinab. Dann halten wir uns links und gelangen über einen freien nordseitigen Rücken zu einer Straße. Hier gehen wir wenige Meter nach links und erreichen so einen großen Wanderparkplatz, 996 m. Der Straße nach rechts folgend, gelangen wir bald zur Buhlsalpe, 1003 m. Weiter geht es an dieser vorbei immer der Straße entlang, bis uns ein Skitourengeher-Schild links die Straße verlassen lässt. Nun kurz den Wiesenhang empor und bis zur Bushaltestelle über mehrere Wiesen abfahren. Die **Bushaltestelle Gunzesried Säge** ❻, 932 m, befindet sich direkt am Ende der Wiese vor den ersten Häusern von Gunzesried Säge.

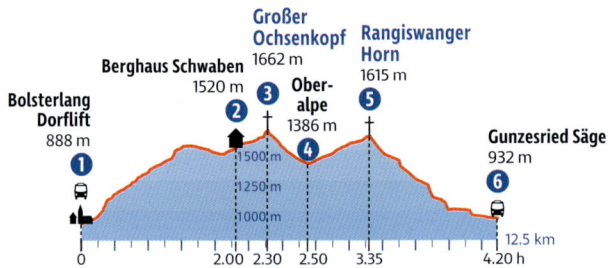

Oben: Herrliches Abendlicht kurz vor dem letzten Gipfel.
Unten: Der warme Bus bringt uns am Ende eines langes Tages bequem zurück.

4 Nordhang der Extraklasse
Auf das Tannheimer Gaishorn

 Tannheim/Neu Kienzen   Tour 5.00 h   ↗ 1150 m ↘ 1150 m   Tannheim/Neu Kienzen

Zugegeben, 3.30 Stunden Anreise sind kein Pappenstiel, doch für diese Tour lohnt sich der Zeitaufwand wirklich. Das großartige Gaishorn hat nämlich einen riesigen, gleichmäßig geneigten Gipfelhang zu bieten, an dem sich aufgrund der nordseitigen Exposition lange guter Pulverschnee hält. Hat man in unzähligen Spitzkehren die etwa 500 Höhenmeter lange und bis zu 40 Grad steile Flanke gemeistert, kommt man ab dem Skidepot am Gaiseck aus dem Schauen gar nicht mehr heraus. Denn ein unschwerer Gipfelkamm führt im Anschluss mit großartigen Ausblicken, vor allem in Richtung Allgäuer und Lechtaler Alpen, zum 2247 m hohen Gipfelkreuz hinauf. Dort besticht vor allem der Tiefblick zum im Winter meist vereisten Vilsalpsee.

Wenn (wie bei uns) eine dünne Neuschneeauflage auf einer harten Altschneedecke liegt, bricht man sich übrigens wirklich keinen Zacken aus der Krone, wenn man die Skier vor dem Skidepot auf den Rucksack packt. Denn den Riesenhang unkontrolliert hinunter zu rasen, wäre bestimmt kein Spaß!

Die Anreise ist übrigens ziemlich entspannt. Denn mit der RB 6 gelangt man von München-Pasing über Garmisch-Partenkirchen direkt nach Reutte in Tirol. Man hat also wirklich genug Zeit, um ohne lästiges Umsteigen die Samstagausgabe seiner Lieblingszeitung zu studieren. Von Reutte aus fährt man dann mit Bus 120 nach Tannheim weiter.

Nicht nur wegen der eher langen Anfahrtszeit lohnt es sich übrigens, ein oder zwei Übernachtungen im Tannheimer Tal anzuhängen und noch weitere schöne Skitourenziele zu besteigen (siehe Tipp).

An den Älpele-Almwiesen lichtet sich der Wald.

Blick auf den riesigen Nordhang, an dessen oberem Ende das Skidepot liegt.

Ausgangs- und Endpunkt: Bushaltestelle Tannheim/Neu Kienzen, 1095 m. Mit der Regionalbahn RB 6 Richtung Steinach (Pfronten) bis Reutte. Weiter mit dem Regionalbus 120 Richtung Oberjoch Iselerbahn bis Tannheim/Kienzen. Weitere Verbindungen möglich. Abfahrt München Hbf über München Pasing ab 5.32 Uhr, min. stündlich, Dauer ca. 3.32 Std. Abfahrt Tannheim/Neu Kienzen nach München Hbf über München Pasing bis 17.46 Uhr, Dauer ca. 3.40 Std.
Gipfel: Gaishorn, 2247 m.
Gehzeiten: Bushaltestelle Tannheim/Neu Kienzen – Älpele-Hütte (Aufstieg ca. 1.30 Std.), Älpele-Hütte – Skidepot Gaiseck (Aufstieg ca. 1.10 Std.), Gaiseck – Gaishorn (ca. 20 Min.), Abfahrt ca. 2 Std.; gesamt ca. 5 Std.
Hangrichtung: Das Älpeletal ist nordostseitig, der riesige Hang unter dem Gaiseck hingegen nordexponiert.
Lawinengefährdung: Mittel bis groß.
Anforderungen: Für den riesigen, bis 40 Grad steilen Nordhang braucht man sowohl für den Anstieg als auch für die Abfahrt eine gute Skitechnik. Harscheisen nicht vergessen. Zudem müssen lawinensichere Verhältnisse herrschen.
Orientierung: Der Talanstieg ergibt sich fast von selbst. Wenn keine Spuren vorhanden sind (was bei lawinensicheren Verhältnissen selten der Fall ist), braucht man ab der Älpele-Hütte im weiten Kar schon gute Sicht.
Einkehrtipps: Wer nach der Tour großen Hunger hat, ist in der Pizzeria Enzian gut aufgehoben. Die dortigen »Flach-Gebäcke« sind riesig, günstig und lecker, Di–So 11.30–22.30 Uhr, www.gasthof-enzian.at, Tel. +43 5675 6527.
Autorentpp: Es lohnt sich, im Tannheimer Tal zu übernachten. Entlang der Buslinie 120 gibt es vier weitere, ebenfalls nordseitige und lohnende Tourenziele: von Zöblen/Katzensteig aufs Zirlesegg (800 Hm, Aufstieg 2.15 Std.), von Schattwald auf den Ponten (1000 Hm, Aufstieg 2.45 Std.), von Haldensee auf die Schochenspitze (950 Hm, Aufstieg 3.15 Std.) und von Haldensee auf die Krinnenspitze (900 Hm, Aufstieg 2.30 Std.).

Vom großen Gipfelkreuz bietet sich eine grandiose Rundumsicht auf die Allgäuer und Thannheimer Berge.

Von der **Bushaltestelle Tannheim/Neu Kienzen** ❶, 1095 m, aus geht man geradeaus nach Süden über eine Wiese und wendet sich dann nach rechts, um südlich der Häuser des Ortsteils Neu Kienzen einem breiten Wiesenstreifen nach Westen bis zum Waldrand zu folgen. Dort stößt man auf eine Forststraße,

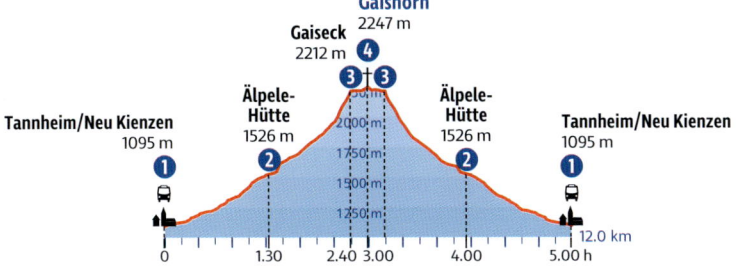

die nach links ins Älpeletal hinaufführt. Schon nach kurzer Zeit muss man sich entscheiden: Entweder man folgt an der Gabelung weiter der breiten Forststraße oder geht (bei ausreichender Schneelage viel schöner) weiter geradeaus, um direkt am Talboden dem alten Fußweg taleinwärts zu folgen. Dieser führt später über freie Schneisen bergan und trifft dort wieder auf die Forststraße. Seine Kehren werden im weiteren Verlauf abgekürzt und man gelangt in Südwestrichtung im Wechsel von Wald und Lichtungen zur großen Freifläche an der **Älpele-Hütte** ❷, 1526 m. Man geht an dieser links vorbei, noch ein Stück weiter und wendet sich dann nach links, um dem Talverlauf nach Süden zu folgen. Hinter dem Talschluss sieht man bereits den gewaltigen Nordhang aufragen. Den Talschluss umgeht man schließlich entweder in einem weiten Links- oder Rechtsbogen (beides ist möglich), um zum Beginn des riesigen Nordhanges zu gelangen. Hier steigt man zunächst geradeaus, dann etwas rechts haltend zum Skidepot am **Gaiseck** ❸, 2212 m, hinauf. Von dort führt ein leichter, aber langer Gipfelkamm nach Osten zum höchsten Punkt des **Gaishorns** ❹, 2247 m.
Der Rückweg bzw. die Abfahrt erfolgt auf demselben Weg.

Autor: Michael Pröttel

Im steilen Nordhang hat man oft gute Chancen auf Pulverschnee.

5 Take me to Thaneller
Unterwegs im vorderen Lechtal

| Heiterwang-Plansee | Tour 6.10 h | ↗ 1350 m ↘ 1350 m | Heiterwang-Plansee |

Die rote Außerfernbahn schlängelt sich hinter Lermoos auf ihrem Weg Richtung Reutte so nahe an den Bergen im vorderen Lechtal vorbei, dass man viele schöne Skitourenziele bereits vom Zugfenster aus sehen kann. Da steigt schon bei der Anreise die Vorfreude auf unser heutiges, etwas steileres Vorhaben, wofür wir Pickel und Steigeisen eingepackt haben.

Zum Greifen nahe scheint das Gipfelkreuz des Thanellers vom Bahnsteig aus, aber der Aufstieg bis dorthin über das gleichnamige Kar ist im oberen Teil eine anspruchsvolle, alpine Angelegenheit und nur bei besten Bedingungen empfehlenswert. Wenn aber alles passt, erwartet uns eine Parade-Öffitour, wie sie idealer kaum geht: Umsteigefrei und garniert mit einem Hauch Westalpen. Wo gibt es das schon, nur gut zwei Stunden von der großen Stadt entfernt?

Einen einzigen kleinen Wermutstropfen gibt es bei der Rückkehr nach Heiterwang. Hier sehnt man sich vergeblich nach einem gemütlichen Einkehrschwung in Bahnhofsnähe, doch leider gibt es weit und breit nichts. Öffi-Skitouristen wissen sich jedoch in solchen Situationen immer schnell zu helfen, schon die nächste Station Bichlbach erwartet uns mit dem vollen Programm vom gut sortierten Dorfladen bis zum Wirtshaus. Also nochmal raus aus dem Zug und die Tour einfach im Nachbarort ausklingen lassen. Geschenkt an so einem großartigen Tag.

Ausgangs- und Endpunkt: Bahnhof Heiterwang-Plansee, 994 m. Mit der Regionalbahn (RB 6) Richtung Pfronten-Steinach bis Heiterwang-Plansee, Abfahrt München Hbf über München Pasing ab 5.32 Uhr mindestens stündlich, Dauer ca. 2.15 Std. Abfahrt Bahnhof Heiterwang-Plansee nach München Hbf über München Pasing bis 21.11 Uhr, Dauer ca. 2.15 Std.
Gipfel: Thaneller, 2341 m.
Gehzeiten: Bahnhof Heiterwang-Plansee – Karlift-Piste (40 Min.), Karlift-Piste – Thanellerscharte (Aufstieg 3 Std.), Thanellerscharte – Gipfel Thaneller (Aufstieg 30 Min.), Gipfel Thaneller – Karlift-Piste (Abfahrt 1.30 Std.), Karlift-Piste – Bahnhof Heiterwang-Plansee (Abfahrt 30 Min.); gesamt ca. 6.10 Std.
Hangrichtung: Im Aufstieg bis zur Scharte Nord, im Weiterweg bis zum Gipfel Südwest.

Je nach Verhältnissen machen Steigeisen und Pickel im oberen Teil des Kars Sinn.

Das Ziel bereits vor Augen: der stolze Thaneller.

Lawinengefahr: Erheblich; stabile Verhältnisse im Thanellerkar notwendig, die Rinne ist im Durchschnitt steiler als 35 Grad, teilweise auch steiler als 40 Grad.

Anforderungen: Bis zum Beginn der Rinne im Aufstieg nicht zu schwierig, in der Abfahrt ist der untere Teil durch den engen Graben anspruchsvoll. Die schmale Rinne zur Scharte ist sehr steil und anspruchsvoll, je nach Verhältnissen sind Harscheisen oder Pickel und Steigeisen erforderlich.

Orientierung: Im unteren Teil bis zum Karboden problemlos, immer der Beschilderung folgen. Zum Thaneller führt links eine Rinne, von der Scharte zum Gipfel wieder leicht.

Einkehrtipps: Leider gibt es auf dem Weg keine Möglichkeit einzukaufen oder einzukehren, deshalb stoppen wir gerne in Bichlbach. Hier gibt es Gasthäuser und verschiedene Einkaufsmöglichkeiten, u. a. Ines Dorfladen, geöffnet Mo–Fr 7–12.30 Uhr und 14.30–18 Uhr, Sa 7–12.30 Uhr und 14.30–17 Uhr, Tel. +43 664 374487.

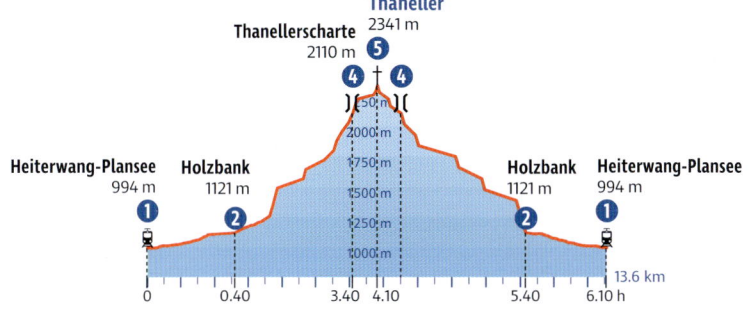

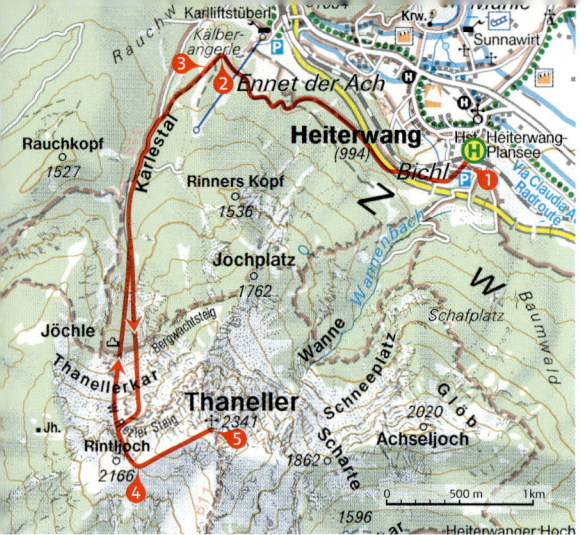

Von der **Bahnhof Heiterwang-Plansee** ❶, 994 m, gehen wir ca. 50 m die Straße Richtung Dorfmitte und biegen bei der nächsten Möglichkeit rechts ab, um nach ca. 100 m die Gleise zu überqueren. Immer den Thaneller im Blick, folgen wir der Straße geradeaus leicht ansteigend hinauf bis zum letzten Gebäude, das sich auf der rechten Seite befindet. Hier biegen wir rechts in einen Wirtschaftsweg ab, der oberhalb der stark befahrenen Bundesstraße bald in den Wald hineinführt. Wir lassen die gelben Wegweiser erst einmal außer Acht und gehen immer geradeaus weiter, bis wir zur Piste des Karlifts kommen. Links befindet sich eine **Holzbank** ❷, 1121 m. An dieser Bank biegen wir bei der Abfahrt wieder ab. Nun steigen wir ein kurzes Stück am linken Pistenrand bis zum **Schild »Thaneller«** ❸, 1137 m, auf und queren nun dem Schild folgend die breite Piste nach rechts. Unser weiterer Aufstieg führt nun durch Fichtenwald. In moderater Steigung folgen wir der Waldschneise und kommen zu einem Graben, der vom Thanellerkar herunterkommt. Der weiteren Beschilderung »Thaneller« folgend, steigen wir am besten auf einen Rücken auf der rechten Seite des Grabens weiter auf, bis sich das Kar weitet. Ein beeindruckender Karkessel liegt vor unseren Füssen und bietet auch ohne Gipfelbesteigung schon eine lohnende Skitour. Wir steigen das Kar ganz hinauf und erreichen unterhalb des ersten Felsens links eine auffallende Rinne. Bereits von unten sehen wir die felsdurchsetzte Steilstufe. Dort angekommen, ziehen wir nach links und queren die kurze, steile Felsstufe nach rechts unterhalb der nun sichtbaren Scharte. Die felsdurchsetzte Steilstufe kann bei wenig Schnee oder

Traumhafte Pulverabfahrt ins Thanellerkar.

bei Vereisung heikel sein. Steigeisen und Pickel sind in diesem Fall notwendig. An der **Thanellerscharte** ❹, 2110 m, steigen wir mit den Skiern Richtung Südwesten anhaltend weiter auf, und erst kurz vor dem Gipfel queren wir rechts zum großen Gipfelkreuz des **Thanellers** ❺, 2341 m.
Die Abfahrt zum **Bahnhof Heiterwang-Plansee** ❶ erfolgt auf der Aufstiegsspur.

Links: Das mächtige Gipfelkreuz des Thanellers.
Rechts: Regionale Spezialitäten gibt es im Dorfladen Bichlbach.

6 Lechtaler Reibn
Über Steinkarspitze und Galtjoch

  Rinnen   Reibn   ↗ 1600 m   Rinnen
⏱ 5.45 h   ↘ 1600 m

Das Galtjoch und die Hintere Steinkarspitze in den Lechtaler Alpen sind schon lange kein Geheimtipp mehr und werden in der Skitourensaison von unzähligen Tourengeherinnen aus Bayern und Tirol besucht. Ein wahrer Geheimtipp scheint es jedoch zu sein, dass man dort wunderbar klimaschonend mit Bahn und Bus hinkommt. Das zeigt sich daran, dass wir meist die einzigen Fahrgäste im Bus sind, die bis zum kleinen Ort Rinnen im Berwanger Tal fahren. Hoffentlich ändert sich das bald, denn von der Bushaltestelle sind es wirklich nur ein paar Schritte und schon können wir die Skier anschnallen für eine erste, schöne Abfahrt über Wiesenhänge, während alle anderen die steile Straße hinunter zum Startpunkt mit dem Auto fahren. Ein paar Extra Höhenmeter! So etwas gehört bei richtig guten Öffitouren einfach dazu.
Diese hier ist wirklich ein kleines Lechtal-Highlight, wenn man beide Berge miteinander verbindet. Dann ergibt sich eine richtig schöne Reibn, zuerst der sanftere Gipfel des Galtjochs und dann die Hintere Steinkarspitze weiter hinten im Tal als etwas alpinere Zugabe. Dazwischen liegt traumhaftes Skitourengelände – eine ideale Kombination für schneereiche und stabile Wintertage.
Die zünftige Rast auf der Ehenbichler Alm müssen wir dieses Mal leider auslassen, sie kommt etwas zu früh. Aber das holen wir dann einfach nach unserer Tour in Bichlbach nach, wenn wir nur noch in den Zug nach Hause einsteigen müssen. Und wir haben es vor lauter Pulver fast verdrängt: Am Ende der Tour müssen wir nochmals den schönen ersten Hang zum Bus hinaufsteigen mit den Fellen. Aber an diesem tollen Wintertag macht die kleine Zugabe unser Erlebnis einfach nur noch größer und wir freuen uns umso mehr auf den Einkehrschwung im Tal.

Links: Schon bei der Fahrt im Bus die Winterlandschaft genießen.
Rechts: Was will man mehr? Genug Platz für eigene Spuren im Schnee.

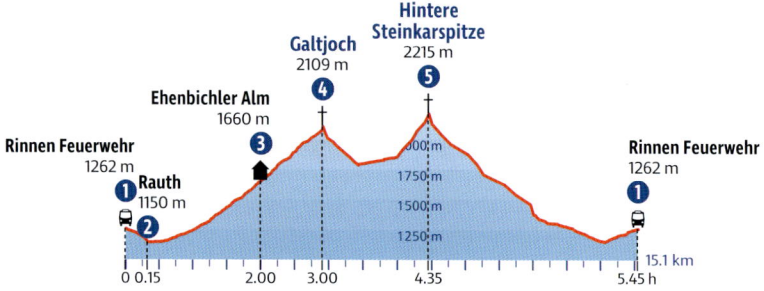

Ausgangs- und Endpunkt: Bushaltestelle Rinnen Feuerwehr, 1262 m. Mit der Regionalbahn (RB 6) von München Hbf Richtung Pfronten-Steinach bis Bahnhof Bichlbach-Berwang. Weiterfahrt mit dem Bus von Bichlbach Dorf Richtung Berwang Brand bis Rinnen Feuerwehr. Alternativ auch Umstieg in Lermoos möglich je nach Verbindung. Abfahrt München Hbf über München Pasing ab 5.32 Uhr zum Teil stündlich. Rückfahrt Bushaltestelle Rinnen Feuerwehr nach München Hbf über München Pasing bis spätestens 17.12 Uhr, Dauer ca. 3.00 Std.
Hinweis: Die Bushaltestelle Bichlbach Dorf befindet sich ca. 250 m vom Bahnhof entfernt.
Gipfel: Galtjoch, 2109 m; Hintere Steinkarspitze, 2215 m.
Gehzeiten: Bushaltestelle Rinnen Feuerwehr – Rauth (Abfahrt 15 Min.), Rauth – Ehenbichler Alm (Aufstieg 1.45 Std.), Ehenbichler Alm – Galtjoch (Aufstieg 1 Std.), Galtjoch – Raaz-Galtalpe (Abfahrt 20 Min.), Raaz-Galtalpe – Steinkarspitze (Aufstieg 1.15 Std.), Steinkarspitze – Rauth (Abfahrt 45 Min.), Rauth – Bushaltestelle Rinnen Feuerwehr (Aufstieg 25 Min.); gesamt ca. 5.45 Std.
Hangrichtung: Vorrangig Ost, Südost und Süd.
Lawinengefährdung: Bis Galtjoch bei guter

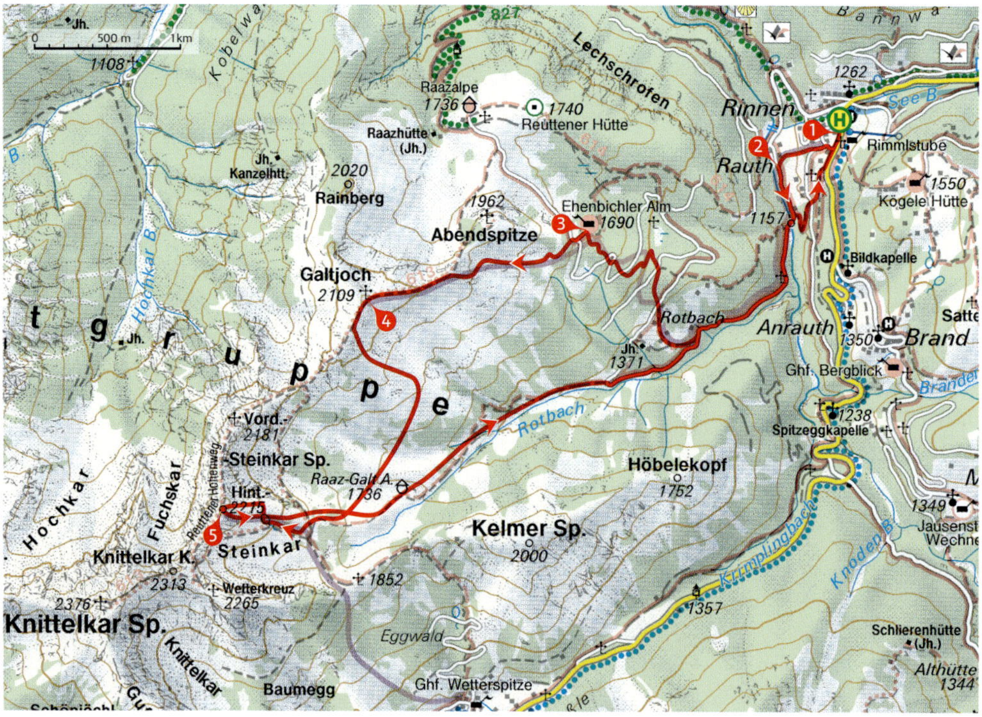

Hier geht's lang – die erste Etappe zur Ehenbichler Alm.

Spuranlage kaum lawinengefährdet, der weitere Verlauf benötigt sichere Verhältnisse und ausreichend Schneeauflage.
Anforderungen: Bis Galtjoch unschwierig, die Abfahrt zur Alpe ist wie auch die Abfahrt von der Steinkarspitze teilweise steil.
Orientierung: Die Route ist in weiten Teilen vom Gelände gut vorgegeben, unterhalb der Ehenbichler Alm unter Umständen schwierige Orientierung durch den Wald, aber meist gespurt.

Einkehrtipps: Ehenbichler Alm, 1640 m, Mo/Di Ruhetage, geöffnet Ende Dez. bis Anfang April, www.ehenbichler-alm.com, Tel. +43 676 3511681, Übernachtung möglich; in Bichlbach verschiedene Einkehrmöglichkeiten, u. a. Ines Dorfladen, geöffnet Mo–Fr 7–12.30 Uhr und 14.30–18 Uhr, Sa 7–12.30 Uhr und 14.30–17 Uhr, Tel. +43 664 374487.
Autorentipp: Das Dorf Berwang eignet sich gut für ein Skitouren-Wochenende.

Von der **Bushaltestelle Rinnen Feuerwehr** ❶, 1262 m, gehen wir dorfauswärts zuerst an einigen Häusern vorbei, bis wir links zu einem großen Parkplatz kommen, hier überqueren wir die Straße zur gegenüberliegenden Wiese. Bei ausreichend Schnee fahren wir nun direkt zum Flüsschen Rotlech ab, gleich neben der Siedlung **Rauth** ❷. Alternativ kann man auch auf der Straße hinunter nach Rauth gehen. Wir kommen zu einer kleinen Fahrstraße und folgen dieser nach links in den Wald bis zu einer Brücke, 1157 m. Wir überqueren den Rotlech und steigen gemütlich weiter auf, bis wir rechts über einen kurzen steilen Weg zu den freien Wiesen an der Almsiedlung Rotbach gelangen. Hier halten wir uns leicht rechts und steigen zum Waldrand auf und kommen wieder zur Forststraße, die wir nach wenigen Metern nach links verlassen. Immer wieder kürzen wir die Forststraße auf dem Sommerweg ab und gelangen so hinauf zur **Ehenbichler Alm** ❸, 1660 m.

An der Alm gehen wir links vorbei, marschieren über eine Waldstufe weiter nach Westen und queren einen Bach. Nun steigen wir immer linkshaltend über einen Rücken zu einem Kamm empor und gelangen zur Einbuchtung zwischen Galtjoch und Abendspitze. Im Folgenden führt unser Aufstieg über gestuftes Gelände immer linkshaltend über den Ostrücken bis zum Gipfelkreuz des **Galtjochs** ❹, 2109 m. Sind die Verhältnisse nicht gut für eine Fortsetzung der Tour, fahren wir auf demselben Weg wieder ab. Passt alles, dann bauen wir unsere Skitour zu einer Skireibn aus. Wir folgen dem Gratverlauf vom Gipfelkreuz noch ein Stück weiter und fahren nun nach Süden über freies und zum Teil steiles Skigelände rechts an der Raaz-Galtalpe, 1750 m, vorbei ab. Am tiefsten Punkt fellen wir auf und steigen in steilen Kehren über den mächtigen und steilen Osthang meistens rechtshaltend zur kreuzlosen **Hinteren Steinkarspitze** ❺, 2215 m auf.

Eine großartige Aussicht über die Lechtaler Alpen.

Hier genießen wir nochmals die schöne Aussicht und fahren über freie Hänge wieder bis zur Raaz-Galtalpe ab. Unsere weitere Abfahrt Richtung Rauth erfolgt auf der linken Seite des Grabens am natürlichen Verlauf des Rotbachs entlang, bis wir wieder zu unserer Aufstiegsspur gelangen. Wir fahren jetzt auf dem bekannten Weg zur Brücke und der Fahrstraße ab. Hier können wir entweder, der Beschilderung folgend, über Wiesen mit den Skiern nach Rinnen aufsteigen und jetzt im Winter einige Kehren des Sommerwegs abkürzen. Oder wir gehen ab Rauth entlang der Fahrstraße zurück zur **Bushaltestelle Rinnen Feuerwehr ❶**.

Links: Über den Ostrücken auf das Galtjoch.
Rechts: Bus und Bahn sind in Tirol sehr gut verknüpft.

7 Außerferner Sonnentour
Auf das Kleine Pfuitjöchle

Lähn | Tour ↗ 1000 m | Lähn
     | ⏱ 4.15 h ↘ 1000 m |

Im Außerfern haben viele kleine Ortschaften meistens noch einen eigenen Bahnhof, und bei idealen Schneeverhältnissen kann man gleich am Gleis die Tourenski anschnallen und loslaufen. Wie hier in Lähn, Ausgangspunkt für unseren perfekten Öffi-Skitourentag.

Es hat frisch geschneit, der Schnee reicht bis hinunter ins Tal und der Lawinenlagebericht gibt grünes Licht für die weiten südseitigen Hänge. Dann ist es Zeit für das Kleine Pfuitjöchle. Die Felle haben wir schon im Zug aufgezogen und so starten wir gleich direkt an der kleinen Haltestelle. Über einen kleinen Wiesenhang gewinnen wir bald an Höhe und tauchen in einen Waldgürtel ein, bis wir endlich den freien, weiten Karboden unterhalb des Großen und Kleinen Pfuitjöchles erreichen. Nun haben wir die weitläufigen Abfahrtshänge erreicht, unsere Spielwiese ist groß genug, um eigene Spuren in den Schnee zu zaubern. Heute geht es gemütlich zum Kleinen Pfuitjöchle. Ambitionierte SkitourengeherInnen können mit dem Großen Pfuitjöchle und der Hochschrutte ihr Tagespensum noch um etliche Höhenmeter erweitern. Egal wo wir am Gipfel stehen, das Panorama in die Ammergauer und Lechtaler Alpen ist einfach fantastisch, und das gelegentliche Pfeifen der Zuges erinnert uns mal wieder daran, wie entspannt und klimaschonend wir heute unterwegs sind.

Was gehört zu einem perfekten Skitourentag mit den Öffis noch dazu? Für Süße natürlich Kaffee und Kuchen und für die Herzhaften etwas Deftiges! Also schwingen wir nach einer ausgiebigen Rast auf den wunderbaren Hängen hinab ins Tal und beschließen die Tour im »Dorfstüberl«, nur wenige Minuten vom Bahnhof entfernt. Dank der guten Anbindung ans Bahnnetz eignet sich die Tour nicht nur für pulvrige Hochwintertage. Die großartigen Südhänge bieten sich auch bei sonnigem Wetter im Spätwinter an. Wer hier das richtige Timing erwischt, kann sich über eine firnige Abfahrt freuen.

Die Heimfahrt mit der Ausserfernbahn ist trotz vieler Kurven ziemlich entspannt.

Trotz einiger ausgeaperter Stellen finden wir noch genügend Schnee für die Abfahrt.

Ausgangs- und Endpunkt: Lähn, 1112 m. Mit der Regionalbahn (RB 6) Richtung Pfronten-Steinach bis Lähn, Abfahrt München Hbf über München Pasing ab 5.32 Uhr, Dauer ca. 2.07 Std. Abfahrt Lähn nach München Hbf über München Pasing bis spätestens 21.20 Uhr, Dauer ca. 2.10 Std.
Gipfel: Kleines Pfuitjöchle, 2135 m.
Gehzeiten: Haltestelle Lähn – Karboden (Aufstieg ca. 2 Std.), Karboden – Kleines Pfuitjöchle (Aufstieg ca. 1 Std), Kleines Pfuitjöchle – Bahnhof Lähn (Abfahrt ca. 1.15 Std.); gesamt ca. 4.15 Std.
Hangrichtung: Süd.
Lawinengefahr: Gering bis mäßig, zwar steil, aber die Aufstiege über die drei Rücken sind relativ lawinensicher.
Anforderungen: Mittel, der Aufstieg in der Regel ohne Schwierigkeiten, in der Abfahrt können die teilweise engen und eingewachsenen Passagen durch den Wald anspruchsvoll sein.
Orientierung: Im unteren Teil bis zum Karboden ohne Spur teilweise unübersichtlich, ab der Waldgrenze in der Regel problemlos.
Einkehrtipp: Restaurant-Café Dorfstüberl, Di Ruhetag, Mi–Mo 10.30–21.30 Uhr, www.dorf-stueberl-lähn.de, Tel. +43 676 7455405.
Autorentipp: Die Skitour kann mit dem Großen Pfuitjöchle und mit der Hochschrutte erweitert werden.

Mit Gelb fährt es sich einfach schneller.

Zwar startet unsere Skitour direkt am **Bahnhof Lähn** ❶, 1112 m, gegenüber vom Bahnsteig, dennoch überqueren wir die Gleise bei einem Bahnübergang ca. 100 m in Fahrtrichtung entfernt. Wieder zurück steigen wir gegenüber der Haltestelle zunächst hinter einer Holzhütte nach rechts einen kurzzeitig steilen Wiesenhang hinauf und folgen im Weiteren dem nach Nordwesten führenden Sommerweg in Richtung Bichlbacher Alpe. Wir überqueren eine Forststraße mit Schildern, steigen linksseitig weiter bergauf und gelangen zu einem Südwestrücken. Diesem folgen wir linksseitig kurz durch eine steile Mulde und immer geradeaus, bis wir zu einem Absatz auf ca. 1500 m kommen. Hier halten wir uns rechts und queren zu einem weiteren Waldrücken. Der Wald lichtet sich und bald befinden wir uns über der **Waldgrenze** ❷, 1773 m, mit einem Blick auf schöne Skihänge. Hier halten wir uns rechts in nördliche Richtung, gehen auf einem weiten Rücken weiter bergauf und in einen großen Bogen links Richtung Gipfel. Man erreicht das **Kleine Pfuitjöchle** ❸, 2135 m, abschließend mit einigen wenigen Spitzkehren.
Die Abfahrt erfolgt entlang der Aufstiegsroute bis zum **Bahnhof Lähn** ❶.

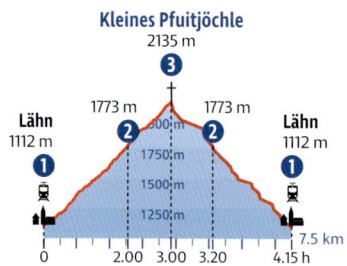

Oben: Über der Waldgrenze eröffnet sich schönstes Skitourengelände.
Unten: Direkt vom Bahnhof auf Skitour, hier ist das wunderbar möglich.

8 LeiWannige Frühjahrstour
»By fair means« auf den Wannig

  Biberwier   Tour ↗ 1500 m   Biberwier
                                  ⏱ 5.30 h ↘ 1500 m

»Wer hat denn hier die Kühlschranktür offen gelassen?« denken wir uns, als wir das Skigebiet Biberwier verlassen und in das Wannigkar »s'Bergle« am Fuße der steilen Nordabbrüche der Handschuhspitze zum Gipfel des Wannig abbiegen. Seit Monaten hat sich hier kein Sonnenstrahl mehr blicken lassen, im Schatten herrscht eine hochwinterliche Atmosphäre. Die Sonnencreme bleibt in der Tube, die warme Wintermütze auf dem Kopf. Erst auf den letzten Metern, kurz vor Erreichen des Gipfels, nimmt unser Gesicht wieder Kontakt zu den Sonnenstrahlen auf. So eng und beklemmend man sich beim Aufstieg durch das schattige Kar mit der finalen Steilrinne fühlt, so frei und ausladend ist der Blick vom Gipfel: Im Osten thronen die gewaltigen Wände des Wettersteinmassivs, im Süden breitet sich das weite Inntal aus, dahinter spitzen die Ötztaler in die Höhe. Im Westen locken die wilden Zacken der Lechtaler und der Allgäuer Alpen.

Wenn sich der Schnee nach mehreren Tagen Sonnenschein in vielen Lagen in Harsch, Eis oder Matsch verwandelt hat, stehen hier die Chancen meist sehr gut, noch immer feinsten Pulver anzutreffen. Nach Neuschnee ist hier sowieso erst einmal abwarten angesagt, da der obere Teil des Aufstiegs durch eine bis zu 40 Grad steile Rinne führt, die sicherste Lawinenverhältnisse erfordert. Doch das Beste kommt erst nach dem Gipfel, nämlich dann, wenn die Tourenstiefel in die Bindung einrasten, Helm, Brille und Handschuhe angezogen werden und die Schwerkraft ihre Arbeit verrichten darf. Dann warten 800 Höhenmeter purer Genuss, bei vorhandener Beinkraft nonstop ohne auch nur eine einzige Unterbrechung.

Am Bahnhof Ehrwald, im Hintergrund erhebt sich die Sonnenspitze.

Ausgangs- und Endpunkt: Bushaltestelle Marienbergbahn in Biberwier, 1030 m. Mit der Regionalbahn (RE 6 oder RB 60) von München Hbf Richtung Lermoos/Pfronten-Steinach bis Ehrwald Zugspitzbahn Bahnhof und von dort mit Regionalbus-Linie 1, 2 oder 150. Abfahrt ab München Hbf über München Pasing ab 5.32 Uhr, Dauer ca. 2.15 Std. Rückfahrt nach München Hbf über München Pasing mit Umstieg in Ehrwald Zugspitzbahn-Bahnhof bis ca. 18.00 Uhr.
Gipfel: Wannig, 2493 m.
Gehzeiten: Bushaltestelle Marienbergbahn – Sunnalm (Aufstieg 2 Std. oder 10 Min. per Skilift), Sunnalm – Wannig-Gipfel (Aufstieg 2.30 Std.), Wannig-Gipfel – Bushaltestelle Marienbergbahn (Abfahrt 1 Std.), gesamt ca. 5.30 Std.
Hangrichtung: Nord und Nordost.
Höhenmeter: Aufstieg und Abfahrt ca. 1500 Hm (bei Nutzung der Seilbahn 900 Hm).
Lawinengefährdung: Hoch bis sehr hoch.
Anforderungen: Gute Spitzkehrentechnik und gute Kondition bei Aufstieg »by fair means« ohne Seilbahnnutzung.
Orientierung: Einfach, bereits aus dem Skigebiet auf Höhe der Sunnalm ist die Tour gut einsehbar. Lediglich im Waldstück am Eingang des »Berg-les« ist etwas Spürsinn zur Wegfindung erforderlich, sofern noch keine Spur angelegt wurde.
Einkehrtipp: Bergrestaurant Sunnalm, 1610 m, täglich 10–16.30 Uhr, www.segnal.at/restaurants/sunnalm, Tel. +43 567 321255.

Oben: Der Tag geht zu Ende, Abendstimmung in Ehrwald.
Mitte: Aufstieg durchs Bergle. Sonne sucht man hier vergebens.
Unten: Die letzten 300 m vor dem Gipfel erfordern eine solide Spitzkehrentechnik.

Wir starten in **Biberwier** an der **Bushaltestelle Marienbergbahn** ❶, 1030 m, und steigen im Skigebiet dem Pistenrand folgend in angenehmer Steigung bis zur **Sunnalm** ❷, 1620 m, auf. Dort überqueren wir ein kleines Plateau in Richtung Süden, das dunkle Kar des Wannigs schon fest im Blick. Nach ca. 500 m biegen wir nach Südwesten ab und rutschen ein paar Höhenmeter zur Talstation des Schlepplifts auf Fellen ab. Ein schmaler Weg führt nun flach in Richtung Südwesten durch einen lichten Lärchen- und Latschenwald in das Kar »s'Bergle«. Ab ca. 2000 m wird das Kar allmählich steiler und verengt sich schließlich zu einer rund 40 Grad steilen Rinne. Diese verlassen wir auf ca. 2440 m und gehen durch felsige, alpine Umgebung weiter bis zum Gipfel des **Wannigs** ❸, 2493 m.
Die Abfahrt verläuft entlang der Aufstiegsroute. Zwischen dem tiefsten Punkt des Waldstückes und der Sunnalm empfiehlt es sich, nochmals die Felle anzulegen. Über die Piste gelangen wir zurück zur **Bushaltestelle Marienbergbahn** ❶.

Links: Wenige Schritte vor Erreichen des Gipfels.
Rechts oben: Geschafft! Die wohlverdiente Rast auf dem Wannig.
Rechts unten: Die Einfahrt in den 40 Grad steilen Gipfelhang vor der Kulisse des Zugspitzmassivs.

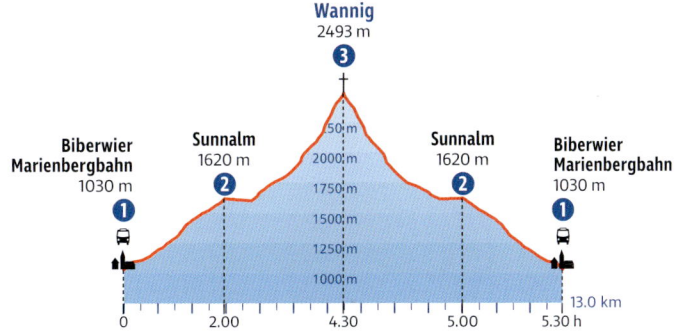

9 Höllisch grüne Rundfahrt
Von Biberwier nach Ehrwald

  Biberwier   Safari ↗ 1100 m   Ehrwald
                                  ⏱ 4.40 h ↘ 1100 m

Manche Skitouren müssen wir mindestens einmal im Jahr machen, sonst fehlt einfach etwas im Saisonkalender. Die Grünsteinumfahrung von Biberwier nach Ehrwald gehört dazu. Wie oft sind wir schon rundherum um den Grünstein gegangen in den ganzen Jahren, bei viel und wenig Schnee, immer mal mit anderen Freunden, fad war es nie. Sie ist auch noch der perfekte Öffi-Klassiker, eine geniale Runde von A nach B, vielleicht liegt hier der Anfang unserer autofreien Skileidenschaft, wer weiß.

Die Bedingungen für einen langen Tourentag scheinen heute gut zu sein – ausreichend Schnee, kein Wind, Sonne von früh bis spät und eine hochmotivierte Truppe. Also packen wir uns gleich zu fünft auf ein gemeinsames Werdenfelsticket und ab geht's mit dem roten Zug nach Ehrwald und gleich weiter mit dem kostenlosen Skibus nach Biberwier zur Marienbergbahn. Ein toller Service für die Gäste hier in der Tiroler Zugspitzregion!

Eigentlich sind wir schon Anhänger von ehrlichen Aufstiegen, aber den langen Hatscher entlang der schattigen Skipiste hoch zum Marienbergjoch sparen wir uns lieber, wenn schon mal ein Lift da ist. Denn oben im freien Gelände lassen sich an schönen Hängen immer noch ein paar Höhenmeter extra einbauen, und davon gibt es auf dieser Tour viele. Dank großzügiger Aufstiegshilfe sind wir schon zeitig startklar für die rasante Abfahrt in die »Hölle«, ein ziemlich steiles Kar und das erste Highlight des Tages. Im Karboden bietet sich bei ausreichend Motivation schon der erste Bonustrack an, ein kurzer und knackiger Gegenaufstieg zum sogenannten »Stöttltörl«. Die übliche Route führt jedoch ohne Abstecher hinauf zur Grünsteinscharte, dem höchsten Punkt, denn Gipfelziele gibt es auf dieser Runde keine. Aber das macht gar nichts, denn das Licht-Schatten-Spiel zu beiden Seiten des schmalen Übergangs auf über 2200 m Höhe ist wirklich grandios. Jetzt verlassen wir erst einmal die Sonnenseite und tauchen nordseitig in die große Kältekammer oberhalb der Coburger Hütte ein. Hier liegt oft sehr guter Schnee, und deshalb rauschen wir nach Lust und Laune einige Abfahrtsmeter mehr als eigentlich notwendig hinunter in den großen Kessel. Zum Glück haben wir in der Früh den Lift genommen und können uns das nun locker leisten.

Das Tajatörl markiert den zweiten markanten Übergang in ein weiteres Nachbartal. Von hier weg geht es in einer sehr abwechslungsreichen Abfahrt hinunter bis zur Höhenloipe, die die Verbindung zum Ehrwalder Skigebiet herstellt. Als wir am Ende eines langens Tourentages die fast leeren Pisten zur Talstation der Almbahn hinunter schwingen, stellt sich wieder dieses großartige Zufriedenheitsgefühl ein. Ach ja, die schöne Runde könnten wir doch eigentlich nochmal machen in dieser Saison!

Ausgangspunkt: Bushaltestelle Marienbergbahn in Biberwier, 1030 m. Mit der Regionalbahn (RE 6 oder RB 60) von München Hbf Richtung Lermoos/Pfronten-Steinach bis Ehrwald Zugspitzbahn-Bahnhof und von dort per Regionalbus-Linie 1, 2 oder 150. Abfahrt ab München Hbf über München Pasing ab 5.32 Uhr, Dauer ca. 2.15 Std.
Endpunkt: Bushaltestelle Ehrwald Almbahn Talstation, 1107 m. Mit dem Regionalbus 2 oder 3 zum Bahnhof Ehrwald-Zugspitzbahn, Weiterfahrt mit der Regionalbahn (RB 6 oder 60) nach München Hbf. Abfahrt Ehrwalder Almbahn Richtung München Hbf über München Pasing bis 17.38 Uhr mindestens stündlich, Dauer ca. 2.15 Std.
Gipfel: Keine.
Gehzeiten: Bushaltestelle – Talstation Marienbergbahn (Fußweg 5 Min.), Marienbergbahn – Marienbergjoch Bergstation (Auffahrt 20 Min.), Marienbergjoch – Hölltörl (Aufstieg ca. 45 Min.), Hölltörl – Hölle (Abfahrt ca. 20 Min.), Hölle – Grünsteinscharte (Aufstieg 1 Std.), Grünsteinscharte – Tajatörl (Abfahrt und Aufstieg 40 Min.), Tajatörl – Langlaufloipe (Abfahrt ca. 45 Min.), Langlaufloipe – Bushaltestelle Ehrwald Almbahn (Aufstieg und Abfahrt 1 Std.); gesamt ca. 4.40 Std. (ohne Seilbahn- und Liftfahrten).
Hangrichtung: Alle Hangrichtungen.
Lawinengefährdung: Mittel bis hoch, insbesondere in der Querung von der Grünsteinscharte zum Tajatörl.
Anforderungen: Mittel, die nordseitige Abfahrt von der Grünsteinscharte ist steil und häufig vereist.
Orientierung: Meist gespurt, ansonsten ist der Anstieg von Marienbergjoch zum Hölltörl im dichten Latschengürtel teilweise etwas unübersichtlich.
Einkehrtipp: Bergrestaurant Ehrwalder Alm, 1502 m, täglich 8–16.30 Uhr, www.ehrwalder-alm.de, Tel. +43 567 321255.
Autorentipp: Die Standardroute kann von der sogenannten »Hölle« aus beliebig erweitert werden. Zum einen mit zusätzlichen 200 Hm hinauf zum Stöttltörl oder sehr anspruchsvoll über die »Wankreiße« zur Wankspitze. Vor allem bei der zuletzt genannten Variante müssen absolut sichere Lawinenverhältnisse herrschen.

Links: Bus und Bahn sind die ideale Kombination im Ehrwalder Becken.
Beide Bilder rechts: Auf dem Weg zum Tajatörl, der letzte Übergang des Tages.

Noch nicht auffellen! Von der **Bushaltestelle Marienbergbahn** ❶, 1030 m, fahren wir mit den Skiern zunächst einige Höhenmeter zur **Talstation der Marienbergbahn** ❷, 1015 m, ab. Mit der Sesselbahn geht es in mehreren Abschnitten dann bis zur **Bergstation** ❸ knapp oberhalb der Sunnalm. Dort fahren wir kurz zur **Talstation des Jochlifts** ❹ ab, von wo wir mithilfe eines einfachen Schlepplifts schließlich zum **Marienbergjoch** ❺, 1789 m, gelangen.

Hier fellen wir auf, queren flach nach Osten und folgen dem mäßig ansteigenden Sommerweg durch einen großen Latschengürtel über das Arzbödele gegen Südosten zum oft abgeblasenen **Hölltörl** ❻, 2126 m. Hier erwartet uns die erste Abfahrt: Ein schönes, ostseitiges Kar, das uns in die sogenannte **Hölle** ❼, 1783 m, bringt. Zwar könnten wir schon weiter oben links haltend Richtung Grünsteinscharte queren, meistens jedoch nutzen wir jeden Meter der

Herrliches Bergwetter, feinster Schnee und tolle Gesellschaft! Was wollen wir mehr?

schönen Abfahrt und schwingen bis zum Karboden ab. Sind die Bedingungen und die Kondition gut, kann man die Tour mit dem Stöttltörl oder der anspruchsvollen Wankspitze erweitern.

Für die übliche Tour fellen wir im Karboden auf und steigen das Südkar, die sogenannte **Höllreiße**, bis zur Grünsteinscharte auf. Obwohl die Scharte von Weitem sichtbar und die Steigung mäßig steil ist, ist der südseitige Anstieg meist anstrengend und schweißtreibend. Nach gut einer Stunde Aufstieg erreichen wir die **Grünsteinscharte** ❽, 2272 m.

Die nordseite Abfahrt beginnt ziemlich steil und geht schnell in schönes Abfahrtsgelände über. Nach ca. 100 Hm Abfahrt Richtung Coburger Hütte fellen wir in einer schwach ausgeprägten Mulde erneut auf und queren nach rechts hinüber zur nächsten, deutlich sichtbaren Scharte, dem **Hinteren Tajatörl** ❾, 2259 m.

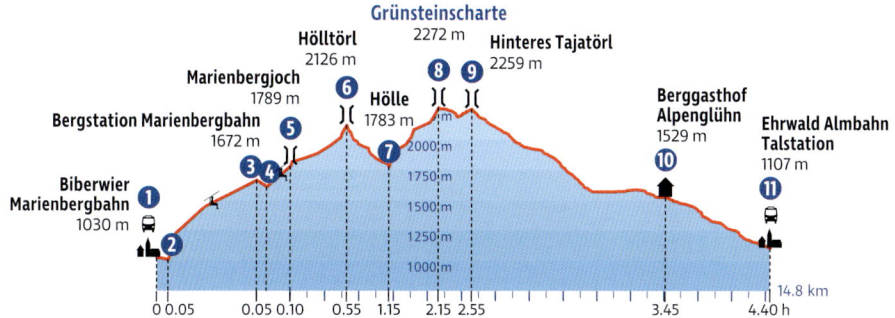

Oben: Höllisch gute Abfahrt vom ersten Törl.
Rechts: Der anschließende schweißtreibende Anstieg zur Grünsteinscharte, südseitig und lang.

Unsere Abfahrt Richtung Ehrwald startet durch das gewellte freie Gelände des **Brendlkars** und führt am zugefrorenen Brendlsee vorbei. Wir halten uns immer tendenziell links und müssen einige Meter aufsteigen, bis die Abfahrt großzügig weitergeht. Wir bleiben so weit es geht immer leicht oberhalb am Hang und kommen am Schluss zu einem lichten Wald. Auch hier halten wir uns leicht links und fahren zwischen einzelnen Bäumen und Latschen ab. Unten angekommen queren wir eine Wiese und gelangen zu einem deutlich sichtbaren Holzunterstand neben der **Höhenlanglaufloipe**. Dieser folgen wir nun immer leicht ansteigend nach rechts Richtung Skigebiet. Am Ende fahren wir auf einem Ziehweg in Serpentien hinab bis zum **Berggasthof Alpenglühn** ❿ und münden dahinter auf die Piste. Dieser folgen wir bis zur Talstation der Ehrwalder Almbahn. Hier befindet sich auch die **Bushaltestelle Ehrwald Almbahn Talstation** ⓫, 1107 m.

10 Ein Hoch auf Garmisch
Im Angesicht der Alpspitze

| Garmisch-Partenkirchen | Safari 5.00 h | ↗ 1000 m ↘ 1000 m | Garmisch-Partenkirchen |

Auch für diese kleine Skisafari hoch über Garmisch wollen wir nicht viel Energie und Zeit mit einem langen Aufstieg über das Classic-Skigebiet verschwenden, sondern unsere Höhenmeter lieber weiter oben im freien Gelände einsammeln. Denn da oben gibt es genug zu tun, und am Schluss des Tages erwartet uns noch eine lange Abfahrt als Belohnung. Deshalb beginnt der Tag erst einmal mit einer rasanten Gondelfahrt in der Alpspitzbahn hinauf zum Osterfelderkopf. Dadurch beginnt die Tour mit einer wunderschönen, morgendlichen Abfahrt entlang der beeindruckenden Bernadeinwände bis weit hinunter zur Talstation des gleichnamigen Schlepplifts. Erst dann beginnt der Aufstieg.

Ein kleiner Wegweiser zeigt uns den Weg rechts hinein ins wunderschöne Tourengebiet rund um den Stuibensee und der mächtigen Alpspitze. Jetzt endlich kommen die Felle dran und die Höhenmeter purzeln ab jetzt nur so. Zuerst steigen wir auf den Bernadeinkopf, von dort können wir über die steilen Nordwände runter zur Skipiste schauen, die wir in der Früh als vorgezogene Belohnung abgefahren sind. So nah dran am Skigebiet und am Trubel und doch so weit weg ist man hier oben! Im Kontrast sieht man über das weitläufige, wenig verspurte Gelände nach Süden und über der ganzen Szenerie thront die mächtige Alpspitze.

Der Kreis schließt sich gegenüber mit unserem zweiten Gipfel, dem Mauerschartenkopf mit seinem kleinen, holzigen Gipfelkreuz und der sanften Abfahrt hinunter zur geöffneten Stuibenhütte, die optimal gelegen ist für den jetzt wirklich nötigen Einkehrschwung. Eigentlich könnten wir hier noch lange in der Sonne sitzen bleiben, heute gönnen wir uns die entspannte Auffahrt mit dem kleinen Schlepplift, an dem wir vor etlichen Stunden gestartet sind. Ein kurzes Getränk, und so fahren wir ab und erreichen zur letzten Pistenfahrt den Bernadeinlift. Das spart uns am späten Nachmittag noch paar lästige Höhenmeter Aufstieg entlang der Piste bis hinauf zur Hauptabfahrt nach Garmisch zum Bahnhof Hausberg. Wir sind trotz Liftunterstützung heute genug gelaufen. Wem das zu wenig ist, der läuft einfach mal schnell die Piste hoch oder ergänzt unsere Tour hoch über Garmisch mit der Grieskarscharte!

Schöne Optik auf der Bergstation und unten am Bahnhof.

Weit oben über Garmisch-Partenkirchen startet unsere Skitour.

Ausgangspunkt: Bahnhof Kreuzeck-Alpspitzbahn, 748 m. Mit der Regionalbahn (RB 6) bis Garmisch-Partenkirchen Bahnhof oder Garmisch-Partenkirchen Hausberg, Weiterfahrt mit der Bayerischen Zugspitzbahn (RB 64) bis Kreuzeck-Alpspitzbahn. Abfahrt München Hbf über München Pasing ab 6.32 Uhr mindestens stündlich, Dauer ca. 1.52 Std.
Endpunkt: Haltestelle Garmisch-Partenkirchen Hausberg, 715 m. Mit der Regionalbahn RB 60 nach München Hbf über München Pasing bis 21.53 Uhr stündlich, Dauer ca. 1.30 Std.
Gipfel: Bernadeinkopf, 2143 m; Mauerschartenkopf, 1919 m.
Gehzeiten: Bahnhof Kreuzeck-Alpspitzbahn – Talstation Alpspitzbahn (5 Min.), Talstation Alpspitzbahn – Bergstation Alpspitzbahn (Seilbahn 15 Min.), Bergstation Alpspitzbahn – Beschilderung beim Bernadeinlift (Abfahrt 20 Min.), Beschilderung beim Bernadeinlift – Bernadeinkopf (Aufstieg 2 Std.), Bernadeinkopf – P. 1710 m (Abfahrt 30 Min.), P. 1710 m – Mauerschartenkopf (Aufstieg 30 Min.), Mauerschartenkopf – Beschilderung beim Bernadeinlift (Abfahrt 45 Min.), Bernadeinlift Talstation – Bernadeinlift Bergstation (Schlepplift 15 MIn.), Bernadeinlift Bergstation – Bahnhof Hausberg (45 Min.); gesamt ca. 5 Std. (ohne Seilbahn-/Liftfahrten).
Hangrichtung: In den Abfahrten vor allem Nord und Ost.
Lawinengefahr: Mittel bis mäßig.
Anforderungen: Mittel, der Aufstieg zur Mauerkopfscharte ist sehr steil.
Orientierung: Die Aufstiege sind oft gespurt, bei schlechter Sicht ist die Abfahrt Richtung Mauerkopfscharte unübersichtlich, größtenteils auf ausgewiesenen DAV-Skirouten.
Einkehrtipp: Restaurant Alpspitz, 8–17 Uhr geöffnet, www.restaurant-alpspitz.de, Tel. +49 8821 58858; Stuibenhütte, bewartete Selbstversorgerhütte, während der Skitourenzeit geöffnet, Tel. +49 174 7515911.
Naturschutz: Im Tourengebiet sind die Wald-Wild-Schongebiete Hoher Gaifkopf und Bernadeinwände zu beachten.
Hinweis: Das Tourengeherticket Alpspitzbahn (23 Euro für Erwachsene) beinhaltet die Auffahrt mit der Seilbahn und dem Bernadeinlift am Ende der Tour. Letzte Fahrt des Bernadeinlifts beachten!

Auf dem Weg zum Bernadeinkopf immer im Blick — die majestätische Alpspitze.

Von der **Zahnradbahn-Haltestelle Kreuzeck-Alpspitzbahn** ❶ gehen wir in wenigen Minuten zur **Talstation der Alpspitzbahn** ❷, 748 m. Mit der Gondel geht es hinauf zur **Bergstation** ❸, 2033 m, wo uns eine herrliche Aussicht auf das Wettersteinmassiv erwartet. Unsere Skisafari beginnt zuerst mit einer Abfahrt, auf der wir die **Bergstation des Bernadeinlifts** ❹ passieren, und so carven wir entspannt auf einer gut präparierten Piste der Talstation des Bernadeinlifts entgegen. Kurz vor dem Lifthäuschen stoppen wir am rechten Waldrand und folgen aufgefellt der **Beschilderung Richtung Stuibenhütte** ❺, 1511 m. Auf einem schmalen Weg führt die Skiroute zunächst leicht ansteigend durch lichten Wald bis zu einer größeren Freifläche mit Fichten. Hier zweigt unser Weg rechts ab, und in einer weiten Rechtskurve ziehen wir unsere Spuren weiter Richtung Bernadeinkopf. Dabei führt uns die Skiroute durch lichten Wald in angenehmer Steigung bergauf und kurz vor dem sichtbaren höchsten Punkt in einer Rechts-Links-Kurve bis zum Gipfel des **Bernadeinkopfs** ❻, 2143 m. Von hier bietet sich eine hervorragende Aussicht auf die Alpspitze und unser nächstes Ziel, den Mauerschartenkopf.

Oben: Legendär – das rustikale Gipfelkreuz am Mauerschartenkopf.
Rechts: Freie Abfahrt zum Stuibensee.

Bei günstigen Verhältnissen verläuft unsere Abfahrt nach Süden, immer weit rechts haltend unterhalb der felsigen Ausläufer der Alpspitze und über eine steile Stufe weiter in die große Mulde Richtung Stuibensee, 1920 m. Von hier wäre es möglich, bei optimalen Bedingungen und guter Kondition die Skisafari mit der Besteigung der steilen Grieskarscharte zu ergänzen. Wir jedoch fahren weiter hinunter über gewelltes Gelände auf die gegenüberliegende Seite zu den Hängen unterhalb des Hohen Gaifs. Über einige Latschengassen queren wir bis unterhalb der steilen Mauerkopfscharte auf ca. 1710 m Höhe ❼. Nun geht es zügig in etlichen Kehren hinauf zur Scharte und weiter zum Gipfel des **Mauerschartenkopfs** ❽, 1919 m, mit seinem bekannten, krummen Holzkreuz. Von hier fahren wir hinter dem Felsen am Gipfelkreuz über ideales Skigelände zur **Stuibenhütte** ❾, 1635 m, ab, die sich idealerweise für eine Rast anbietet. Meist treffen wir durch die nordseitige Lage auf gute Schneequalität.

Danach geht es hinter der Hütte über eine Lichtung bis zum Waldrand. Hier folgen wir dem Wanderweg nach links und gelangen über die markierte Skiroute in schmaler Wegführung bis zur Stelle, an der wir morgens Richtung Bernadeinkopf abgebogen sind. Wir fahren das bekannte Wegstück weiter bergab Richtung **Talstation Bernadeinlift** ❿, 1500 m, und gelangen mithilfe des Schlepplifts in zwei Abschnitten bis zur **Bergstation des Bernadeinlifts** ❹, 1790 m, sowie zur Hauptabfahrt Richtung Hausberg. Wir folgen der präparierten Piste nach rechts zum **Kreuzeckhaus** ⓫, 1650 m. Von hier weiter der Beschilderung Hausberg folgen. An der Talstation der Hausbergbahn rechts noch so weit wie möglich abfahren und über den großen Parkplatz in wenigen Minuten nach links zur **Haltestelle Garmisch-Partenkirchen Hausberg** ⓬, 715 m, queren.

11 Reintal statt Rummel
Auf stillen Wegen zum Stuibenkopf

  Garmisch-Partenkirchen   Safari   6.00 h   ↗ 1400 m ↘ 1400 m   Garmisch-Partenkirchen

»Garmisch-Partenkirchen« – ein Eldorado des Wintersports! Doch wer denkt dabei nicht auch an Stau, rote Ampeln und volle Parkplätze? Und bei Kreuzeck, Osterfelderkopf und Alpspitze nicht auch an Trubel und Remmidemmi? Die einfache Zugänglichkeit mittels Liftanlagen, die grandiosen Ausblicke auf die Bergkulisse des Wettersteinmassivs sowie die Möglichkeit, dank Pistenbeschneiung selbst noch im Frühjahr bis zum Ausgangspunkt abfahren zu können, hat sich mittlerweile unter den SkitourengeherInnen herumgesprochen. Wer die Skitour nicht gleich mit dem Anblick von Pisten, Schneekanonen und Liften durch ein verkratztes Gondelfenster beginnen möchte, dem bietet das Reintal ein stilles und wildes Hintertürchen mit außergewöhnlichen Perspektiven auf die vermeintlich bekannte Gegend. Auch wenn dieser Weg anstrengender und mühsamer als der Zugang über das Skigebiet ist, so erhalten wir durch ihn wieder ein kleines Stück des verlorengegangenen Naturerlebnisses zurück. Ist das Reintal im Sommer eine hoch frequentierte Transitstrecke zahlreicher Zugspitzbesteiger, Bergläufer und Tagestouristen, so tauchen wir im Winter direkt hinter der Skisprungschanze in eine unerwartet einsame und verlassene Landschaft ein. Und dank der Anreise per Öffis gehen wir dem Straßenverkehrschaos aus dem Weg.

Die Tour vereint eine Vielzahl verschiedener Landschaftstypen. Den Auftakt bilden schneebedeckte Almwiesen mit Heustadeln und kleinen Berghütten. Forst- und Wanderwege führen uns dann durch dichten und dunklen Nadelwald und den Höhepunkt bildet felsiges, alpines Gelände im Bereich des Stuibenkopf-Gipfels mit einer beeindruckenden Aussicht auf die Nordwände der Wettersteinkette mit ihrer gewaltigen Dreitorspitze. Im Westen thront die majestätische Alpspitze, ihre verführerische Ostflanke weckt Fantasien für weitere Skitouren.

Traumhafte Winterlandschaft im Reintal.

Ausgangspunkt: Bushaltestelle Skistadion, 727 m, Garmisch-Partenkirchen. Mit der Regionalbahn (RB 6 oder RB 60) oder dem Regional-Express (RE 61) bis Garmisch-Partenkirchen Bahnhof. Weiter mit der Ortsbuslinie 1 oder 2 Richtung Klinikum bis zur Haltestelle Skistadion. Ab Garmisch-Partenkirchen Bahnhof auch zu Fuß möglich, ca. 2 km. Abfahrt München Hbf über München Pasing ab 5.32 Uhr mindestens stündlich, Dauer (mit Busnutzung) ca. 1.40 Std.

Endpunkt: Bahnhof Garmisch-Partenkirchen Hausberg, 715 m. Mit der Regionalbahn (RB 60) bis München Hbf. Abfahrt Bahnhof Garmisch-Partenkirchen Hausberg nach München über München Pasing bis 16.52 Uhr ca. halbstündlich, danach bis 21.53 Uhr ca. stündlich, Dauer ca. 1.35 Std.

Gipfel: Stuibenkopf, 1924 m.

Gehzeiten: Bushaltestelle Skistadion – Stuibenkopf (Aufstieg ca. 4 Std.), Stuibenkopf – Talstation Bernadeinlift (Abfahrt ca. 30 Min.), Talstation Bernadeinlift – Kreuzeckhaus (Aufstieg ca. 1 Std.), Kreuzeckhaus – Bahnhof Garmisch-Partenkirchen Hausberg (Abfahrt ca. 30 Min.); gesamt ca. 6 Std.

Hangrichtung: Am Gipfelhang des Stuibenkopfes Südost, Ost und Nordost; im Skigebiet Nord.

Lawinengefährdung: Gering bis zur Talstation Bernadeinlift, mittel im Aufstieg zum Kreuzeckhaus. Bei unsicheren Verhältnissen kann dieser Abschnitt problemlos über das Skigebiet (Bernadein-Abfahrt) umgangen werden.

Anforderungen: Die im Aufstieg zu bewältigenden 1400 Hm erfordern gute Kondition und Ausdauer. Der Bernadeinlift bietet die Option, die Tour um etwa 130 Hm zu verringern. Die technische Anforderung der Tour ist aufgrund der geringen Steilheit des Geländes von meist unter 30 Grad als gering einzustufen.

Orientierung: Die Route verläuft unterhalb der Waldgrenze auf Forst- und Wanderwegen, auf Höhe der Stuibenhütte auf einer ausgeschilderten DAV-Skiroute. Der Gipfelbereich ist gut einsehbar.

Einkehrtipps: Kreuzeckhaus, während des Skitbetriebs durchgehend geöffnet (Übernachtung möglich), www.kreuzeckhaus.de, Tel. +49 8821 2701; Kreuzalm, täglich 9–18 Uhr, www.kreuzalm-garmisch.de, Tel. +49 8821 3045; Kaffeehaus und Konfiserie Krönner, Mo–Sa 9.30–18.30 Uhr, So/Feiertag 9.30–18 Uhr, www.chocolatier-kroenner.de, Tel. +49 8821 3007.

Naturschutz: Im Tourengebiet liegen das Wildschutzgebiet Reintal sowie die Wald-Wild-Schongebiete Hoher Gaifkopf und Bernadeinwände.

Autorentipp: Bei vorhandener Kondition und Ausdauer lässt sich die Tour um die Besteigung des Bernadeinkopfes oder um den Aufstieg zur Grieskarscharte erweitern, womit die Unternehmung zu einer ausgewachsenen Konditionstour wird. Eine weitere interessante Option ist die Besteigung der Alpspitze über deren Ostgrat, die jedoch aufgrund der Steilheit und der Ausgesetztheit nur sehr erfahrenen AlpinistInnen vorbehalten bleibt und nur bei sichersten Verhältnissen möglich ist.

Links: Hopp, rein in den Bus!
Rechts: Pause an der Stuibenhütte, die perfekte Tankstelle für Kraft und Sonne.

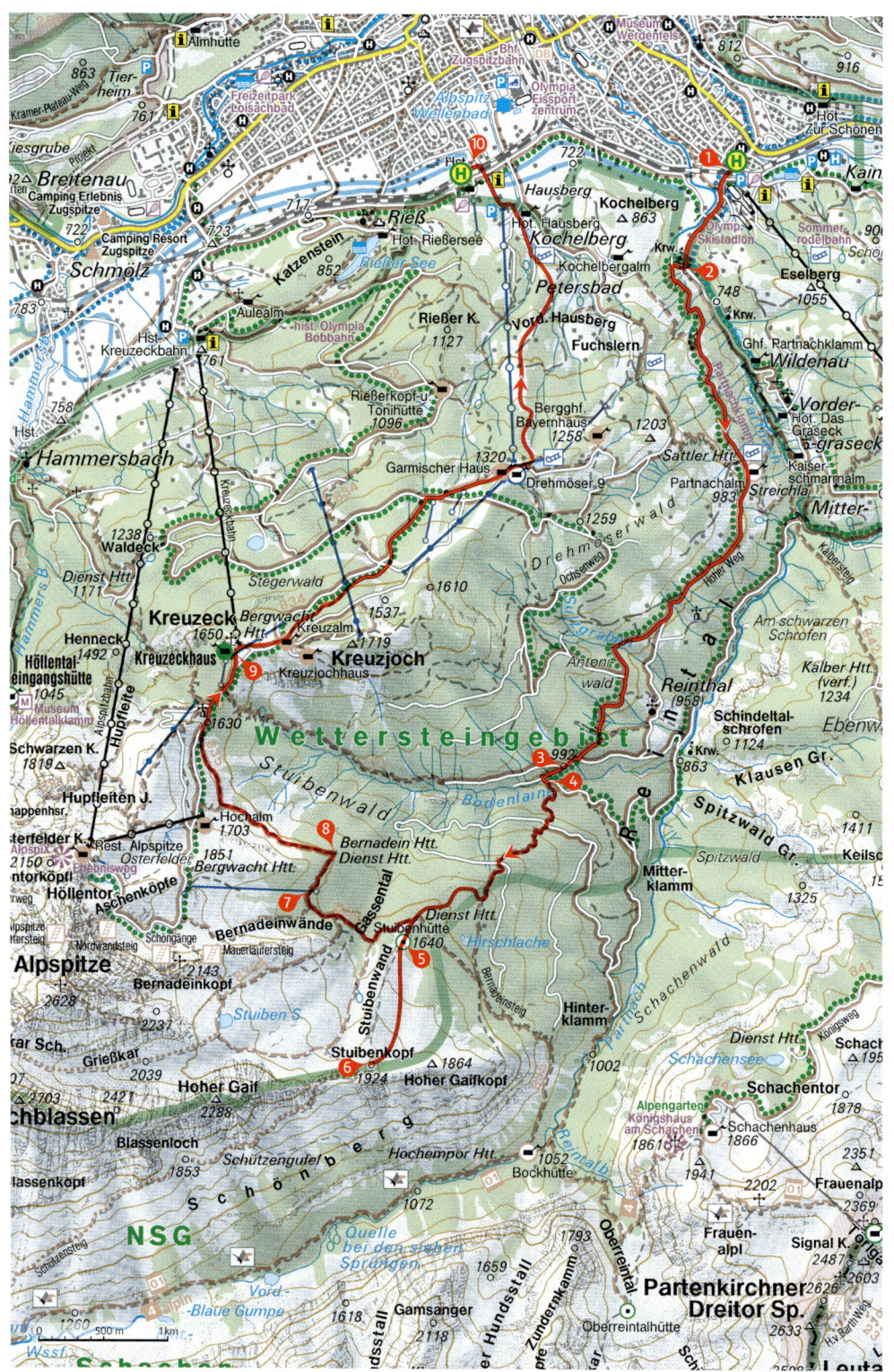

Bald ist es geschafft: die letzten Meter unterhalb des Gipfels.

Von der **Bushaltestelle Skistadion** ❶, 727 m, in **Garmisch-Partenkirchen** gehen wir auf der Wildenauer Straße in Richtung Südwesten. Etwa 10 Min. nach Passieren der Skisprungschanze führt der Weg über die **Partnachbrücke** ❷, 741 m. Wir folgen der Beschilderung »Kuchelbergalm/Partnachalm/Hausberg/Reintal« und biegen rechts auf den Forstweg ab. Dieser führt zuerst in einem Linksbogen in den Wald hinein und steigt nach einer kleinen Steigung sanft über Almwiesen an. Stets dem Forstweg folgend, passieren wir die **Partnachalm**, 983 m. Etwa 25 Min. nach der Partnachalm halten wir uns an der spitzen Weggabelung rechts und folgen dem Schild »Reintal/Blockhütte«, um dann etwa eine halbe Stunde später auf einer kleinen Lichtung die **Laubhütte** ❸, 992 m, zu erreichen. Bei der Gabelung auf Höhe der Hütte halten wir uns links und überque-

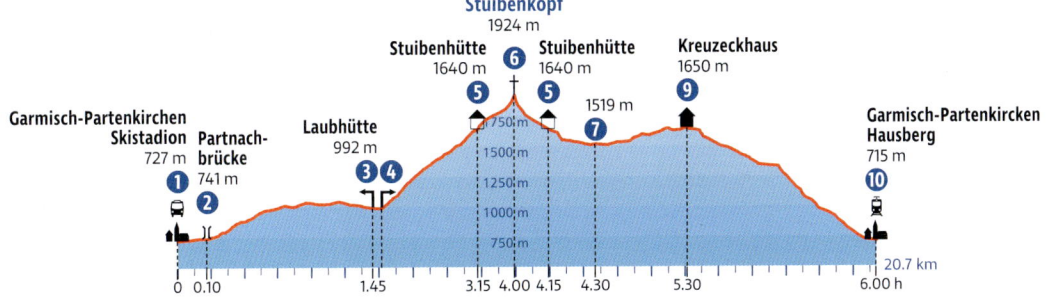

ren kurz danach den Bach Bodenlaine. Der Wald schenkt uns hier einen magischen Blick auf die sich als Diva präsentierende Ostflanke der Alpspitze.
Am Ende der Linkskurve des Forstwegs, beim **Wegweiser »Stuiben/Kreuzeck«** ❹, 988 m, verlassen wir den Weg und steigen einen kleinen steilen Pfad nach rechts empor. Nachdem wir auf 1150 m Höhe einen Forstweg und einen weiteren auf 1310 m überquert haben, wird das Gelände allmählich flacher. Wir folgen auch hier der Beschilderung, bis wir an die Waldgrenze gelangen. Der DAV-Aufstiegsroute folgend, passieren wir die **Stuibenhütte** ❺, 1640 m. Der **Stuibenkopf** ❻, 1924 m, liegt nun direkt vor uns, den Gipfel erreichen wir unschwer über seine flache Ostflanke. Die Abfahrt verläuft im oberen Teil analog zur Aufstiegsspur, erst an der Waldgrenze verlässt man diese und folgt einem Pfad nach links über eine kleine Steilstufe, um dann einen schmalen Wanderweg Richtung Bernadeinlift abzufahren. Nach etwa 4.30 Std. gelangen wir zum **Lifthäuschen** ❼, 1519 m, der **Bernadein-Abfahrtspiste** des Skigebiets

Oben: Bei sicheren Lawinenverhältnissen kann man auch über den Bernadeinsteig zurück zum Kreuzeckhaus.
Unten: Rückfahrt nach Garmisch und weiter nach München.

Blick vom Stuibenkopf zur Stuibenspitze.

Garmisch. Sofern noch Kondition vorhanden ist und es die Lawinensituation zulässt, kreuzt man den Bernadeinlift und folgt dem **Wanderweg Nr. 835** (Bernadeinsteig) bzw. dem **Wegweiser »Kreuzeckbahn/Kreuzeckhaus«** ❽, 1510 m. Der schmale Wanderweg führt durch steile Waldpassagen und kann nur bei stabiler Lawinensituation begangen werden. Am Ende des Weges, auf etwa 1630 m, gelangen wir auf die Skipiste »Hochalmweg«, die uns zum **Kreuzeckhaus** ❾, 1650 m, führt.

Wir fahren nun über das Skigebiet in Abfahrtsrichtung rechts haltend über die Kochelberg- oder Hornabfahrt zur **Haltestelle Garmisch-Partenkirchen Hausberg** ❿, 715 m, ab.

12 Teuflisch gute Ammergauer
Auf den Teufelstättkopf

 Unterammergau   Reibn ↗ 930 m   Unterammergau
                   ⏱ 4.00 h ↘ 930 m

Wer mag sie nicht, die Ammergauer Alpen! Wir finden, sie sind immer eine Reise wert, vor allem, wenn eine Ladung frischer Schnee jeden Lärm verschluckt und die ursprünglichen, gemütlichen Dörfer in sattes Weiß gehüllt sind. Dann hüpfen wir in den roten Zug nach Unterammergau und statten dem Teufelstättkopf einen Besuch ab. Bevor wir unsere Skier zur Tour anschnallen, folgt noch ein kurzer Spaziergang durchs wunderschöne Dorf, vorbei an urigen Wirtshäusern und stolzen Bauernhöfen. Wenn wir Glück haben, treffen wir auch einige besondere vierbeinige Dorfbewohner – sehr fotogene, freilaufende Alpakas.

Schnell noch einen kleinen Abstecher in die Bäckerei Spuller zum Brotzeit Aufbessern, dann geht es zügig los. Wir verlassen schnell die belebte kleine Skipiste am Ortsrand, wo der Nachwuchs fleißig die ersten Kurven übt. Recht viel Verkehr herrscht auch noch Richtung August-Schuster-Haus, hier teilen wir uns den breiten Forstweg zunächst noch mit vielen Winterfreunden, die schnaufend mit dem Rodel zum Pürschling aufsteigen. Kein Wunder, bei dem tollen Schnee sind heute einfach alle unterwegs!

Aber nach dem Abzweig zur Kuhalm sind wir dann endlich wieder unter uns, jetzt geht es über einen Wanderweg einsam und ruhig über die Alm hinaus immer weiter nach oben. Dann folgt noch ein Grat, der sich zum Gipfel hinauf schlängelt, und plötzlich stehen wir mittendrin zwischen bizarren Felszacken und Türmchen. Ob sich der Teufel hier oben wohl versteckt?

Uns kann er nichts anhaben, wir freuen wir uns über die schöne Aussicht und die erste teuflisch gute Powderabfahrt. Rund um Teufelstättkopf und Pürschling findet man bei frischem Pulverschnee allerschönstes Schnorchelgelände. Nach ein paar Stunden intensiver Weichspülung – meist ist es mit einer Abfahrt ja nicht getan – rauschen wir zufrieden hinunter ins Dorf zum Après-Skitouring in eines der bei unserer Ankunft schon ausgespähten Wirtshäuser. Ja, da kann man es aushalten! Jetzt müssen wir nichts mehr tun, als uns schön aufgewärmt in den roten Zug nach Hause zu setzen und die Füße hochzulegen.

Links: Bitte nicht mit der Brotzeit füttern.
Rechts: Der Bahnhof liegt nicht weit weg vom Tourenstart.

Aussichtsreiche Tour: weiter Blick ins Ammergebirge.

Ausgangs- und Endpunkt: Bahnhof Unterammergau, 830 m. Mit der Regionalbahn (RB 6) Richtung Garmisch-Partenkirchen/Innsbruck Hbf/Seefeld in Tirol bzw. Pfronten-Steinach bis Murnau. Weiter mit der Regionalbahn (RB 63) Richtung Oberammergau bis Unterammergau. Abfahrt München Hbf über München Pasing ab 5.32 Uhr ca. stündlich, Dauer ca. 1.45 Std. Abfahrt Unterammergau mit Umstieg in Murnau bis München Hbf über München Pasing bis 22.42 Uhr ca. stündlich, Dauer ca. 1.45 Std.
Gipfel: Teufelstättkopf, 1758 m.
Gehzeiten: Bahnhof Unterammergau – Parkplatz August-Schuster-Haus (Fußweg 20 Min.), Parkplatz Anton-Schuster-Haus – Abzweigung Blockhütte Richtung Kuhalm (Aufstieg 30 Min.), Abzweigung Blockhütte Richtung Kuhalm – Kuhalm (Aufstieg 1 Std.), Kuhalm – Teufelstättkopf (Aufstieg 1 Std.), Teufelstättkopf – Parkplatz August-Schuster-Haus (Abfahrt 45 Min.), Parkplatz August-Schuster-Haus – Bahnhof Unterammergau (Fußweg 20 Min.); gesamt ca. 4 Std.
Hangrichtung: Nordost bis Nord.
Lawinengefährdung: Mittel bis mäßig, bei guter Routenwahl im Aufstieg gering, ein kurzer, steiler Aufschwung vor dem Grat ist mit Vorsicht zu beurteilen, die Einfahrt in den Hang zu Beginn kann eventuell lawinengefährdet sein.
Anforderungen: Die Beurteilung des Grates muss lokal erfolgen, je nach Bedingungen müssen die Skier eventuell geschultert werden, bei der Abfahrt teilweise enge Passagen durch den Wald.
Orientierung: In der Regel gespurt.
Einkehrtipps: Bäckerei Spanner, Mo–Fr 8.30–12 Uhr und 14–18 Uhr, Sa 6–12 Uhr, So geschlossen, Tel. +49 8822 3571; Gasthof Stern, Mi/Do Ruhetag, Sa/So 11–22 Uhr, Mo, Di und Fr 17–22 Uhr, gasthofstern-ratscherwirt.de, Tel. +49 8822 9497987.
Naturschutz: Das Wald-Wild-Schongebiet Plattenberggrat ist zu beachten.

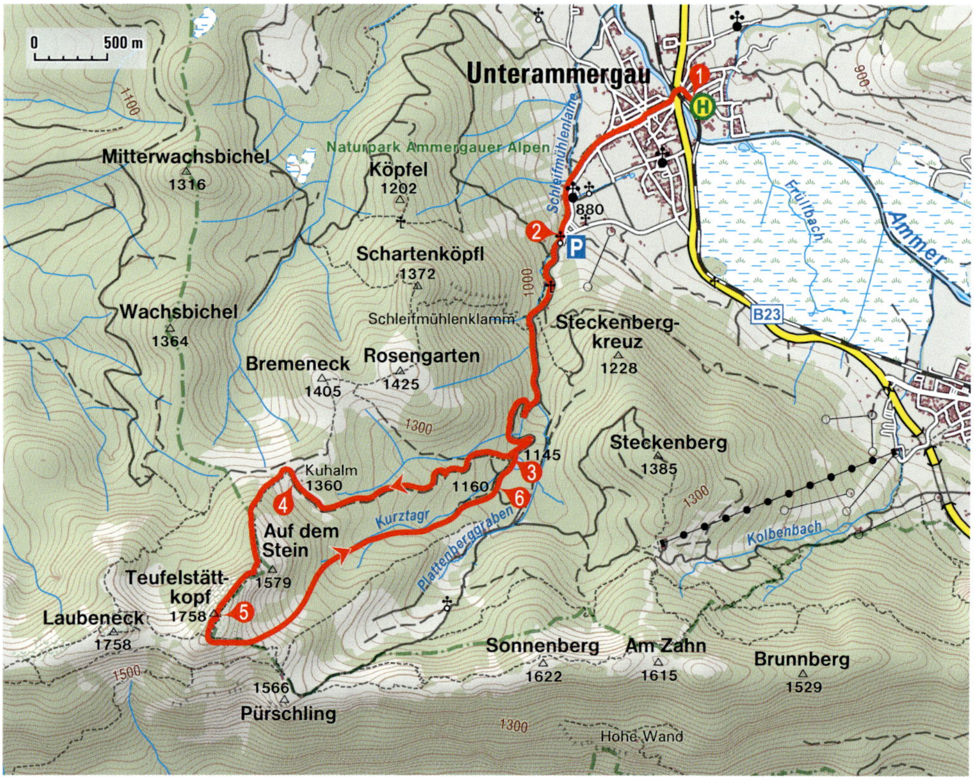

Vom **Bahnhof Unterammergau** ❶, 830 m, gehen wir die Straße »Am Bahnhof« ein kurzes Stück zurück, biegen an der nächsten Möglichkeit links ab, überqueren die Gleise und anschlie- ßend die Schnellstraße. Nun folgen wir der Straße Richtung Ortsmitte und kommen am Dorfwirt vorbei. Auf der Pürschlingstraße immer geradeaus weiter, am Gasthof Stern vorbei, spä-

Die Reibn beginnt gut ausgeschildert.

ter an einer Kapelle, bis wir zu einem großen **Wanderparkplatz** ❷, 881 m, gelangen. Nun folgen wir zunächst auf dem Forstweg (Rodelweg) der Beschilderung »Pürschling 1544 m/August-Schuster-Haus 1564 m/Teufelstättkopf 1758 m«. Unser Weg führt uns gemütlich in einem dichten, schattigen Bergwald stetig bergauf, bis wir einen kleinen Weiher und eine Blockhütte erreichen. Hier weist ein **Schild** ❸, 1145 m, nach rechts Richtung **Kuhalm**. Der Wanderweg führt durch einen lockeren Fichtenwald mäßig steil weiter. Ein großes Banner macht rechter Hand auf ein Wald-Wild-Schongebiet aufmerksam. Wir gehen daran vorbei und nehmen den linken Weg in Richtung Kuhalm. Nach ca. 1 Std. gelangen wir zu einer Lichtung mit mehreren Almhütten, es handelt sich um die besagte **Kuhalm** ❹, 1360 m. Auch hier weisen Schilder mit der Aufschrift »Auf den Stein 1579 m 40 Min/Teufelstättkopf 1758 m 1 h« den Weg, und wir steigen zu einer weiteren Lichtung auf. Hier wenden wir uns links dem Bergrücken zu, und unsere Spur zieht zwischen Bäumen steil und schmal

Kleiner Winterspaziergang durchs schöne Dorf.

Oben: Unterammergau mit Blick auf den Steckenberg (bewaldeter Hügel im Schatten links) und den Teufelstättkopf (Gipfel mit sonnenbeschienener Ostflanke oberhalb der Waldgrenze rechts dahinter).
Rechts: Die Mundwinkel sind ganz oben – Abfahrt vom Teufelstättkopf bei Traumschnee.

empor. Einen steilen Aufschwung kurz vor dem Grat überwinden wir mit einigen Spitzkehren, um so den eigentlichen Grat zu erreichen. Bei schönem Wetter haben wir hier eine wunderbare Aussicht auf die Ammergauer Bergwelt. Wir folgen nun dem weiteren Gratverlauf, wobei wir je nach Verhältnissen angefellt oder die Skier geschultert Richtung Teufelstättkopf marschieren. Ein markanter Felszacken markiert den Gipfelfelsen. Wir gehen ohne Skier zunächst über eine kurze, steile Schneeflanke, später teilweise mithilfe von Drahtseilen zum kleinen Gipfelkreuz des **Teufelstättkopfs** ❺, 1758 m.

Wir steigen wieder zu unseren Skiern hinunter und folgen dem kleinen Weg geradeaus, bis wir zu einer Mulde mit den Beschilderungen »Pürschling 1566 m 15 Min/Pürschling 1½ h/Unterammergau 1¾ h« kommen. Hier fellen wir ab. Nun fahren wir, den Schildern Richtung Pürschling folgend, nach links querend ab bis zu einer breiten Mulde und weiter bis zum sichtbaren Ende bei den Bäumen. Dort haben wir die Möglichkeit, entweder links (steiler) oder rechts zu

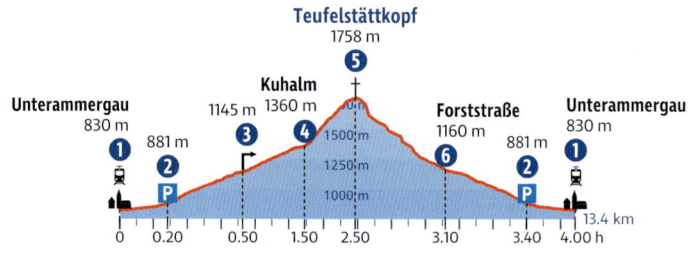

einer bereits sichtbaren großen Freifläche unsere Schwünge in den Schnee zu ziehen. Auch in diesem wunderbaren Abfahrtsgelände fahren wir wieder bis zum Waldrand ab. Kurz vor dem Ende der freien Fläche führt die Abfahrt links in den Wald hinein und weiter querend durch eine Mulde, bis wir zu einem Rücken gelangen. Dahinter folgt eine weitere schöne Abfahrtspassage durch eine wenig bewaldete Schneise. Weiter nordostseitig hinunter, bis wir auf einen Fahrweg treffen, auf dem es zum Teil im Wald weiter bergab geht. Wir erreichen so wieder die **Forststraße** ❻, 1160 m, die vom Parkplatz zum August-Schuster-Haus führt.

Die weitere Abfahrt bis zum **Bahnhof Unterammergau** ❶ entspricht dem Aufstieg.

13 Ammergauer Hörnlesafari
Von Bad Kohlgrub nach Unterammergau

Bad Kohlgrub   Safari   ↗ 880 m   Unterammergau
🕓 4.45 h   ↘ 700 m

Die Fahrt mit der Werdenfelsbahn vorbei am Starnberger See, mit Blick auf die allmählich näher kommenden Berge und das liebliche Murnauer Umland nach Bad Kohlgrub ist tatsächlich schon eine Reise für sich, dabei ist sie nur der Zugang zu unserer eigentlichen Unternehmung. Sogar das Umsteigen macht Spaß, denn in Murnau wartet die kleine rote Bahn Richtung Oberammergau schon. Wir setzen uns ins Warme und gleich geht es weiter. Vorbei am Murnauer Moos nähern wir uns unserem Ziel, dem Hausberg von Bad Kohlgrub.

Ob mit Liftbetrieb oder außerhalb der Betriebszeiten, ob mit Skiern, Schneeschuhen, Schlitten oder zu Fuß, das »Hörnle« hat für alle Wintersportler etwas zu bieten. Entsprechend groß ist der Rummel bis zur Hörnlehütte. Im Hochwinter, bei guter Schneelage bietet sich uns die Möglichkeit, die günstige öffentliche Anbindung der malerischen Ammergauer Ortschaften mit dem Abenteuer einer echten kleinen Skidurchquerung zu kombinieren. Dabei ist die Schwierigkeit moderat und so genießen wir ungetrübt während der Tour immer wieder den Weitblick in die Münchener Ebene auf der einen Seite und auf die höheren Berge der Ammergauer und die schroffen Gipfel des Wettersteins und des Karwendels auf den anderen Seiten. Die hier beschriebene Gehrichtung mit Aufstieg über die Piste, Überschreitung der Hörnlegruppe, bestehend aus Vorderem, Mittlerem und Hinterem Hörnle, und schließlich südwestliche Abfahrt nach Unterammergau bietet bei passenden Bedingungen den Genuss einer Abfahrt im Tiefschnee. Die umgekehrte Reihenfolge mit Abfahrt über die nordseitigen Pisten ist dafür auch dann noch möglich, wenn im freien Gelände der Schnee gerade noch für den Aufstieg reicht. Für welche Variante man sich auch entscheidet, die gemütliche Hörnlehütte liegt immer gut und lockt zur Einkehr.

Auf dem Weg zum Vorderen Hörnle: Man hat die Wahl zwischen dem Aufstieg über die Piste oder über den etwas ruhigeren Forstweg abseits.

Die Tour beginnt mit einem sanften Anstieg im unteren Bereich.

Ausgangspunkt: Bahnhof Bad Kohlgrub, 816 m. Mit der Regionalbahn (RB 6) Richtung Garmisch-Partenkirchen/Innsbruck Hbf/Seefeld in Tirol/Pfronten-Steinach bis Murnau. Weiter mit der Regionalbahn (RB 63) Richtung Oberammergau bis Bad Kohlgrub. Abfahrt München Hbf über München Pasing ab 5.32 Uhr ca. stündlich, Dauer ca. 1.25 Std.
Endpunkt: Bahnhof Unterammergau, 830 m. Mit der Regionalbahn (RB 63) bis Murnau. Weiter mit der Regionalbahn (RB 6) bis München Hbf. Abfahrt Bahnhof Unterammergau nach München Hbf über München Pasing bis 22.42 Uhr ca. stündlich, Dauer ca. 1.45 Std.
Gehzeiten: Bahnhof Bad Kohlgrub – Talstation Hörnlebahn (Fußweg ca. 30 Min.), Talstation Hörnlebahn – Hörnle-Hütte (Aufstieg ca. 1.30 Std.), Hörnle-Hütte – Vorderes Hörnle (Abfahrt und Aufstieg ca. 30 Min.), Vorderes Hörnle – Hinteres Hörnle (Abfahrt und Aufstieg ca. 1 Std.), Hinteres Hörnle – Hörnlealm (Abfahrt ca. 15 Min.), Hörnlealm – Kappel (Abfahrt ca. 45 Min.), Kappel – Bahnhof Unterammergau (Fußweg ca. 15 Min.); gesamt ca. 4.45 Std.
Hangrichtung: Nord und Südwest.
Lawinengefährdung: Kaum lawinengefährdet.
Anforderungen: Einfache Tour in leichtem Skigelände. Aufstieg über Pisten, Abfahrt über flache bis mäßig steile Hänge (zunächst über Waldschneisen, dann über flache Almwiesen).
Orientierung: Der Aufstieg ist als Pistenskitour ab dem Parkplatz Tannenbankerllift bis zur Hörnlehütte ausgeschildert, danach sehr gute Beschilderung der drei Hörnle. Auch die Abfahrt nach Unterammergau ab der Hörnlealm ist ausgeschildert.
Einkehrtipps: Hörnlehütte, täglich 8–22 Uhr, www.hoernle-huette.de, Tel. +49 8845/229; Bäckerei Aurhammer in Unterammergau, Di–So 7–17 Uhr, www.baeckerei-aurhammer.de, Tel. +49 8822 9494727.
Naturschutz: Das Gebiet ab dem Vorderen Hörnle darf von der Abend- bis zur Morgendämmerung nicht betreten werden, um das dort lebende Wild nicht zu stören. Auch wenn das Gebiet gut erschlossen und die Höhenmeter überschaubar sind, ist es gerade im Hochwinter mit den kurzen Tagen wichtig, nicht zu spät aufzubrechen.

Das Autorenteam am Gipfel.

Wir starten zu Fuß am **Bahnhof Bad Kohlgrub** ❶, 816 m, und folgen ein kurzes Stück dem Weg nach Westen entlang der Gleise, bis wir links in die Steigrainer Straße einbiegen und auf dieser bis zur Hauptstraße gehen. Hier biegen wir rechts ab und laufen vorbei an Cafés und Läden durch den Ortskern. Kurz nach einer Rechtskurve biegen wir links in die St.-Martin-Straße ab. Wir passieren die Kirche und biegen nach der Bäckerei Brandmeier links in den Trillerweg ein, der in den Schillingsweg mündet. Diesem Weg folgen wir nun bis zur Fallerstraße, in die wir links einbiegen. Wir überqueren den **Parkplatz der Hörnle-Schwebebahn** ❷, 908 m, und stehen nun am Ausgangspunkt der Skitour. Wir gehen die Wiese hoch und folgen der ausgewiesenen Pistenskitour (Projekt »Skibergsteigen umweltfreundlich« des Deutschen Alpenvereins). Wir steigen entlang des linken Pistenrandes hinauf bis auf Höhe des Sonnenecks und dann weiter über den rechten Rand der Familienabfahrt vorbei an der Bergwachthütte bis zur **Hörnlehütte** ❸, 1390 m. Von der Hörnlehütte aus sehen wir schon das Vordere Hörnle. Wir wollen alle Hörner überschreiten,

Entspannt geht's mit dem Zug zurück nach München.

ignorieren den Weg, der rechts daran vorbeigeht, und erreichen nach kurzem Anstieg das Gipfelkreuz des **Vorderen Hörnles** ❹, 1484 m.
Nun fahren oder rutschen wir den kurzen Abschwung ab, bevor es etwas steiler hinauf geht zum **Mittleren Hörnle** ❺, 1496 m, und anschließend steil hinab zur **Hörnlealm** ❻, 1431 m. Über den letzten, langgezogenen Aufschwung erreichen wir das **Hintere Hörnle** ❼, 1548 m. Hier fellen wir ab, und es geht zunächst den Aufstiegsweg zurück bis zur **Hörnlealm** ❻. Nach der Alm queren wir, dem Wegweiser Richtung Unterammergau folgend, ein Waldstück bis zu einer schmalen Waldschneise auf einem wenig ausgeprägten Kamm. Diese Schneise geht es nun in Richtung Südwesten hinab. Das folgende kurze Waldstück kann auf einem Ziehweg überwunden werden. Im lichter werdenden Wald geht es hinab zum Gesäß und durch eine kurze Waldschneise südwestlich haltend zu flachen Wiesenhängen. Diesen folgen wir hinab zu vereinzelt stehenden Heustadeln. Wir erreichen den Weiler **Kappel** ❽, 854 m, mit seiner markanten Kirche. Der Kappelweg bringt uns in wenigen Minuten zum **Bahnhof Unterammergau** ❾, 830 m.

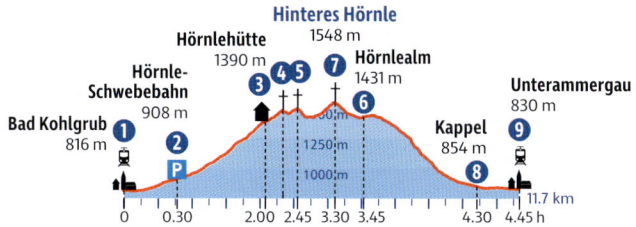

14 — Ein Wank für alle Felle
Unterwegs im Estergebirge

Farchant | Safari | ↗ 1000 m | Garmisch-Partenkirchen
| ⏲ 4.00 h | ↘ 1000 m |

Jedes Ende ist ein neuer Anfang, und hinter jedem Anfang wartet ein neues Abenteuer. Der Garmisch-Partenkirchener Hausberg ist ein prominentes Beispiel dafür, dass diese Weisheit manchmal auch auf Berge zutrifft. Führte die Schließung des Skigebiets Wank nach der Wintersaison vor fast zwanzig Jahren bei einigen PistenskifahrerInnen noch zu Wehmut, so erfreuen sich heutzutage die Schneeschuh- und SkitourengeherInnen über das zurückeroberte Revier. Die Ruhe ist zurückgekehrt auf den Berg und das ist gut so. Zurecht ist der Wank ein ziemlich beliebtes Winterziel: Die Aussicht vom Gipfel auf Garmisch und die erhabene Zugspitze gegenüber ist großartig, und das Wankhaus gleich daneben bietet immer eine gemütliche Einkehr. Das wissen wir besonders an Tiefschneetagen zu schätzen, wenn es dick schneit und man nicht mal den Hund vor die Tür schicken will. Dann schmecken Kaffee und Kuchen in der warmen Stube besonders gut, und die rassige Abfahrt über die ehemalige Piste nach Norden in den Kessel ist eine wahre Freude. Da lohnt sich gleich mal ein zweiter Aufstieg – fast wie Skifahren, nur ohne Lift. Da oben ist das perfekte Refugium für alle: Skitourenbeginner, Langschläfer und Genießer.

Wir wählen den Aufstieg zum Wank ab dem kleinen Bahnhof Farchant. Zuerst steigen wir ruhig durch den Wald hinauf Richtung Esterbergalm und gehen dann entlang der mäßig steilen Abfahrtspiste bis zum Gipfel. Retour geht es am Ende des Tourentages mit einer langen Abfahrt bis zum Ortsrand von Garmisch-Partenkirchen, das fühlt sich schon fast wie eine kleine Safari an. Wer weiß, vielleicht kehren wir auf dem Spazierweg zum Bahnhof auch noch einmal ein, Gelegenheiten gibt es im Ort viele und schöne Tage muss man ausnützen.

Ausgangspunkt: Bahnhof Farchant, 670 m. Mit Regionalbahn (RB 6) oder Regional-Express (RE 61) Richtung Garmisch-Partenkirchen bis Farchant. Abfahrt München Hbf über München Pasing ab 5.32 Uhr mindestens stündlich, Dauer ca. 1.15 Std.
Endpunkt: Bahnhof Garmisch-Partenkirchen, 708 m. Mit Regionalbahn (RB 6) oder Regional-Express (RE 61) nach München Hbf. Abfahrt Garmisch-Partenkirchen nach München Hbf über München Pasing bis 23.07 Uhr mindestens stündlich, Dauer ca. 1.19 Std.
Gipfel: Wank, 1780 m.
Gehzeiten: Farchant – Frauenmahdsattel (Aufstieg ca. 1.30 Std.), Frauenmahdsattel – Wank (Aufstieg ca. 1 Std.), Wank – Frauenmahdsattel (Abfahrt ca. 30 Min.), Frauenmahdsattel – Wankbahn (Abfahrt ca. 30 Min.), Wankbahn – Bahnhof Garmisch–Partenkirchen (Gehzeit ca. 30 Min.); gesamt ca. 4 Std.
Hangrichtung: Nord.
Lawinengefährdung: Gering, beim Aufstieg über Esterbergalm auf einer ehemaligen Skipiste.
Anforderungen: Gering, wobei zwischen im Waldstück zwischen Farchant und Forstweg eine gute Spitzkehrentechnik unerlässlich ist.
Orientierung: Einfach, im unteren Teil folgt man einem Wanderweg und Forstweg, im späteren Verlauf einer ehemaligen Skipiste.
Einkehrtipps: Esterbergalm, 1264 m, Do–Mo 10–17 Uhr, Nov. bis 25.12. geschlossen, Tel. +49 8821 3277; Wankhaus, 1776 m, außerhalb der Revisionszeiten der Bahn (Nov./Dez. und März/April) ganzjährig geöffnet, Tel. +49 8821 56201; Kiosk im Bahnhof Garmisch-Partenkirchen.
Naturschutz: Die Schongebiete Esterberg Nord, Ameisenberg, Wank Süd und Roßwank Nordost sind zu beachten.

Links: Der berühmte Wankblick nach Garmisch-Partenkirchen und zur Zugspitze.
Rechts von oben nach unten: Auf zur Geburtstagsskitour in bester Gesellschaft. Prost!

Vom **Bahnhof Farchant** ❶, 670 m, gehen wir über die Bahnhofstraße zur Mühldorfstraße, überqueren die Loisach und folgen weiter der Esterbergstraße. Bei der **Beschilderung Wank** ❷, 677 m, biegen wir schließlich links in den Wald ab und gelangen nach 20 Min. über steile Waldhänge in vielen Serpentinen zur Forststraße, die zur Esterbergalm führt. Wir folgen der Forststraße nach links und kommen zum **Frauenmahdsattel** ❸, 1279 m, vorbei an der Hinweistafel »Skibergsteigen umweltfreundlich« des Deutschen Alpenvereins. Immer noch folgen wir der Forststraße geradeaus nach Osten über eine längere flache Passage, bis wir in den weiten Talkessel rund um die **Esterbergalm** gelangen. Kurz vor den Gebäuden zweigen wir rechts ab und steigen über die herrlichen, leicht gestuften Nordhänge der ehemaligen Skipiste zum **Roßwank** auf. Am Schluss wird es flacher und wir gehen am Kamm nach rechts, bis wir schließlich den Gipfel des **Wanks** ❹, 1780 m, erreichen. Nach einer Einkehr im gemütlichen Wankhaus fahren wir zunächst über die ehemalige Skipiste zur Esterbergalm ab und folgen der Forststraße nach links immer geradeaus. Wir kommen wieder an der Abzweigung Richtung Farchant vorbei, lassen diese Option dieses Mal rechts liegen und fahren weiter hinunter bis zur kleinen kleinen **Daxkapelle** ❺,

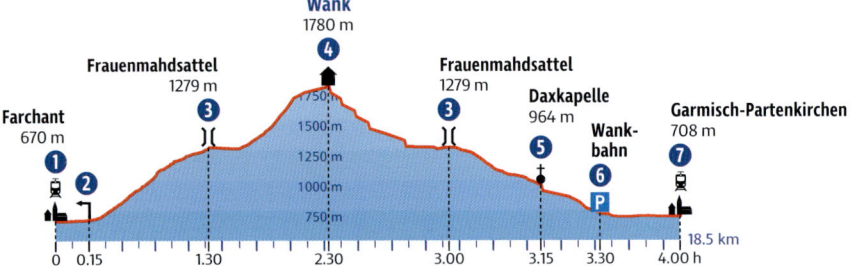

Links: Strahlende Gesichter trotz eisiger Kälte und Schneegestöber.
Rechts: Der Einkehrschwung ist heute mehr als gerechtfertigt.

964 m. Hier verlassen wir die Forststraße linkerhand und schwingen über Waldschneisen bis zum **Parkplatz der Wankbahn** ❻ ab. Ab hier folgen wir zu Fuß der Wankbahnstraße Richtung Süden und biegen bei der T-Kreuzung nach links in die Münchner Straße ab. Nach einer längeren Strecke erreichen wir die Einmündung in die Ludwigstraße. Jetzt biegen wir rechts ab und gehen entlang der Straße immer geradeaus bis zum **Bahnhof Garmisch-Partenkirchen** ❼, 708 m.

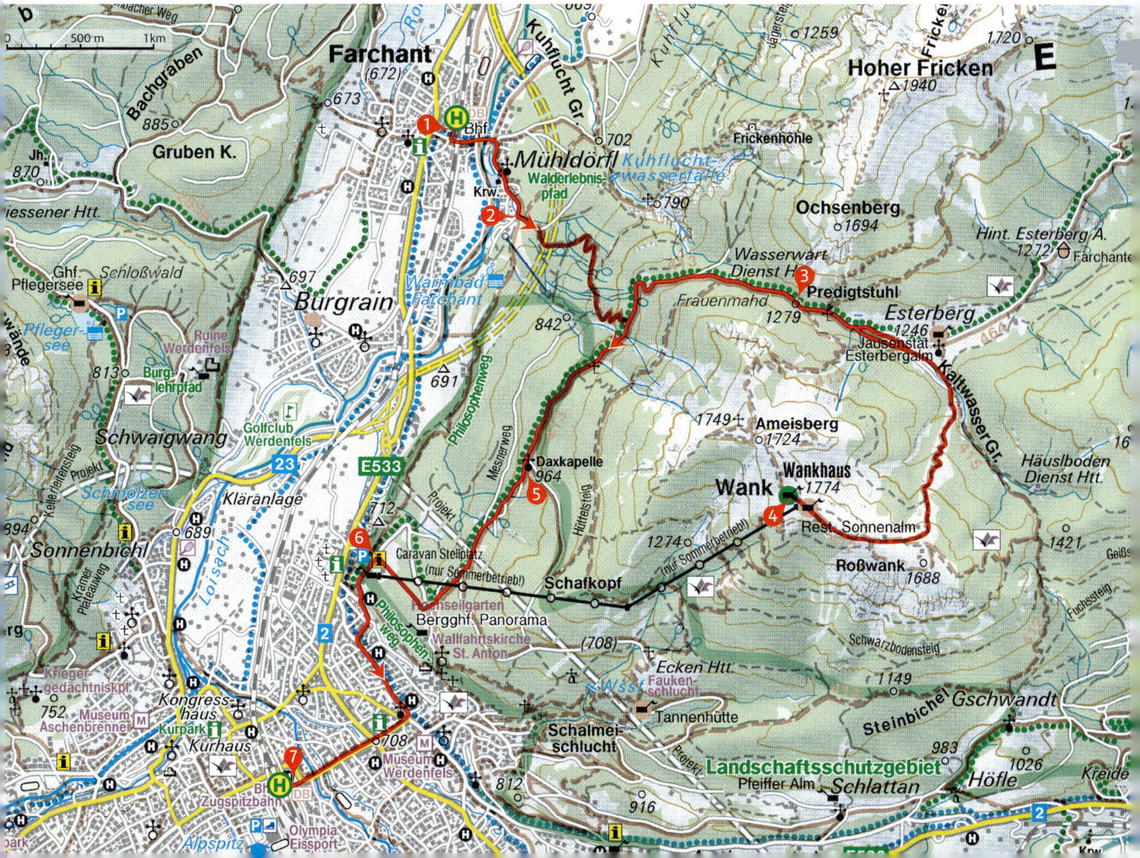

15 Von Scharten und Gipfeln
Übers Kuhlloch auf die Kuhljochspitze

 Gießenbach   Tour ↗ 1250 m   Gießenbach
                  🕒 6.15 h ↘ 1250 m

Ja, es gibt sie, diese kleinen Bahnhöfe im Gebirge, an denen die berüchtigte »last mile« zum »last meter« zusammenschrumpft. Nicht weit hinter Mittenwald in Gießenbach findet sich so eine Idealhaltestelle. Hierher kommt man ohne Umsteigen von München oder Innsbruck und steigt gleich am Gleis hinein in die Skier. Einfach rechts am Bahnübergang in die Klamm abbiegen und den Straßenlärm Richtung Seefeld hinter sich lassen. Dann wird es sofort still und magisch.

Der Weg hinein zur Eppzirler Alm ist schon relativ lang, aber vor lauter Staunen über das prachtvoll verschneite Karwendel denken wir überhaupt nicht mehr daran, es ist fast ein meditativer Spaziergang. Dann auf einmal stehen wir schon mittendrin im Kuhlloch – ganz allein in unverspurtem Gelände. Was für ein Geschenk, normalerweise passiert dir das als Öffi-SkitourengeherIn nie, es war immer schon jemand vorher da, auch wenn du den allerersten Zug nimmst.

Nach der Alm wird des dann steil, der Weg führt über viele Spitzkehren hinauf zur Kuhljochscharte, und eigentlich ist das alleine schon eine gestandene Skitour. Die Krönung ist aber noch der weitere Aufstieg zu Fuß auf die Kuhljochspitze, wenn es denn die Verhältnisse erlauben. Pickel und Steigeisen können hier schon mal hilfreich sein. So bekommen wir dann das komplette sagenhafte Karwendelpanorama geliefert, und ganz klein unten in der Mitte des riesigen Lochs liegt die Eppzirler Alm. Weit sind wir gegangen heute, aber jeder Meter war es wert. Heute springen wir bei unserer Rückkehr in Gießenbach gleich in den ankommenden Zug und machen Halt im gemütlichen Bahnhofscafé in Mittenwald. Einfach aussteigen, Kraft tanken und einen der nächsten Züge nach Hause nehmen, das lohnt sich immer. An solch einem Wintertag fügt es sich fast wie von alleine zusammen: die sanfte Anreise, die magische Landschaft und das Unterwegssein mit Freunden auf dem richtigen Weg.

Ein paar Meter am Bahnsteig entlang und los geht's ins Vergnügen.

Richtig alpin! Auf dem Gipfel der Kuhljochspitze.

Ausgangs- und Endpunkt: Bahnhof Gießenbach in Tirol, 1012 m. Mit der Werdenfelsbahn (RB 6/S 6 ab Scharnitz) Richtung Seefeld in Tirol bis Gießenbach. Abfahrt München Hbf über München Pasing ab 6.32 Uhr mit Umstieg in Garmisch-Partenkirchen (RB 6 bis Garmisch-Partenkirchen, dann S 6), ca. alle zwei Stunden, Dauer ca. 2.15 Std.
Abfahrt Bahnhof Gießenbach in Tirol nach München Hbf über München Pasing bis ca. 21.22 Uhr nach München Hbf, Dauer ca. 2.15 Std.
Gipfel: Kuhljochspitze, 2297 m.
Gehzeiten: Bahnhof Gießenbach in Tirol – Eppzirler Alm (Aufstieg ca. 2 Std.), Eppzirler Alm – Kuhljochscharte (Aufstieg ca. 2 Std.), Kuhljochscharte – Kuhljochspitze (Aufstieg ca. 30 Min.), Kuhljochspitze – Eppzirler Alm (Abfahrt ca. 45 Min.), Eppzirler Alm – Bahnhof Gießenbach in Tirol (Abfahrt mit leichtem Gegenanstieg ca. 1 Std.); gesamt ca. 6.15 Std.
Hangrichtung: Hauptsächlich Nord, Gipfelaufbau West.
Höhenmeter: Ca. 1150 Hm bis zur Scharte; mit Kuhljochspitze ca. 1250 Hm.
Lawinengefährdung: Hoch im Kuhlloch, bei viel Schnee bereits auf dem Weg durch die Gießenbachklamm zur Eppzirler Alm.
Anforderungen: Bis zur Eppzirler Alm Skiwanderung ohne technische Schwierigkeiten; ab der ersten Steilstufe durch die Latschen ins Kuhlloch ist eine gute Spitzkehrentechnik gefragt. Der letzte Anstieg zur Scharte ist steiler als 35 Grad, hier müssen eventuell die Skier getragen werden. Sichere Abfahrtstechnik ist

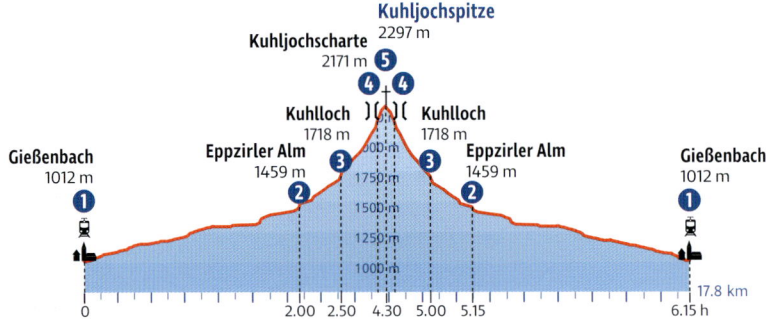

in den steilen Hängen der Scharte erforderlich. Beim Aufstieg zur Kuhljochspitze ist Trittsicherheit und Schwindelfreiheit erforderlich.
Orientierung: Die Orientierung bis zur Eppzirler Alm ist sehr einfach; die linke Eppzirler Scharte ist schon von Weitem sichtbar, die Kuhljochscharte rechts daneben versteckt sich zunächst; sobald man sie entdeckt hat, ist die Linie aber logisch und kaum zu verfehlen.

Einkehrtipps: »Das Lokal« im Bahnhofsgebäude in Mittenwald Mo–Fr 8–19 Uhr, Sa/So 8–18 Uhr, www.daslokal-mittenwald.de, Tel. +49 8823 9369749.
Autorentipp: Zusätzlich kann man noch einige Höhenmeter dazupacken und die Eppzirler Scharte links daneben besteigen. Am besten auf ca. halber Höhe der Abfahrt hinunter zur Eppzirler Alm und noch einmal auffellen.

Rund um die Eppzirler Alm lichtet sich der Bergwald.

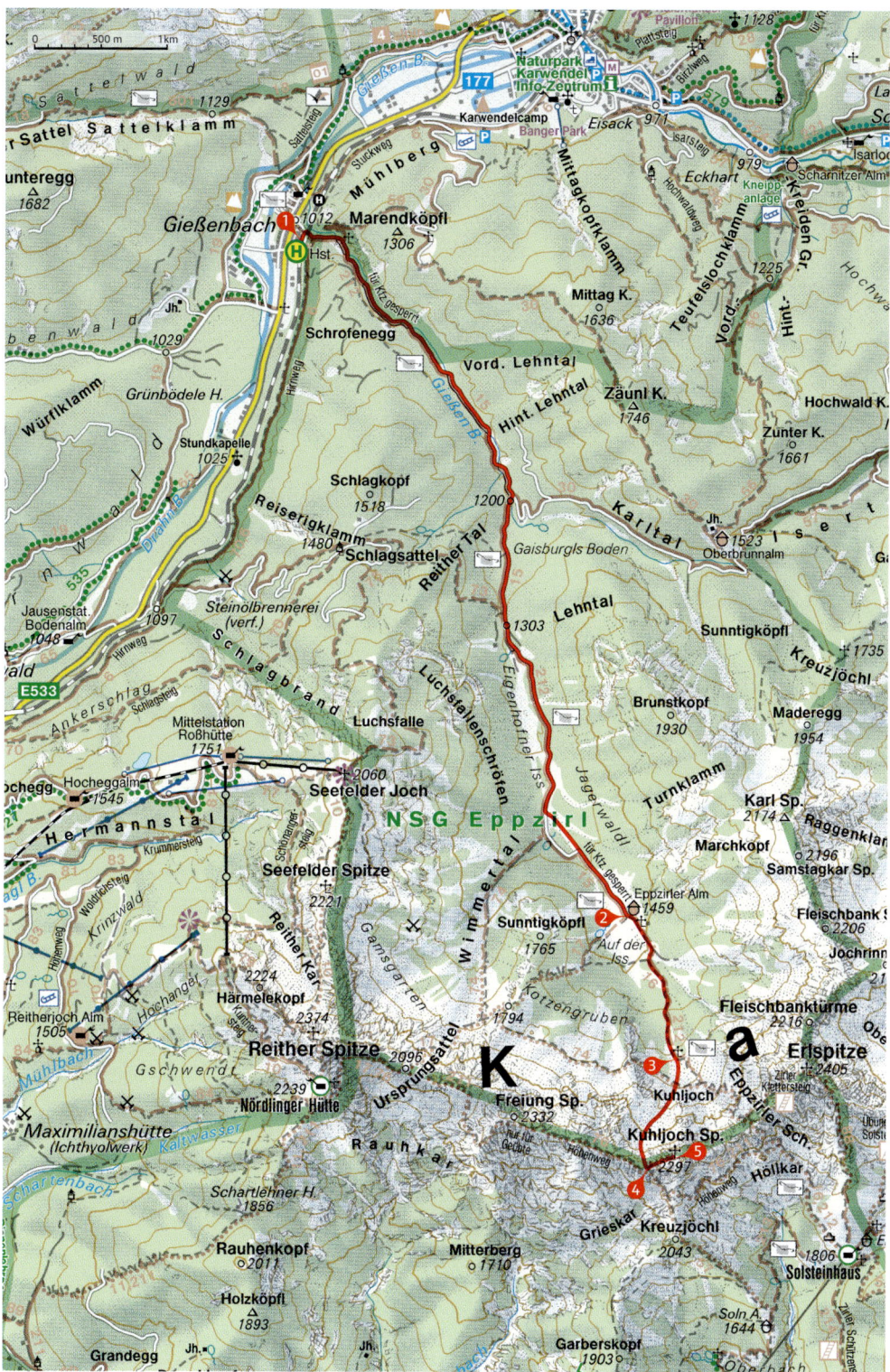

Steil hinab von der Kuhljochscharte.

Am **Bahnhof Gießenbach** ❶, 1012 m, gehen wir am Bahnsteig entlang zurück bis zum Bahnübergang, überqueren diesen nach rechts und folgen der Forststraße Richtung Eppzirler Alm. Die gleichmäßig ansteigende Straße verläuft anfangs links des Gießenbachs, später wechselt sie die Seite. Nach dem Holzschild »Eppzirler Alm« wird es zunächst etwas steiler, bis die Route wieder abflacht und wir den Kessel rund um die **Eppzirler Alm** ❷, 1459 m, sehen. Nun immer geradeaus bis zu den Hütten (Dauer ca. 1.30 Std.), wo wir schon ziemlich mittig die markante Kuhljochspitze erspähen können. Die Kuhljochscharte versteckt sich rechts neben dem Gipfelaufbau. Zunächst gehen wir weiter Richtung Süden bis zum Ende des Kessels. Durch eine steile Latschenrinne gelangen wir in den unteren Karboden, das **Kuhlloch** ❸, 1718 m. Nun halten wir uns rechts, steigen hinauf zum oberen Karboden und gehen in einer leichten Linkskurve in Spitzkehren zur bereits sichtbaren **Kuhljochscharte** ❹, 2171 m. Spätestens hier endet der Aufstieg mit den Skiern. Zu Fuß wenden wir uns nach Osten und stapfen im Schnee die teils steilen Felsstufen rund 100 Hm aufwärts, bis wir das Gipfelkreuz der **Kuhljochspitze** ❺, 2297 m, erreichen. Je nach Bedingungen können ab dem Skidepot bis zum Gipfel Steigeisen und Pickel erforderlich sein. Nach einer gemütlichen Gipfelrast mit Ausblick ins Inntal und ins Karwendel steigen wir wieder zur **Scharte** ❹ hinunter und fahren den schönen Nordhang ins **Kuhlloch** ❸ ab. Wenn wir Zeit und Kraft übrig haben, können wir noch eine der weiteren lockenden Scharten im coolen Kessel angehen.
Schließlich kehren wir zurück zur **Eppzirler Alm** ❷. Ein leichter Gegenanstieg muss skatend bewältigt werden, bis wir die Skier schließlich auf dem Aufstiegsweg zum **Bahnhof Gießenbach** ❻ laufen lassen können.

Oben: Immer am Gießenbach entlang.
Unten: Pünktlich auf die Minute!

16 Cool-Loch-Safari
Von Hochzirl nach Gießenbach

| Hochzirl | Safari ↗ 1240 m ⏱ 5.00 h ↘ 1140 m | Gießenbach |

»Kuhlloch« gehört nicht unbedingt zu den attraktivsten Gebietsnamen und man rechnet bei diesem plumpen Begriff erst einmal nicht mit diesem imposanten und magischen Talschluss am Ende des Eppzirler Tales. SkitourengeherInnen hätten diesen Kessel wohl eher »Cool-Loch« oder gleich »Powder-Paradies« genannt, denn dank seiner Topologie und seiner Nordausrichtung sind seine steilen Hänge meist noch lange nach dem letzten Schneefall mit feinstem Pulverschnee bedeckt.

Doch nicht nur mit dem ungünstigen Namen scheinen hier die Einheimischen dieses Pulver-Eldorado vor Fremden verstecken zu wollen. Sie haben es auch noch besonders weit in das von Gießenbach nach Süden ziehende Karwendeltal hineingeschoben, sodass man einen längeren Zustieg in Kauf nehmen muss. Doch das ist nicht unbedingt nur von Nachteil, denn dadurch bleibt diese winterliche Spielwiese in der Regel vom allergrößten Ansturm verschont und man findet dort meist noch spät im Winter unverspurte Hänge.

Eine spannende und äußerst lohnende Alternative zum üblichen Zustieg von Gießenbach bietet sich aufgrund der flexiblen An- und Abreise per Bahn mit dem Aufstieg von Süden aus Hochzirl über die Eppzirler Scharte. Dieser Zustieg ist etwas kürzer, dafür anspruchsvoller, jedoch wird die Tour dadurch zu einer richtigen Durchschreitung. Im oberen Teil des Höllkars ist gute Spitzkehrentechnik gefragt, denn je näher wir der Scharte kommen, umso steiler wird das Gelände und umso mehr werden wir von Felswänden und Steintürmchen eingeengt. Grandiose Ausblicke über die im Süden aufragenden Gipfel der Stubaier und Tuxer Alpen sowie die alpine Umgebung lassen dann das Alpinistenherz höherschlagen. Am Durchschlupf an der Eppzirler Scharte, einem nur wenige Meter breiten Felsentor, geht dann das Aufstiegskeuchen in Jubelschreie über, wenn wir anschließend die gut 500 Höhenmeter über den schattigen Nordhang in die Tiefe rauschen.

Im Aufstieg zur Eppzirler Scharte: Blick nach Süden auf die Westflanke des Solsteins, am Horizont die Gipfel der Stubaier Alpen.

Alpines Ambiente im Höllkar, rechts im Bild die Erlspitze.

Ausgangspunkt: Bahnhof Hochzirl, 919 m. Mit der Regionalbahn (RB 6) Richtung Pfronten-Steinach bzw. Seefeld in Tirol oder Innsbruck. Teilweise Umstieg in Garmisch-Partenkirchen oder Seefeld in S6 Richtung Innsbruck, teilweise ohne Zwischenhalt. Abfahrt München Hbf stündlich ab 6.32 Uhr, Dauer ca. 2.30–3 Std.
Endpunkt: Bahnhof Gießenbach in Tirol, 1012 m. Mit der Regionalbahn (RB 6) bis München Hbf über München Pasing bis ca. 21.22 Uhr ca. stündlich, Dauer ca. 2.15 Std.
Gipfel: Keine.
Gehzeiten: Bahnhof Hochzirl – Solnalm (Aufstieg ca. 2 Std.), Solnalm – Eppzirler Scharte (Aufstieg ca. 1.30 Std.), Eppzirler Scharte – Kuhlloch (Abfahrt ca. 15 Min.), Kuhlloch – Eppzirler Alm (Abfahrt ca. 15 Min.), Eppzirler Alm – Bahnhof Gießenbach (Abfahrt mit leichtem Gegenanstieg ca. 1 Std.); gesamt ca. 5 Std.
Hangrichtung: Süd, Nordwest, Nord.
Lawinengefährdung: Absolut sichere Lawinenlage ist Voraussetzung bei dieser Tour! Querung teils sehr steiler Osthänge und steiler südseitiger Anstieg zur Eppzirler Scharte im Aufstieg, steiler Nordosthang in der Abfahrt.

Anforderungen: Gute Spitzkehrentechnik im Aufstieg und Skitechnik in der Abfahrt notwendig.
Orientierung: Bei guter Sicht leicht bis mittel, bis zur Solnalm beschildert (Richtung Solsteinhaus), danach hält man sich nach Norden und hat die Scharte bald im Blick. Im Höllkar selbst hält man sich nördlich bzw. rechts. In der Abfahrt ist es ohne Spuren lediglich ein wenig herausfordernd, den besten Weg durch den Latschengürtel zwischen Kuhlloch und Eppzirler Alm zu finden. Danach gibt das Tal den Weg vor.
Einkehrtipps: Bahnhofscafé »Das Lokal« in Mittenwald, Mo–Fr 8–19 Uhr, Sa/So 8–18 Uhr, www.daslokal-mittenwald.de, Tel. +49 8823 9369749; Gasthof Ramona in Gießenbach, Mo–So 7–22 Uhr, www.gasthof-ramona.at, Tel. +43 5213 5541, 5 Min. zu Fuß vom Bahnhof.
Autorentipp: Bei ausreichender Kondition empfiehlt sich der Aufstieg zum Kuhljoch von Norden und von dort über den Westgrat zum Gipfel der Kuhljochspitze. Die steile Flanke und der luftige Grat kurz vor dem Gipfel fordern nochmals volle Konzentration und machen die Tour zu einem ausgewachsenen alpinen Erlebnis (siehe Tour 15).

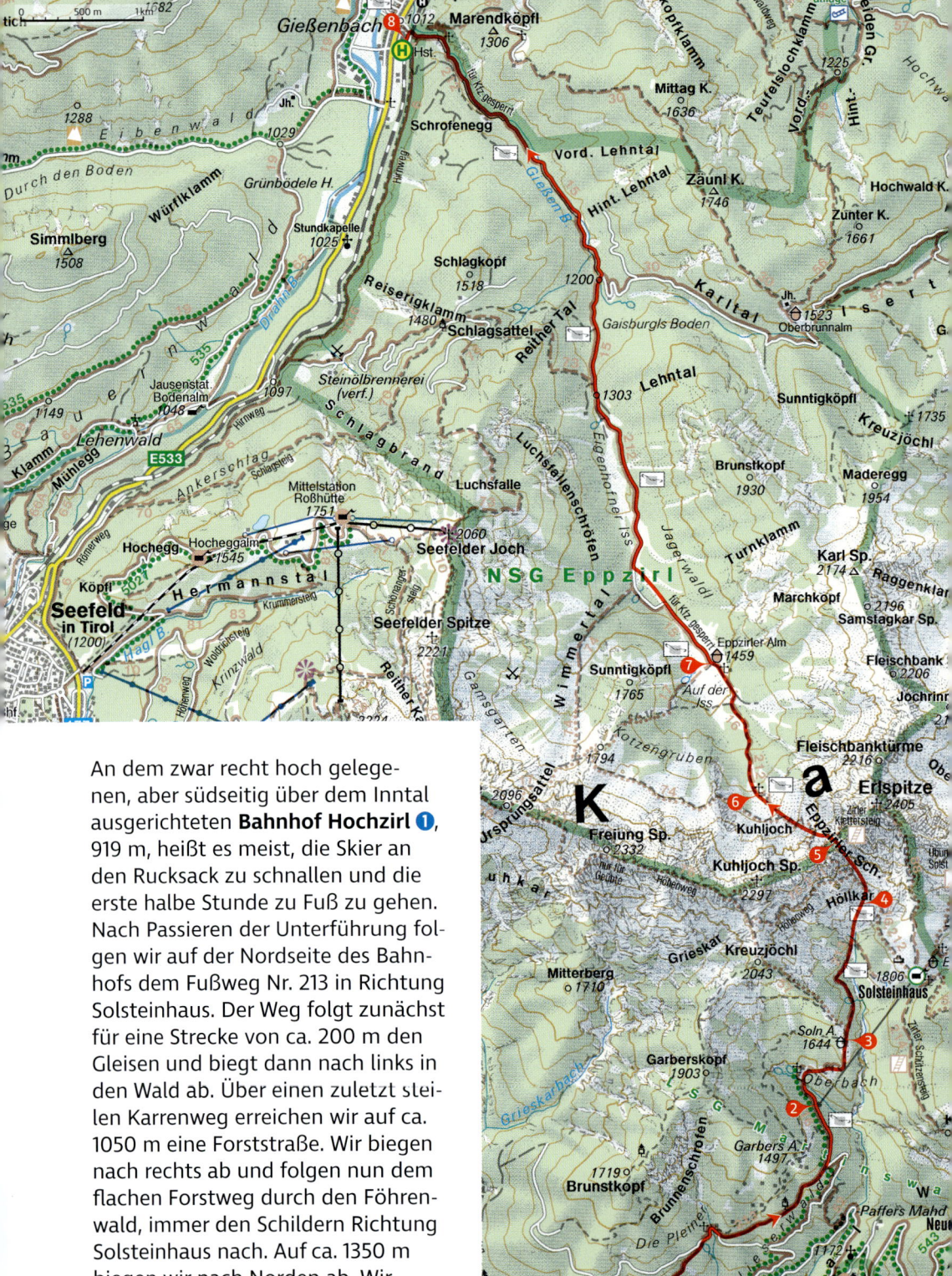

An dem zwar recht hoch gelegenen, aber südseitig über dem Inntal ausgerichteten **Bahnhof Hochzirl** ❶, 919 m, heißt es meist, die Skier an den Rucksack zu schnallen und die erste halbe Stunde zu Fuß zu gehen. Nach Passieren der Unterführung folgen wir auf der Nordseite des Bahnhofs dem Fußweg Nr. 213 in Richtung Solsteinhaus. Der Weg folgt zunächst für eine Strecke von ca. 200 m den Gleisen und biegt dann nach links in den Wald ab. Über einen zuletzt steilen Karrenweg erreichen wir auf ca. 1050 m eine Forststraße. Wir biegen nach rechts ab und folgen nun dem flachen Forstweg durch den Föhrenwald, immer den Schildern Richtung Solsteinhaus nach. Auf ca. 1350 m biegen wir nach Norden ab. Wir gehen nach Oberbach und kommen an der **Materialseilbahn des**

Adrenalin ist garantiert bei der Abfahrt von der Eppzirler Scharte zum Kuhlloch.

Solsteinhauses ❷, 1404 m, vorbei. Der Forstweg endet, die Landschaft öffnet sich allmählich. Wir erreichen die schön gelegene **Solnalm** ❸, 1644 m, und gehen weiter nach Norden, wobei wir einen sehr steilen, bewaldeten Hang (»Peckensteig«) queren. Auf ca. 1650 m wird die Landschaft wieder freier und wir folgen der Skiroute nach Norden – die Kuhljochspitze und rechts daneben unser Ziel, die Eppzirler Scharte, schon im Blick. Weiter geht es nach Norden in das **Höllkar** ❹, 1827 m, durch das wir immer steiler werdend bis zur **Eppzirler Scharte** ❺, 2104 m, aufsteigen. Ein schmaler Durchschlupf durch die Felsen gibt den Weg frei für die genussvolle Abfahrt nach Nordwesten ins **Kuhlloch** ❻, 1769 m. Von dort fahren wir weiter nach Norden ab. Ein kurzer steiler Latschengürtel muss gemeistert werden, bis wir schließlich die **Eppzirler Alm** ❼, 1459 m, erreichen. Von dort folgen wir dem Tal nach Norden. Bis auf einen kurzen flachen Gegenanstieg, den man gut skaten kann, können wir die Skier die gut 6,5 km bis zum **Bahnhof Gießenbach** ❽, 1012 m, laufen lassen.

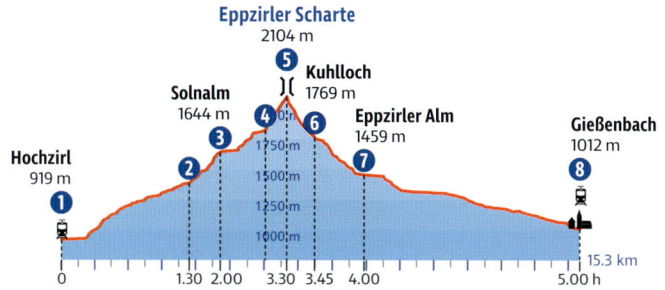

17 Auf Pleisentonis Spuren
Skitour auf die Pleisenspitze

🚆 Scharnitz   Tour ↗ 1600 m   Scharnitz 🚆
                ⏱ 6.00 h ↘ 1600 m

Das Karwendel will hart erarbeitet werden, die meisten Berge fordern weite Strecken und viele Höhenmeter in einer wilden und alpinen Landschaft. Da ist zum Beispiel die Pleisenspitze bei Scharnitz, mit ihren 1600 Höhenmetern und insgesamt 20 Kilometern ist die Tour eine Garantie für Schweiß und Schenkelbrennen und ein Fest für HöhenmeterfresserInnen! Doch alles halb so wild, denn wem beim Aufstieg die Beine weich werden, der kann diese Skitour durch eine Einkehr in der urigen Pleisenhütte auf halber Höhe entschärfen. Am Südhang der Pleisenspitze gelegen und mit einer fantastischen Aussichtsterrasse ausgestattet ist sie ein idealer Ort, um nochmals Kraft und Energie für den Gipfelsturm zu tanken. Wer es ohne Zwischenpause zum Gipfel schafft, sollte hier spätestens auf dem Rückweg eine Pause für einen Kaiserschmarrn und ein Radler einlegen, alles andere wäre pure Verschwendung!
Vermutlich war dies auch der Gedanke von Toni Gaugg, genannt »Pleisentoni«, der im Jahre 1953 genau an dieser Stelle mit dem Bau der Hütte seinen Lebenstraum verwirklichte. Durch teilweise wegloses Gelände beförderte er anfangs einen Großteil der Baumaterialien zu Fuß aus dem Tal hinauf. Wir haben es im 21. Jahrhundert wesentlich einfacher und erreichen die Hütte über einen sanft ansteigenden Forstweg von Scharnitz aus. Ein daran anschließender, sich allmählich lichtender Latschengürtel oberhalb der Hütte bringt uns in den Kessel des Vorderkars, von wo aus wir dem hinteren Pleisengrat mit einer fantastischen Aussicht zum Gipfel folgen. Bereits beim Aufstieg sucht sich hier das Unterbewusstsein die ideale Abfahrtslinie durch diesen fantastischen Skihang.
Auch wenn bei der Ankunft am Gipfelkreuz die Lunge japst, die Knie schmerzen und der Rücken zwickt: Die Tiefblicke ins Karwendeltal, die Aussicht vom Großglockner im Osten bis zur Zugspitze im Westen und all die winterlichen Berggipfel dazwischen lassen das Herz vor Freude hüpfen und wir spüren dieses Gefühl von Freiheit und Glück in uns sprudeln. Einzig die Bergdohle neben uns macht uns ein klein wenig neidisch, wenn sie ihre Flügel in den Wind ausbreitet und sich von der Erde löst.

Links: Auffellen gleich im Zug.
Rechts: Am Bahnhof Scharnitz, Ausgangs- und Endpunkt unserer Tour.

Sonnige Aussichten auf der Terrasse der Pleisenhütte.

Ausgangs- und Endpunkt: Bahnhof Scharnitz, 962 m. Mit der Regionalbahn (RB 6) Richtung Pfronten-Steinach bis Garmisch-Partenkirchen. Weiter mit der S-Bahn S6 Richtung Innsbruck. Abfahrt München Hbf über München Pasing ab 6.32 Uhr stündlich, Dauer ca. 2 Std. Rückfahrt von Scharnitz nach München Hbf über München Pasing mit S-Bahn (S 6) direkt oder mit Umstieg in Garmisch-Partenkirchen und Weiterfahrt mit der Regionalbahn (RB 6) bis 21.28 Uhr, mindestens stündlich, Dauer ca. 2 Std.
Gipfel: Pleisenspitze, 2569 m.
Gehzeiten: Scharnitz Bahnhof – Isarlodge Wiesenhof (Aufstieg ca. 30 Min.), Isarlodge Wiesenhof – Pleisenhütte (Aufstieg ca. 2 Std.), Pleisenhütte – Pleisenspitze (Aufstieg ca. 2 Std.), Pleisenspitze – Scharnitz Bahnhof (Abfahrt ca. 1.30 Std.); gesamt ca. 6 Std.
Hangrichtung: Süd, Südwest.
Lawinengefährdung: Mittel.
Anforderungen: Konditionell anspruchsvolle Tour mit Passagen zwischen 30 und 35 Grad Steilheit, technisch mittelschwer.
Orientierung: Im unteren Bereich auf ausgewiesenem Forstweg einfach, im Bereich des Latschengürtels zwischen der Pleisenhütte und dem Vorderkar wegen Latschenbewuchs teilweise etwas knifflig. Im Bereich des Gipfelanstieges ab dem Vorderkar dann wieder einfach.
Einkehrtipps: Pleisenhütte, 26.12.–6.1. täglich, danach Fr–So bis etwa Mitte April geöffnet, Übernachtung auf Anfrage, www.pleisenhütte.at, Tel. +43 664 9158792.

Am Gipfelhang der Pleisenspitze.

Wir verlassen den **Bahnhof Scharnitz** ❶, 962 m, in südliche Richtung über die Bahnhofstraße und biegen auf der Hauptstraße (Innsbrucker Straße) nach links ab. Nach etwa 100 m, kurz bevor die Hauptstraße die Isar überquert, verlassen wir diese nach links und folgen der Innrainstraße. Wo diese vor der Isar nach links abbiegt, gehen wir noch ein kleines Stück geradeaus und folgen direkt hinter der Brücke dem Wanderweg nach links, der uns nach etwa 10 Min. zu einem Wanderparkplatz bringt. Hier nicht nach links in Richtung

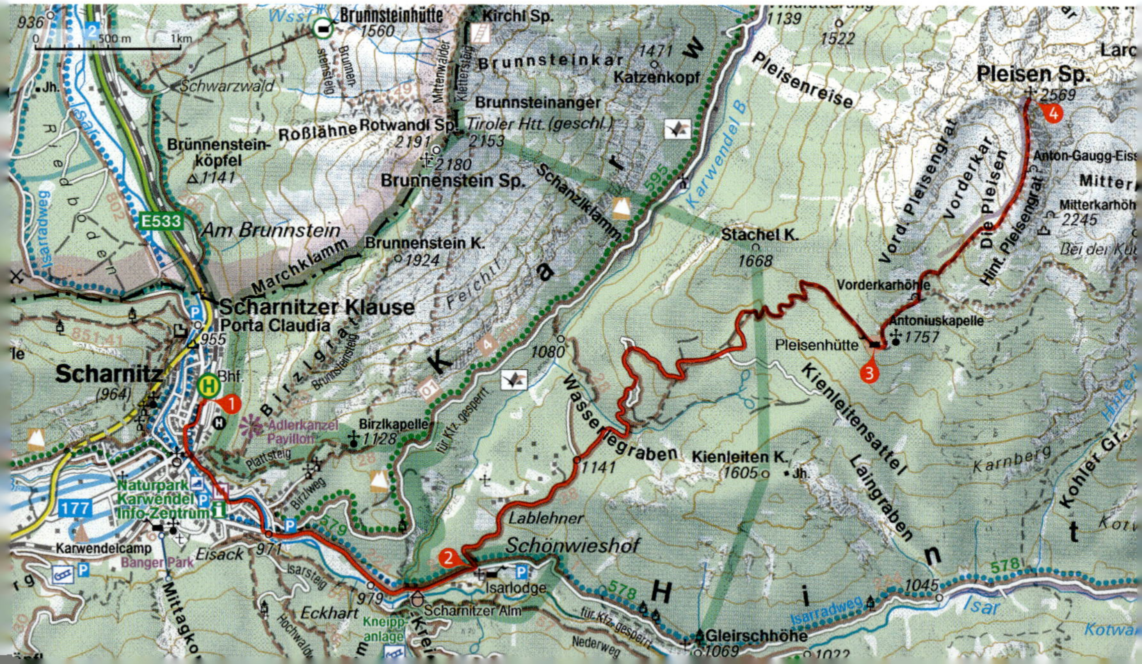

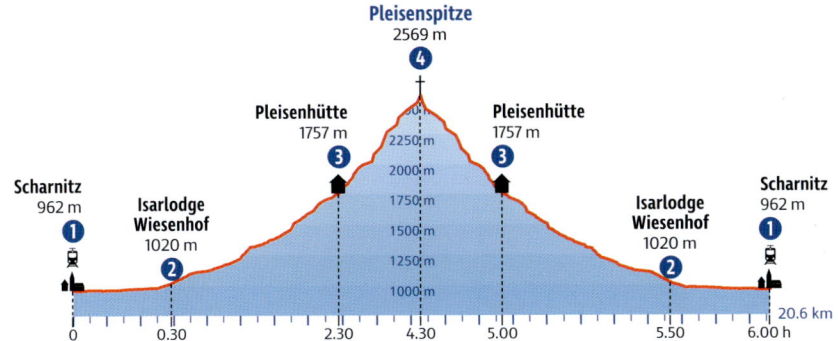

Karwendeltal abbiegen, sondern dem Tal geradeaus bzw. der Isar folgen. Über die Hinterautalstraße gelangen wir zur **Isarlodge Wiesenhof** ❷, 1020 m. Etwa 50 m vor dem Gasthof nehmen wir dem Forstweg links steil bergauf und folgen den Wegweisern zur **Pleisenhütte** ❸, 1757 m. Auf eventuell entgegenkommende Rodler achten!
Zwischen Pleisenhütte und der kleinen Kapelle rechts daneben (Grabstätte von Toni Gaugg) steigen wir in Richtung Norden weglos bergan. Durch eine Latschenzone gelangen wir in Richtung Vorderkar, hinter dem bereits der Gipfel der Pleisenspitze zum Greifen nah erscheint. Im Kar bleiben wir auf der rechten Seite und folgen dem Hinteren Pleisengrat zum Gipfel der **Pleisenspitze** ❹, 2569 m.
Die Abfahrt zurück zum **Bahnhof Scharnitz** ❶ erfolgt auf dem Aufstiegsweg.

Und ab geht die Post, schnell zu Kaffee und Kuchen!

Unterwegs

Es ist dieser Moment, in dem sich unser Bewusstsein auf diese einzige, scheinbar nutzlose und unbedeutende Sache reduziert, wo wir nicht denken, sondern fühlen, wo wir uns und die Natur spüren und wo sich der Alltag im Schneestaub auflöst.

Links: Herrlicher Pulver in der Abfahrt vom Hochgrat.
Oben: Tiefwinterliche Bedingungen im Rofangebirge.
Unten: Locker unterwegs im Rotwandgebiet.

18 Auf den Spuren des Dammkarwurms
Hinauf in die Viererscharte

Mittenwald   Tour ↗ 1200 m   Mittenwald
              ⏱ 3.45 h ↘ 1200 m

Schon in den 1930er-Jahren kamen die Skibegeisterten in Scharen aus München mit dem Zug nach Mittenwald. Ohne moderne Ausrüstung trugen sie ihre langen Holzskier das steile Dammkar hinauf und prägten so das Bild vom legendären Dammkarwurm. Ein paar Jahrzehnte später wurden die Sportler bequemer, reisten mit dem Auto an und ließen sich mit der Bahn hochshutteln. Doch in den letzten Jahren nehmen die TourengeherInnen wieder überhand. Und wir wollen nun auch das Zugfahren wieder aufleben lassen.

Ob mit oder ohne motorisierte Unterstützung: Seit Jahrzehnten pilgern Freerider und SkitourengeherInnen im Winter ins Dammkar, denn nirgendwo sonst in Deutschland lassen sich 1200 Höhenmeter und 7 Kilometer am Stück mit den Skiern auf einer Freeride-Route bis ins Frühjahr hinein abfahren. Der Schatten der im Süden hoch aufragenden Felswände der Kirchl und der Westlichen Karwendelspitze konserviert den Schnee in der bis zu 35 Grad steilen Rinne noch oft bis spät ins Jahr. Eine grandiose Bergkulisse und ein sich allmählich aufbauender Weitblick ins Alpenvorland im oberen Teil der Abfahrt tun ihr übriges. So nutzen viele SkifahrerInnen nach wie vor gerne die Karwendelbahn für den Aufstieg von Mittenwald. Über einen gut 400 Meter langen, in den Berg gebohrten Fußgängertunnel gelangt man nach der Auffahrt per Gondel direkt zum Ausgangspunkt der Abfahrt. Wegen dieses Komforts und der Nähe zur Metropolregion München darf man hier bei guter Schneelage und passendem Wetter nicht allzu lange mit unverspurtem Pulverschnee rechnen.

Doch nicht jeder kennt das Viererkar, das auf Höhe der Dammkarhütte, eingekesselt zwischen Kreuzwand und Mittlerem Karwendelkopf, steil nach Westen zieht und in der Viererscharte endet. Hier muss man den Oberschenkelmotor anwerfen und die Höhenmeter by »fair means« erarbeiten, eine Seilbahn gibt es nicht. Die Mühen werden jedoch allesamt belohnt – mit einer ruhigeren Atmosphäre als im Dammkar nebenan und mit deutlich höheren Chancen auf unverspurten Powder.

Der etwa 400 m lange Fußgängertunnel verbindet das Dammkar mit der Bergstation der Karwendelbahn.

Ausgangs- und Endpunkt: Bahnhof Mittenwald, 913 m. Mit der Regionalbahn (RB 6) von München Hbf ab 6.32 Uhr ca. halbstündlich über Pasing Richtung Pfronten-Steinach/Seefeld in Tirol oder mit dem Regional-Express (RE 61) bis Mittenwald direkt oder mit Umstieg in Garmisch-Partenkirchen, Dauer ca. 1.40 Std. Abfahrt Mittenwald nach München Hbf über München Pasing ca. stündlich bis ca. 22.36 Uhr, Dauer ca. 1.50 Std.
Gipfel: Keine.
Gehzeiten: Bahnhof Mittenwald – Talstation Karwendelbahn (Fußweg 15 Min.), Talstation Karwendelbahn – Dammkarhütte (Aufstieg 2 Std.), Dammkarhütte – Viererscharte (Aufstieg 45 Min.), Viererscharte – Talstation Karwendelbahn (Abfahrt 30 Min.), Talstation Karwendelbahn – Bahnhof Mittenwald (Fußweg 15 Min.); gesamt ca. 3.45 Std.
Hangrichtung: Südost, Ost und Nord im Viererkar; West, Ost und Nord bei Variante Westliche Karwendelspitze.
Lawinengefährdung: Hoch, mit teilweise über 40 Grad Hangneigung ist das Viererkar nur bei sehr sicheren Lawinenverhältnissen zu empfehlen.
Anforderungen: Bis zur Waldgrenze auf etwa 1380 m Anstieg über einen einfachen Forstweg, von dort bis zur Dammkarhütte bis zu 35 Grad steil. Von der Dammkarhütte bis zum Viererkar bis zu 40 Grad steil. Hangneigung bis zu 30 Grad zwischen Dammkarhütte und Bergstation Karwendelbahn, bis zu 40 Grad am Gipfelhang der Westlichen Karwendelspitze.
Orientierung: Im Wald auf dem Forstweg im unteren Bereich der Tour einfach. Einfach bis mittel im Viererkar und im Dammkar, da man fast immer im tiefsten Punkt des Kars aufsteigt.
Einkehrtipps: »Das Lokal« im Bahnhofsgebäude in Mittenwald, Mo–Fr 8–19 Uhr, Sa/So 8–18 Uhr, www.daslokal-mittenwald.de, Tel. +49 8823 9369749; Variante Westliche Karwendelspitze: Berggaststätte Karwendelbahn, Küche bei Bahnbetrieb 11–14 Uhr geöffnet, www.karwendelbahn.de/berggaststaette, Tel. +49 8823 9376760.
Naturschutz: Im Dammkar sind das Wald-Wild-Schongebiet und das Wildschutzgebiet Hachel (Betretungsverbot 1.11.–15.4.) zu beachten.
Variante: Wer an der Viererscharte noch Energiereserven hat und das Gipfelglück mit 360-Grad-Rundumblick in einem äußerst alpinen Gelände sucht, der sollte nach der Abfahrt durch das Viererkar auf Höhe der Dammkarhütte nochmals die Felle anlegen und das Dammkar hochkurbeln. Die Westliche Karwendelspitze bietet in höchst alpinem Ambiente eine beeindruckende Aussicht über die umliegenden Karwendelgipfel und das Wettersteingebirge im Westen. Aufstieg von der Dammkarhütte zur Westlichen Karwendelspitze über das Dammkar und den Tunnel der Karwendelbahn, ca. 750 Hm, Dauer ca. 1.30 Std. Abfahrt entlang der Aufstiegsroute.

Oben: Mit Speed geht's hinunter von der Scharte ins Viererkar.
Unten: Unterwegs im Grenzgebiet zwischen Bayern und Tirol.

Traumpulver am Gipfelhang der Westlichen Karwendelspitze.

Vom **Bahnhof Mittenwald** ❶, 913 m, gehen wir auf dem Bahnhofsplatz entgegen der Fahrtrichtung des Zuges nach Norden und folgen an der ersten Kreuzung der Dammkarstraße nach rechts über die Gleise. Direkt nach der Brücke biegen wir nach rechts auf den Mühlenweg ab, der nach einem 90-Grad-

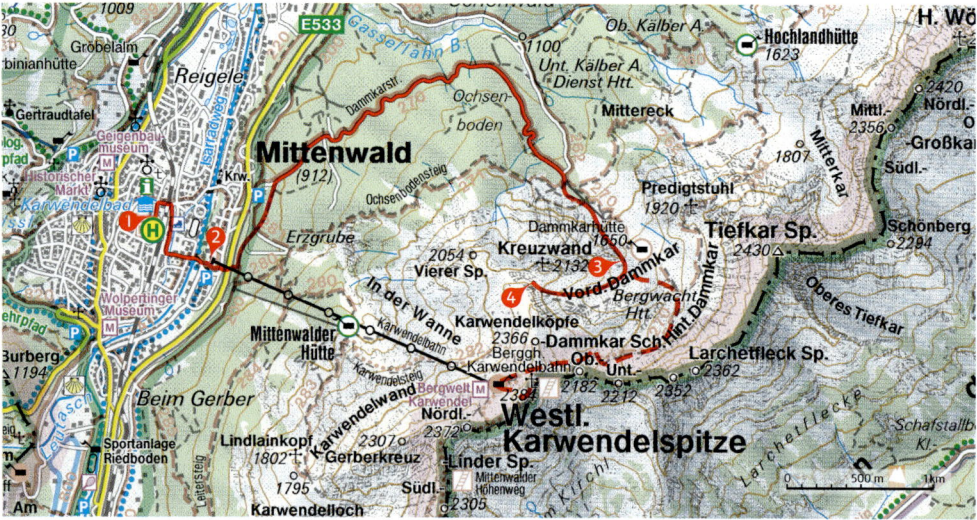

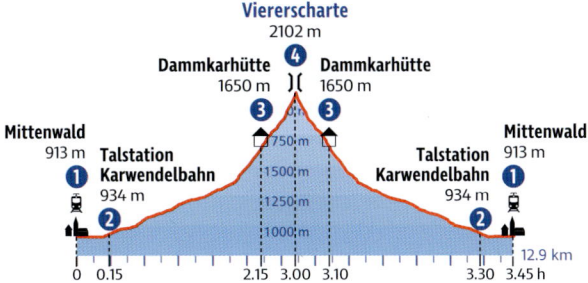

Linksbogen in den Weidenweg übergeht. Nachdem dieser die Isar überquert hat und nach rechts abbiegt, gehen wir links eine Fußgängertreppe zur **Talstation der Karwendelbahn** ❷, 934 m, hinauf. Auf der anderen Seite der Alpenkorpsstraße führt ein kleiner Pfad unter der B 2 hindurch. Nach der Stahlgittertreppe legen wir bei guter Schneelage die Skier an und folgen für etwa 70 m dem linken Rand der unbewaldeten Fläche parallel zum Bach Atzgrubenlaine. Etwa 100 m nach dem Überqueren des Baches zweigt vom Forstweg die Skiroute nach rechts ab, um dann 600 m später wieder in einen Forstweg einzumünden. Diesem Weg folgen wir nun in einem weiten Rechtsbogen bis zur Waldgrenze, wo sich auch die Talstation des Materiallifts der Dammkarhütte befindet. Das Gelände wird nun abrupt steiler. Wir gehen immer im tiefsten Punkt des nach Südosten ansteigenden Dammkars, bis wir die **Dammkarhütte** ❸, 1650 m, erreichen. Dort biegen wir nach rechts in das steil nach Westen ansteigende Viererkar, ebenfalls dem Talgrund folgend. Den Felsriegel etwa 100 Hm unterhalb der höchsten Stelle umgehen wir auf der linken Seite und erreichen so die **Viererscharte** ❹, 2102 m.
Die Abfahrt erfolgt entlang der Aufstiegsroute.

Variante Westliche Karwendelspitze:
Auf Höhe der Dammkarhütte folgen wir dem Verlauf des Dammkars, bis wir nach etwa einer Stunde den Eingang des Fußgängertunnels in rund 2000 m Höhe erreichen. Über diesen Tunnel gelangen wir zur Bergstation der Karwendelbahn. Dem meist präparierten Fußweg folgend, gelangen wir leicht ansteigend an die Gipfelflanke der Westlichen Karwendelspitze, 2384 m, die wir in steilen Spitzkehren in etwa 30 Min. ab der Bahnstation erreichen. Die Abfahrt erfolgt auf der Aufstiegsroute.

Unter der Bundesstraße hindurch zurück zum Bahnhof Mittenwald.

19 Schneebaden in königlich-weißer Wanne
Hoch über dem Soiernsee

 Krün | Reibn | ↗ 1700 m | Krün
| ⏱ 7.00 h | ↘ 1700 m |

Der bayerische Kini wusste einfach, wo es richtig schön ist. Deshalb hat er sich wohl den herrlichen Soiernkessel ausgesucht, die einzigartige Schneewanne im Karwendel. Während er seinerzeit wahrscheinlich nur mühsam mit Pferd und Trägern zu seinem Sehnsuchtsort hoch oben in den Bergen gelangte, geht das heutzutage mit den knallroten Werdenfelser Öffis und Tourenski natürlich fabelhaft einfach.

Vom höchstgelegenen Bahnhof Bayerns in Klais bringt uns der gut getaktete Bus schnell hinüber ins benachbarte Örtchen Krün am Fuß des Bergmassivs. Dann beginnt unser langer Weg hinein ins schattige Schöttelkar, vorbei an den letzten Häusern, zuerst moderat auf dem Forstweg, weiter durch dichten Wald und am Ende wirklich sehr steil hinauf. Harscheisen sind hier Pflicht, je nach Verhältnissen können auch Steigeisen und Pickel schon die Aufstiegslaune anheben. Für unsere geplante Runde mit einer kleinen alpinen Einlage brauchen wir sie später eh noch.

Dann sind wir endlich oben am Joch. Was für ein Ausblick in den riesigen Kessel hinüber bis zur markant schraffierten Soiernspitze! Hier liegt der Schnee noch bis weit ins Frühjahr satt drin, und dank der verschiedenen Hangexpositionen kann man von Pulver bis Firn an einem Tag recht viel erleben. Nachdem wir uns am Panorama sattgesehen haben, nehmen wir mit Freude also unser erstes königliches Schneebad. Am zugefrorenen Soiernsee finden wir einen wunderbar windstillen Brotzeitplatz.

Die Pause macht Sinn, denn nun folgt der kräftezehrende, nordostseitige Aufstieg zum Feldernkopf und im Anschluss noch eine kleine Kletterei mit Skiern am Rücken. Eigentlich könnten wir jetzt gleich wieder im schönen Pulverschnee hinunter zum Soiernsee flitzen, aber der weite Weg heraus aus dem Kessel über das Soiernhaus und die Fischbachalm stehen heute nicht auf unserer Agenda. Wir möchten gerne die alpine Variante in Angriff nehmen und auf dem schmalen Gratweg zu Fuß über das Felderkreuz wieder zurück Richtung Schöttelkarspitze. Das Timing mit dieser Runde im Uhrzeigersinn ist einfach ideal. Jetzt am frühen Nachmittag ist noch Zeit für ein kurzes Grüßgott am Gipfel und das steile Kar unseres morgendlichen Aufstieges hat im oberen Teil auch schon etwas Sonne abbekommen. Unserem zweiten herrlichen Schneebad hinunter ins Tal steht nichts mehr im Wege. Ja, dem Kini hätt's wahrscheinlich auch so gefallen.

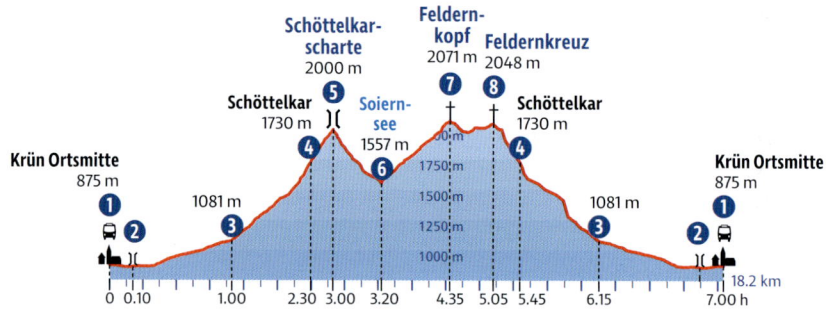

Steil aufwärts geht es zur Schöttelkarscharte.

Ausgangs- und Endpunkt: Bushaltestelle Krün Ortsmitte, 875 m. Mit der Werdenfelsbahn (RB 6) ab München Hbf Richtung Garmisch/Mittenwald/Seefeld, Umstieg in Klais in Bus 9618 Richtung Wallgau oder Mittenwald in Bus 9608 Richtung Kochel. Alternativ mit der Regionalbahn (RB 66) nach Kochel, Weiterfahrt mit dem Bus 9698 Richtung Garmisch-Partenkirchen. Abfahrt München Hbf über München Pasing ab 6.32 Uhr mindestens stündlich, Dauer ca. 2.10 Std. Abfahrt Bushaltestelle Krün Ortsmitte nach München Hbf über München Pasing stündlich bis 21.41 Uhr, Dauer ca. 2.20 Std. Unterschiedliche Anreiseoptionen und Umstiegsvarianten je nach Wochentag.
Gipfel: Feldernkopf, 2071 m.
Gehzeiten: Bushaltestelle Krün Ortsmitte – Abzweigung Forstweg (Aufstieg 1 Std.), Abzweigung Forstweg – Schöttelkarscharte (Aufstieg 2 Std.), Schöttelkarscharte – Soiernsee (Abfahrt 20 Min.), Soiernsee – Feldernkopf (Aufstieg 1.15 Std.), Feldernkopf – Feldernkreuz (Fußweg Grat 30 Min.), Feldernkreuz – Schöttelkarscharte (Fußweg Grat 30 Min.), Schöttelkarscharte – Abzweigung Forstweg (Abfahrt 45 Min.), Abzweigung Forstweg – Bushaltestelle Krün Ortsmitte (je nach Schneelage Abfahrt und/oder Gehzeit bis 45 Min.); gesamt ca. 7 Std.
Hangrichtung: Alle Expositionen, im Aufstieg bis zur Scharte Nordwest, Abfahrt Richtung Soiernsee Ost, Aufstieg Feldernkopf Nordost.
Lawinengefahr: Hoch, stabile Verhältnisse notwendig.
Anforderungen: Anspruchsvolle Rundtour, beim Aufstieg zur Schöttelkarscharte sind je nach Bedingungen u. U. Steigeisen notwendig, steile Abfahrt von der Schöttelkarscharte Richtung Soiernsee, Ausstieg kurz vor Feldernkopf zum Grat u. U. heikel, am Grat vom Feldernkreuz Richtung Schöttelkarscharte Steigeisen und u. U. Pickel notwendig.
Orientierung: Die Tour ist aufgrund des komplexen Wegverlaufs nur bei guten Sichtverhältnissen zu empfehlen. Auf der gesamten Wegstrecke alpine Erfahrung erforderlich.
Einkehrtipp: Auf der Tour keine Einkehr-

Jetzt ist es nicht mehr weit zum Gipfel des Feldernkopfes.

möglichkeit; bei Rückfahrt über Mittenwald: Bahnhofscafé »Das Lokal«, Mo bis Fr 8–19 Uhr, Sa/So 8–18 Uhr, www.daslokal-mittenwald.de, Tel. +49 8823 9369749.

Naturschutz: Das Wildschutzgebiet Laingraben (Betretungsverbot 1.11.–15.4.) sowie das Schongebiet Schöttelkar sind zu beachten.

Variante: Sind die Bedingungen für die Runde nicht optimal, kann die Tour mit einer Abfahrt über die Fischbachalm abgeändert werden. Hierzu fahren wir vom Feldernkopf wieder zum Soiernsee ab und steigen wenige Höhenmeter Richtung Soiernhaus auf. Durch lichten Bergwald geradeaus weiter, bis wir zu einer großen Lichtung gelangen, die wir weiter abfahren. Wir treffen auf eine Forststraße, fellen am niedrigsten Punkt wieder auf und folgen dieser ca. 30 Min. bergauf bis zur Fischbachalm. Ab hier fahren wir den langen Weg so weit es geht Richtung Krün ab. Abfahrt Fischbachalm: + 100 Hm, + 5 km, + 1.15 Std.

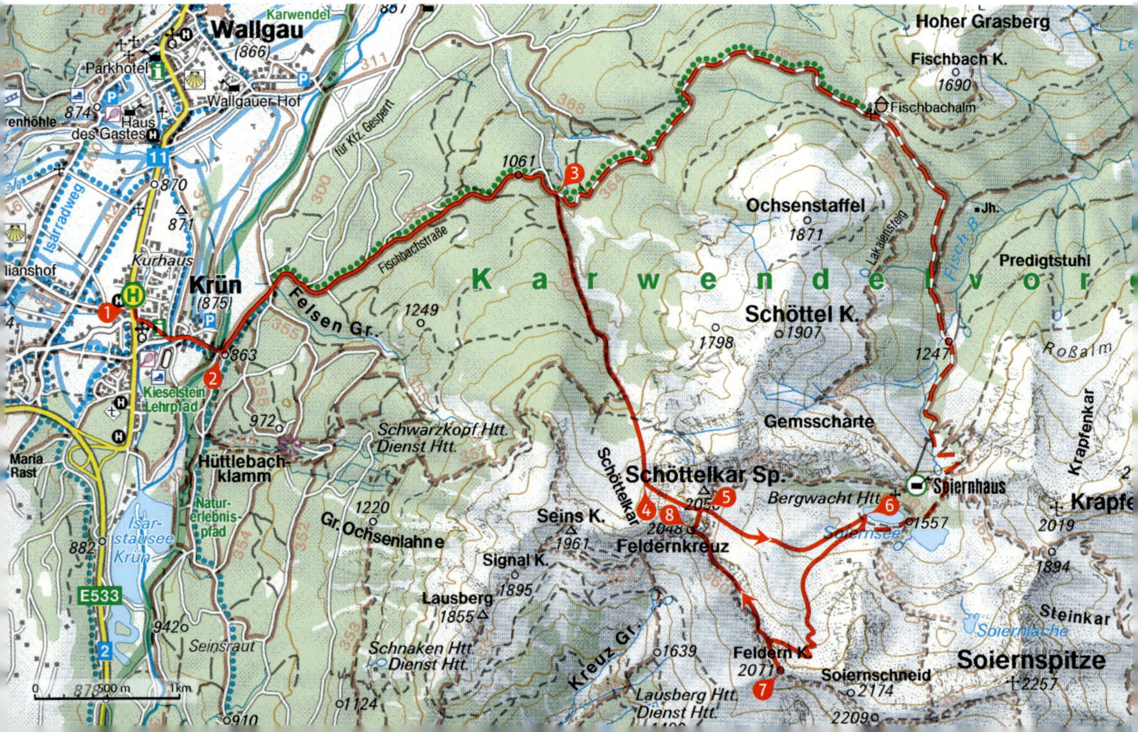

Auf dem Grat müssen die Skier an den Rucksack.

An der **Bushaltestelle Krün Ortsmitte** ❶, 875 m, überqueren wir die Hauptstraße und gehen in die Schöttelkarspitzstraße, der wir bis zur nächsten Abzweigung folgen. Dem Schild »Soierngebiet/Mittenwald« folgen wir weiter auf Asphalt nun auf der Soiernstraße, gelangen bald zum Ortsrand und nach der **Brücke über die Isar** ❷, 863 m, zu einer breiten Forststraße. Ein großes Schild gibt einen Überblick über das Tourengebiet »Alpenwelt Karwendel«. Auch die hier beschriebene Runde ist im Wegenetz erkennbar. Zunächst folgen wir nach links der Beschilderung »Soiernspitze/Schöttelkarspitze« und gehen moderat auf der Forststraße gut eine halbe Stunde ohne großen Höhenmetergewinn durch den Wald. Wir gelangen zu einem weiteren Wegweiser und verlassen den Forstweg rechts ❸, 1082 m, in Richtung Schöttelkar. Zunächst führt unser Weiterweg über einen breiteren Wanderweg stetig geradeaus, später an einem Bachbett entlang weiter nach oben, bis sich der dichte Bergwald lichtet. Von hier über eine freie Lichtung zunächst links haltend immer weiter nach oben, bis wir zum mächtigen **Schöttelkar** ❹, 1730 m, kommen. Nun in Spitzkehren immer steiler werdend zur **Schöttelkarscharte** ❺, 2000 m. Je nach Verhältnissen können im oberen Abschnitt Steigeisen notwendig sein.
Auf der Scharte angekommen, erkennen wir beim Blick nach Süden den weiteren Verlauf unserer Runde. Der Soiernsee liegt etwas links zu unseren Füßen, rechts gegenüber auf ähnlicher Höhe sind Feldernkopf und Feldernkreuz erkennbar. Auch die letzten Meter unserer Runde können wir ganz rechts von uns bereits einsehen, im Idealfall ist bereits eine Stapfspur angelegt. Wir fellen an der Scharte ab und fahren je nach Schneequalität direkt an der unteren Einbuchtung oder von weiter oben bis zum Ufer des **Soiernsees** ❻, 1557 m, ab. Vor hier aus gehen wir zunächst

immer leicht nach rechts querend in den Bereich unterhalb der freien Hänge des Feldernkopfes. Hier in angenehmer Steigung der Ideallinie Richtung Gipfel aufsteigen und oberhalb eines Felsriegels rechts zum Grat aussteigen. Am breiten Grat befindet sich links der unscheinbare Gipfel des **Feldernkopfs** ❼, 2071 m. Nach einem kurzem Gipfelbesuch gehen wir wieder zurück und nun geradeaus in Richtung **Feldernkreuz** ❽, 2048 m, weiter, wobei wir immer dem Gratverlauf folgen. Sind die Bedingungen gut, kann man an dieser Stelle einige Höhenmeter südseitig abfahren, wieder zur Felderngrube aufsteigen und dann erst weitergehen. Nach dem Feldernkreuz zweigt unser Weg nach rechts ab. Durch eine felsige enge steile Stelle geht es meist mit Steigeisen und unter Umständen mit dem Pickel abwärts und über einige weitere steile Passagen mit den Skiern auf dem Rücken Richtung **Schöttelkarscharte** ❺, 2000 m. Bei gutem Timing kann man von hier aus auch noch die Schöttelkarspitze besteigen.

Vom Skidepot aus starten wir unsere letzte steile Abfahrt ins Kar. Entlang des beschriebenen Aufstiegswegs zurück zum Forstweg und weiter bis zur Bushaltestelle in der Ortsmitte von **Krün** ❶.

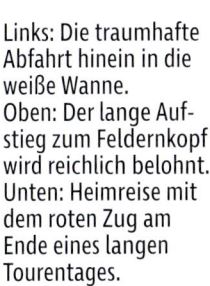

Links: Die traumhafte Abfahrt hinein in die weiße Wanne.
Oben: Der lange Aufstieg zum Feldernkopf wird reichlich belohnt.
Unten: Heimreise mit dem roten Zug am Ende eines langen Tourentages.

20 Stairway to Heimgarten
Zwischen Walchensee und Kochelsee

  Urfeld   **Safari** 5.50 h   ↗ 1120 m   ↘ 1300 m   Ohlstadt

Luftig ist's hier oben auf dem Grat zwischen Herzogstand und Heimgarten, wie auf einer zwei Kilometer langen, von Gipfel zu Gipfel gespannten Hängebrücke. Rechts das tausend Meter tiefer liegende Alpenvorland mit dem Kochelsee, dem Staffelsee und am Horizont dem Starnbergersee und Ammersee. Links hinter dem glitzernden Walchensee die erhabenen Gipfel des Karwendels und des Wettersteins.

Wird der Höhenweg zwischen diesen beiden äußerst beliebten bayrischen Voralpengipfeln im Sommer von Wandernden geradezu überrannt, so können wir im Winter die fantastische Aussicht von dort oben meist ganz in Ruhe und in aller Stille für uns alleine genießen. Technisch ist der Grat dann nicht ganz einfach, je nach Schneelage müssen die Skier an einigen Stellen abgeschnallt und getragen werden, und immer wieder ist eine gute Portion Trittsicherheit und Schwindelfreiheit gefragt.

Wer mit möglichst wenig Anstrengung maximal viele Höhenmeter abfahren möchte, wird vermutlich etwas enttäuscht sein, denn bevor man am Heimgarten nach etwa viereinhalb Stunden zum ersten Mal die Felle ablegt und in Richtung Tal rauscht, ist ordentlich Arbeit zu leisten. Doch die Anstrengungen werden mit unvergleichlichen Ausblicken, einer grandiosen Landschaft und einer im oberen Teil durchaus rassigen Abfahrt belohnt. Beide Gipfel für sich sind bereits wahre Skitourenschmankerl, ihre Verbindung zu einer Überschreitung macht daraus ein richtiges alpines Erlebnis – und das direkt vor der Haustür Münchens.

Tour mit Weitblick ins Alpenvorland.

Ausgangspunkt: Bushaltestelle Urfeld Jugendherberge, Kochel am See, 803 m. Mit der Regionalbahn (RB 66) nach Kochel. Weiter mit dem Bus 9608 Richtung Bahnhof Garmisch-Partenkirchen bis Urfeld Jugendherberge. Abfahrt München Hbf über München Pasing ab 5.59 Uhr ca. stündlich, Dauer 1.37 Std.
Endpunkt: Bahnhof Ohlstadt, 635 m. Mit der Regionalbahn (RB 6) bis München Hbf. Abfahrt Bahnhof Ohlstadt nach München Hbf über München Pasing bis 23.25 Uhr ca. stündlich, Dauer ca. 1 Std.
Gipfel: Herzogstand, 1732 m; Heimgarten 1791 m.
Gehzeiten: Bushaltestelle Urfeld Jugendherberge – Herzogstand (3 Std.), Herzogstand – Heimgarten (1.50 Std.), Heimgarten – Bahnhof Ohlstadt (1 Std.); gesamt ca. 5.50 Std.
Hangrichtung: Nordost.
Lawinengefährdung: Mittel im oberen Teil der Abfahrt vom Heimgarten.
Anforderungen: Gute Kondition sowie Trittsicherheit und alpine Erfahrung am Grat.
Orientierung: Die Orientierung ist nicht besonders schwierig. Der Aufstieg zum Herzogstand erfolgt größtenteils auf Forst- und Wanderwegen sowie entlang von Pisten im Skigebiet. Zwischen Herzogstand und Heimgarten folgt man dem klar vorgegebenen Gratverlauf. Die Einfahrt in den Gipfelhang sowie die Weiterführung nach Ohlstadt sind gut zu finden.
Einkehrtipp: Herzogstandhaus, 26.12.–30.4. Fr–So geöffnet, www.berggasthaus-herzogstand.de, Tel. +49 8851 234.

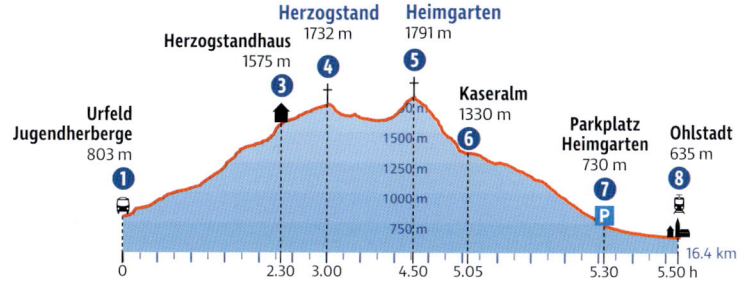

Luftige Passage am Grat.

Der Bus spuckt uns an der Uferstraße des Walchensees an der **Haltestelle Urfeld Jugendherberge** ❶, 803 m, aus. Zwischen Herberge und Parkplatz gehen wir in nordwestliche Richtung den Hang bergauf, um hinter einem einzelnen Wohnhaus auf der linken Seite zu einer kleinen Waldschneise zu gelangen. Diese anfangs nach Westen verlaufende Schneise biegt nach etwa 100 m in Richtung Norden ab, wo sie sich mit einem von links heraufziehenden Forstweg vereint. Nach dem Unterqueren einer Hochspannungsleitung hält man sich an der Weggabelung links und erreicht nach etwa 20 Min. einen Sattel auf der **Abfahrtspiste des Skigebiets Herzogstand** ❷, 938 m. Der Piste bzw. dem Forstweg aufwärts folgend, erreicht man nach etwa 2.30 Std. das **Herzogstandhaus** ❸, 1575 m. Über einen Wanderweg gehen wir nun in ca. 30 Min. zum Gipfel des **Herzogstands** ❹, 1732 m.

Abfahrt vom Heimgarten zur Kaseralm.

Vom Gipfel laufen wir etwa 30 m in südwestliche Richtung auf dem Aufstiegsweg zurück, um von dort nach rechts in Richtung Westgrat abzusteigen. Hier wartet mit einer etwa 20 m hohen Steilpassage die technisch anspruchsvollste Stelle der Tour. Je nach Schneeverhältnissen ist hier eventuell etwas Handanlegen angesagt. Es empfiehlt sich, die Skier am Rucksack anzubringen, um die Hände frei zu haben. Der weitere Verlauf am Grat entlang ist unschwierig. Nachdem etwa 45 Min. nach dem Gipfel die tiefste Stelle des Grates erreicht ist, können bei guten Schneeverhältnissen die Skier wieder angelegt werden. Nach etwa 4.50 Std. Gesamtzeit erreichen wir den Gipfel des **Heimgartens** ❺, 1791 m. Vom Gipfel des Heimgartens folgen wir nun dem Nordgrat, bis dieser nach etwa 300 m etwas abflacht und ein Wanderweg nach Westen abzweigt. Hier fahren wir nach rechts in den Kessel hinab, der mit einer gut 35 Grad steilen Passage aufwartet. Wo das Gelände wieder flacher wird, hält man sich ganz links, um dann über eine zweite Steilstufe mit über 30 Grad Neigung in eine zweite Senke zu gelangen. Den Hang nach links querend gelangen wir etwa 15 Min. nach dem Gipfel zur **Kaseralm** ❻, 1330 m. Bei der Abzweigung auf Höhe der Bergwachthütte, etwa 150 m hinter der Kaseralm, halten wir uns links und folgen dem Weg in den Wald hinein. Dem sich anschließenden Forstweg folgen wir stets in Richtung Norden bergab, am Leonhardstein und dem Kleinen Illing vorbei, bis wir etwa 40 Min. nach Beginn der Abfahrt den **Parkplatz Heimgarten** ❼, 730 m, erreichen.

Nach Westen (links) geht es zuerst über den Schleifmühlenweg, dann über den Rammweg aus der Ortschaft hinaus, um dann einem Wanderweg, der am Bach Kaltwasserlaine entlang führt, zu folgen. Kurz bevor dieser die Partenkirchener Straße kreuzt, überqueren wir diese und gelangen über die Loisachstraße in etwa 5 Min. zum **Bahnhof Ohlstadt** ❽, 635 m.

Blick vom Herzogstand nach Westen.

Kaffee-und-Kuchen-Safari
Auf Skiern im Brauneckgebiet

| | Lenggries Draxl-/Jaudenlifte | Safari 3.30 h | ↗ 900 m ↘ 900 m | Lenggries Bahnhof |

Es gibt sie wirklich, die ultimative Sonntagstour! Eine erstklassige Kaffee-und-Kuchen-Safari gleich hinter München, schnell erreichbar und mit ausgezeichneten Logenplätzen in der Sonne: Quengeralm, Tölzer Hütte, Stie-Alm, Florianshütte, Bayernhütte, Straßerhütte, Alemannenhütte sowie die Anderl-Alm, aufgereiht wie auf einer Perlenkette hoch oben über Lenggries versprechen sie feinsten Kaffeegenuss und leckere Kuchen für die Genießer unter den Damen und Herren. Wer es lieber deftig mag, darf sich über selbstgemachte Käsespätzle und Gulaschsuppe freuen. Kost für kernige Burschen und Madeln. Also ein gemütlicher Tourentag soll es werden: Nichts wie rein in den Zug nach Lenggries und weiter mit dem Skibus nach Wegscheid. Dort wählen wir passend zur Tour einen zwar etwas längeren, dafür aber sehr entspannten Aufstieg über den Fahrweg zur Stie-Alm. Bereits auf dem Weg finden wir die ersten Einkehrmöglichkeiten. Nichts wie rein und dann weiterziehen über den breiten Rücken des Braunecks bis zum Gipfelkreuz. Skibetrieb! Das gehört zu einer richtigen Kaffee-und-Kuchen-Tour natürlich dazu – sehen und gesehen werden.
Auch bei der Abfahrt müssen wir uns nicht quälen, schwingen entspannt die zwar steile, aber meist gut präparierte Piste hinunter und fühlen uns dabei ein kleines bisschen wie Weltcup-FahrerInnen. So lässt es sich leben!

Diese Alm ist immer eine Einkehr wert.

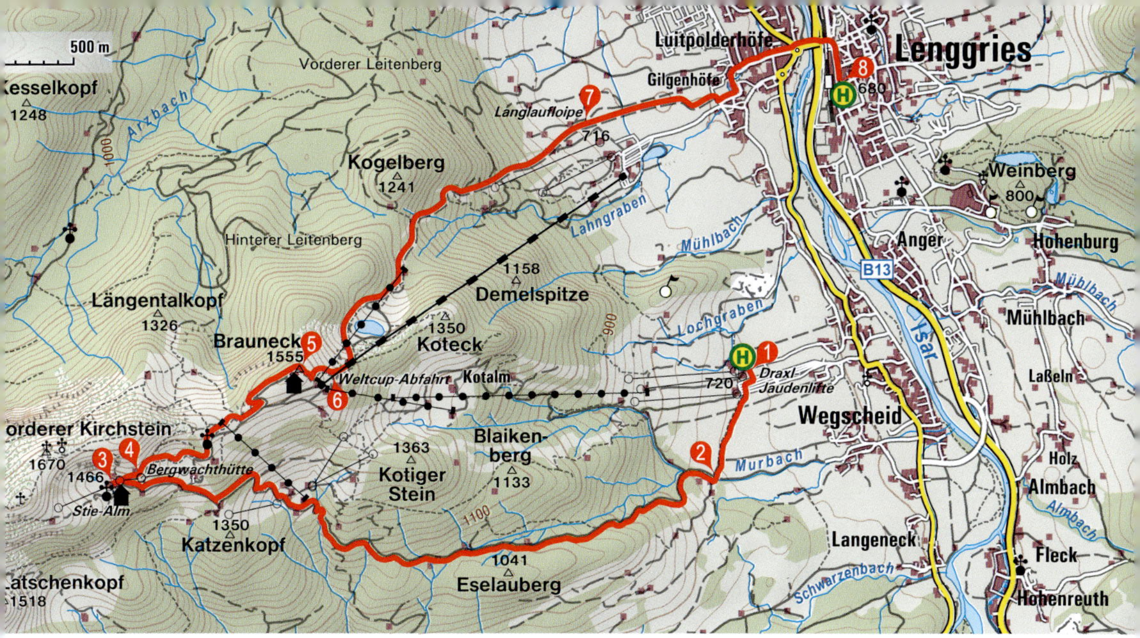

Ausgangspunkt: Bushaltestelle Draxl-/Jaudenlifte, 720 m. Mit der Bayerischen Regiobahn BRB (RB 56) bis Lenggries. Weiter mit dem Skibus Lenggries 4420 bis Draxl-/Jaudenlift. Außerhalb des Skibetriebs mit dem Regionalbus Richtung Lenggries Brauneck-Bergbahn. Abfahrt München Hbf über München Harras ab 6.04 Uhr mindestens stündlich, Dauer ca. 1.30 Std.
Endpunkt: Bahnhof Lenggries, 680 m. Mit der Bayerischen Regiobahn BRB (RB 56) nach München Hbf. Abfahrt Bahnhof Lenggries nach München Hbf über München Harras bis ca. 22.47 Uhr mindestens stündlich, Dauer ca. 1.15 Std.
Gipfel: Brauneck, 1555 m.
Gehzeiten: Bushaltestelle Draxl-/Jaudenlifte – Stie-Alm (Aufstieg ca. 2 Std.), Stie-Alm – Brauneck-Gipfel (Auf- und Abstieg ca. 45 Min.), Brauneck-Gipfel – Ende Langlaufloipe (Abfahrt ca. 30 Min.), Langlaufloipe – Bahnhof Lenggries (Fußweg ca. 20 Min.); gesamt ca. 3.30 Std.
Hangrichtung: Überwiegend Ost, Nordost.

Lawinengefährdung: Bei Skibetrieb sehr geringe Gefahr, nach Neuschnee kann die direkte Abfahrt vom Brauneck Gipfel kritisch sein.
Anforderungen: Die Tour ist insgesamt leicht. Abfahrt über das Skigebiet (schwarze Piste).
Orientierung: Einfach, sofern man den richtigen Forstweg gefunden hat; im Skigebiet orientiert man sich an den Pisten sowie an den vereinzelt vorhanden ausgewiesenen Skitourenrouten Richtung Brauneck-Gipfel.
Einkehrtipps: Am Berg: Anderl-Alm, nur im Winter geöffnet, Tel. +49 8042 8800; Bayernhütte, täglich geöffnet, www.bayernhuette.com, Tel. +49 8042 9204950; Quengeralm, täglich geöffnet, Tel. +49 8042 5079205; Stie-Alm, täglich geöffnet, www.stie-alm.de, Tel. +49 8042 2336; Brauneck-Gipfelhaus, Mi–Mo, www.brauneck-gipfelhaus.de, Tel. +49 8042 8786; in Lenggries: Konditorei Schwarz, www.cafe-schwarz-lenggries.de, Tel. +49 8042 509999; Café Alfred Kellner direkt am Bahnhof, Tel. +49 8042 501368.

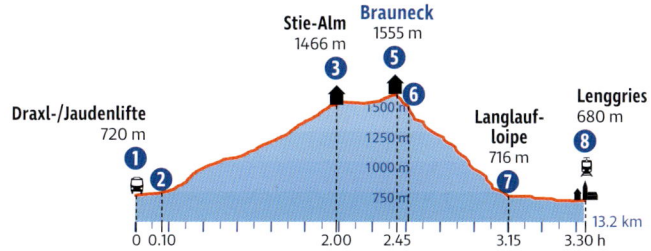

147

Von der **Bushaltestelle Draxl-/Jaudenlifte** ❶, 720 m, folgen wir zunächst unterhalb der Draxllifte links dem Fahrweg bzw. der Langlaufloipe. Durch Wiesen und zwischen Zäunen gehen wir bis zum Schild »Brauneck über Seufzerweg/Weg 11, 2 Std.«. Nun queren wir hinter dem Zaun die Wiese bis zu der Stelle, an der ein **Forstweg** ❷, 741 m, in den Wald zieht. Im Folgenden kommen wir an ein weiteres Schild mit gleichlautender Aufschrift und der Auflistung von Quengeralm, Tölzer Hütte, Idealhang, Stie-Alm, Florianshütte, Bayernhütte, Straßerhütte, Alemannenhütte sowie Anderl-Alm. Wir ziehen weiter auf dem Fahrweg, der sich zwischen schönem Bergwald, Waldlichtungen und Almwiesen stetig empor schlängelt. Im weiteren Verlauf folgen wir der Beschilderung zur Bayernhütte, Quengeralm, Tölzerhütte sowie schließlich als äußerstem westlichem Punkt zur **Stie-Alm** ❸, 1466 m. Nach Lust und Laune kann die Tour mit dem Idealhang erweitert werden.

Nach einer Pause halten wir uns rechts und gehen an der Anhöhe unterhalb der **Bergwachthütte** ❹, 1493 m, vorbei. Am höchsten Punkt fellen wir ab und fahren ca. 50 Hm in eine Mulde hinab. Dort fellen wir wieder auf und gehen immer leicht ansteigend Richtung Brauneck. Nach ca. 30 Min. erreichen wir das mächtige Gipfelkreuz des **Braunecks** ❺, 1555 m.

Hier fellen wir ab und fahren zunächst bis zur Bergstation der Brauneckbahn ab. Von dort geht es auf der **Garland-** oder der **Weltcup-Abfahrt** ❻, 1459 m, weiter. Wir kommen an einem Speichersee vorbei und fahren weiter Richtung Talstation. Dabei halten wir uns links und fahren zwischen zwei Gebäuden hindurch, direkt auf die **Langlaufloipe** ❼, 716 m, zu. Auf dieser skaten wir immer geradeaus weiter Richtung Lenggries, bis wir kurz vor den ersten Häusern zum Schild »Zur Loipeninfo 50 m links« gelangen. Hier packen wir die Skier an den Rucksack, queren zur Straße Gilgenhöfe und folgen dieser nach links. Bei einem Bauernhof mit Gästehaus gehen wir links und folgen der Beschilderung nach Lenggries. Dieser kleine Weg entlang des Lahngrabens ist für den Verkehr gesperrt. Nun treffen wir auf die Brauneckstraße, gehen diese immer weiter bergab, überqueren die Isar und sehen bereits auf der rechten Seite den Bahnhof. Wir folgen der Schützenstraße nach rechts und gelangen zum **Bahnhof Lenggries** ❽, 680 m.

Links: Einer der beliebtesten Wintergipfel des Voralpenlandes.
Rechts: Goldene Stunde am Brauneck.

22 Kleine Mangfall-Safari
Von Lenggries nach Klamm

| Lenggries | Safari 5.30 h | ↗ 1200 m ↘ 1100 m | Kreuth |

»Skitour« ist eigentlich der falsche Begriff, »Ski-Expedition« trifft die winterliche Durchschreitung des Mangfallgebirges von Lenggries über das Seekarkreuz und die Hochplatte nach Klamm bei Kreuth schon wesentlich besser. An einem einzelnen Tag mehr aus diesem Winkel Oberbayerns rauszuholen geht nicht, die Route vereint alle Elemente einer Traumtour: ein meditativer Aufstieg durch dichten Wald, zwei Himmelsleitern auf Gipfel mit fantastischem Rundumblick vom Kaiser bis zur Zugspitze, verträumte Almhütten in lieblicher Landschaft sowie zwei prickelnde Abfahrten, eine davon mit knapp 400 Höhenmetern am Stück. Und zum Schluss wartet dann noch eine gemütliche Einkehrmöglichkeit in der Schwarzentennalm als Belohnung für die 20 Kilometer und die 1200 Höhenmeter im Aufstieg.

Wer stille und unbekannte Ecken im Mangfallgebirge sucht, ist hier genau richtig, zumindest im mittleren Teil der Tour zwischen den beiden Gipfeln. Sind das Seekarkreuz und das Schwarzenbachtal im Winter meist stark frequentiert, so wird das Terrain dazwischen von TourengeherInnen eher vernachlässigt. Am Gipfel des Seekarkreuzes befinden wir uns meist noch in reger Gesellschaft, zwischen Rauhalmhütte, Mariaeck und Hochplatte kann es jedoch passieren, dass wir die Spur selbst durch den Schnee anlegen müssen.

Ausgangspunkt: Bahnhof Lenggries, 680 m. Mit der Regionalbahn (RB 56) von München Hbf ab 6.04 Uhr bis Lenggries. Abfahrt von München Hbf über München Harras ab 7.04 Uhr ca. halbstündlich, Dauer ca. 1.10 Std.
Endpunkt: Bushaltestelle Kreuth Klamm, 828 m, nahe dem Parkplatz Klamm/Schwarzentennalm an der B 307. Mit dem Bus 9556 zum Bahnhof Tegernsee. Dort weiter mit der Regionalbahn (RB 57) nach München Hbf über München Harras. Abfahrt Kreuth Klamm bis 18.14 Uhr, Dauer ca. 2 Std.
Gipfel: Seekarkreuz, 1601 m; Hochplatte, 1592 m.
Gehzeiten: Lenggries Bahnhof – Wanderparkplatz bei Schloss Hohenburg (Fußweg ca. 15 Min.); Wanderparkplatz – Seekarkreuz (Aufstieg ca. 2.30 Std.), Seekarkreuz Rauhalmhütte (Abfahrt ca. 15 Min.), Rauhalmhütte – Hochplatte (Aufstieg ca. 1.30 Std.), Hochplatte – Schwarzentennalm (Abfahrt ca. 30 Min.), Schwarzentennalm – Kreuth Klamm (Abfahrt ca. 30 Min.); gesamt ca. 5.30 Std.
Hangrichtung: Überwiegend Ost und Nordost.
Lawinengefährdung: Mittel bis hoch (insbesondere bei der Abfahrt von der Hochplatte).
Anforderungen: Aufgrund der Länge der Tour ist eine gute Kondition erforderlich. Die Abfahrten von der Seekarspitze und der Hochplatte sind bis zu 35 Grad steil und erfordern eine solide Skitechnik. Mehrmaliges Auf- und Abfellen ist notwendig.
Orientierung: Die Route verbindet mehrere teils ausgeschilderte DAV-Skirouten, dazwischen ist jedoch Orientierungssinn und zwischen Seekarkreuz und Hochplatte auch gute Sicht notwendig. Ein GPS-Gerät oder eine Navigations-App sind hilfreich.
Einkehrtipps: Café Alfred Kellner am Bahnhof Lenggries, Mo–Fr 6–18 Uhr, Sa 6–14 Uhr, So geschlossen, alfred-kellner.9gg.de, Tel. +49 8042 501368; Schwarzentennalm, Fr 10–22 Uhr, Sa/So 10–17 Uhr, www.tegernsee.com/a-schwarzenten-alm, Tel.+49 8029 386; Bahnhofskiosk Tegernsee, Sa/So 9–19 Uhr, Tel.+49 8022 8598827.
Naturschutz: Im Tourengebiet gibt es mehrere Wildschutzgebiete und Wald-Wild-Schongebiete, deren Umgehung bei der Tourenplanung unbedingt zu berücksichtigen ist. Insbesondere zwischen Rauhalmhütte und Mariaeck sowie im Gebiet der Hochplatte ist darauf zu achten, nicht von der Tour abzukommen.
Autorentipp: Wem die direkte Nordabfahrt von der Hochplatte zu steil ist, der kann vom Gipfel südöstlich abfahren und zu den Roßsteinalmen queren. Dort östlich hinab, eine Skitourenroute führt südlich an der Buchsteinhütte vorbei.

Links: Aufbruch in Lenggries, der Tag beginnt.
Rechts oben: Im Aufstieg zur Hochplatte, im Hintergrund erheben sich Roßstein und Buchstein.
Rechts unten: Vorfreude auf die Abfahrt vom Seekarkreuz.

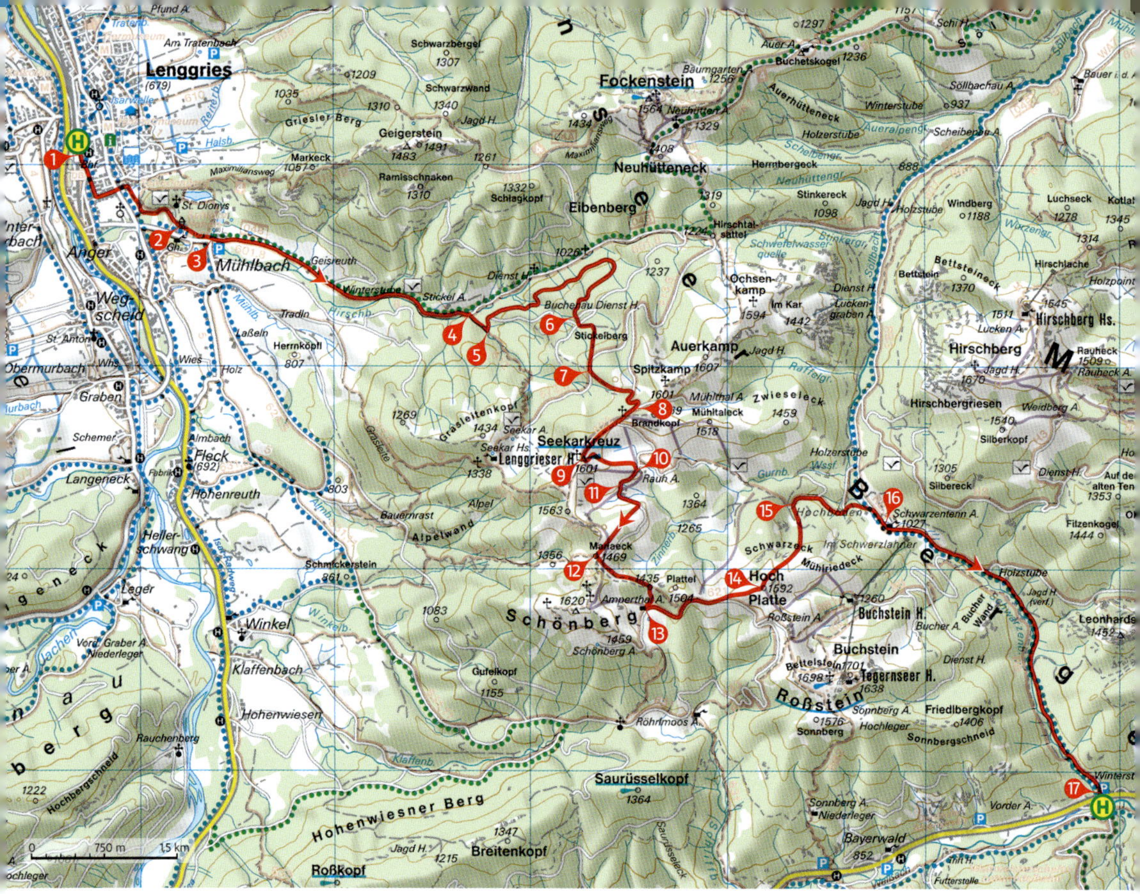

Wir starten mit den Skiern am Rucksack am **Bahnhof Lenggries** ❶, 680 m, und gehen vom Bahnsteig kommend rechts auf den Bahnhofsplatz. Nach ca. 200 m geht es auf der Demmeljochstraße weiter geradeaus. Diese führt uns durch ein Wohngebiet, an dessen Ende biegen wir links in die Anton-Dräxl-Straße ein. Wir überqueren die Karwendelstraße und gehen weiter geradeaus, bis wir auf den Großherzogin-Maria-Anna-Weg stoßen. In diesen Fußweg biegen wir rechts ein und folgen der prächtigen Lindenallee.

In einem weiten Bogen entlang des zugehörigen Grundstücks gelangen wir zum **Schloss Hohenburg** ❷, 705 m. Dort folgen wir dem Schild »Durchgang Schlossweiher/Mühlbach«. Auf einem schmalen Weg nach Osten erreichen wir nach ca. 250 m einen **Wanderparkplatz** ❸, 720 m. Wir gehen weiter nach Osten, an einem großen Hof vorbei, bis wir auf eine freie Wiesenfläche gelangen, wo wir auf die Skier umsteigen. Wir folgen, kaum merklich Höhe gewinnend, der Forststraße entlang des

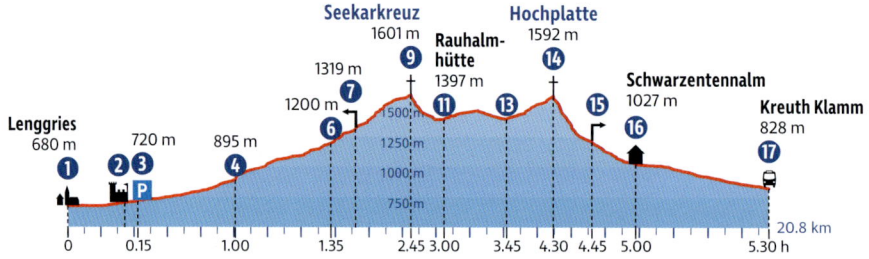

152

Hirschbachs immer weiter nach Osten. Diese wird für die Forstbewirtschaftung weiß geräumt und ist mit Skiern meist gut zu begehen. Bei **P. 895** ❹ biegen wir rechts ab und gehen weiter am Sulzbach entlang. Nach ca. 300 m erreichen wir eine spitze **Linkskurve** ❺, 960 m. Hier gibt es die Möglichkeit, geradeaus auf dem Weg entlang des Sulzbachs über den Sulzersteig zu gehen (Schild »Seekar/Lenggrieser Hütte«). Dieser wird jedoch bald steil und ist bei eisigen Verhältnissen im Wald unangenehm zu gehen. Etwas einfacher geht es auf der Forststraße (Schilder »Winterweg Lenggrieser Hütte/DAV Aufstiegsroute«), die uns etwas langatmig, aber gemütlich in einer weit nach Nordosten ausladenden Kehre den Hang hinauf bringt. Die nächste Linkskehre auf ca. 1200 m lassen wir aus und kürzen geradeaus durch den Wald ab ❻, 1200 m. Auf einer Höhe von ca. 1280 m folgen wir dem Forstweg nochmals ein kurzes Stück, bis wir ihn auf ca. 1320 m kurz vor einer lang gezogenen Rechtskurve auf einen Pfad nach links in den Wald verlassen ❼. Wir queren eine kleine Lichtung. Der Pfad trifft auf ca. 1500 m auf den **Wanderweg Nr. 622** ❽, auf den wir nach rechts einbiegen (Schilder »Seekarkreuz/Lenggrieser Hütte/Nr. 622«). Schließlich verlassen wir den Wald und der Gipfel des **Seekarkreuzes** ❾, 1601 m, kommt in Sicht, diesen erklimmen wir über einen flachen Grat.

Die Abfahrt vom Seekarkreuz zur Rauhalm.

Im Aufstieg zur Hochplatte.

Nach der direkten Abfahrt nach Osten biegen wir auf Höhe der **Rauhalm** ⑩, 1398 m, nach Süden ab und fahren weiter zur **Rauhalmhütte** ⑪, 1397 m. Hier gehen wir weiter nach Süden und folgen dabei der ausgeschilderten DAV-Aufstiegsroute, die sich zwischen Wald-Wild-Schongebieten hindurchschlängelt, zum Punkt **Mariaeck** ⑫, 1469 m. Wir folgen den Schildern in Richtung Roß- und Buchstein nach links über kupiertes Gelände. Höhe haltend queren wir

Die Sonne im Gepäck – Abfahrt vom Seekarkreuz.

weiter nach Südosten, an einer kleinen Felswand vorbei. Nach einem kurzen Waldstück liegt rechts wunderschön die kleine unbewirtschaftete **Amperthalalm** ⓭, 1400 m. Zudem kommen dazwischen Roß- und Buchstein mit der Tegernseer Hütte in Sicht. Wir queren nach Osten und erreichen über eine flachen Hang den Gipfel der **Hochplatte** ⓮, 1592 m.

Bei sehr guten Verhältnissen fahren wir nun den im oberen Bereich 40 Grad steilen, breiten Nordosthang ab. Es geht zunächst über freie Hänge, später durch lichten Wald hinab, bis wir auf ca. 1200 m auf die **Skiroute** ⓯ treffen, die von Kreuth zum Seekarkreuz führt. Dieser folgen wir nach rechts hinab, bis wir am Ende auf einer flachen Straße die **Schwarzentennalm** ⓰, 1027 m, erreichen. Von hier führt uns eine oft vereiste Rodelstrecke relativ flach den Schwarzenbach entlang in ca. 15 Min. direkt bis zum Parkplatz Schwarzentennalm. Die **Bushaltestelle Kreuth Klamm** ⓱, 828 m, in Richtung Tegernsee befindet sich auf der gegenüberliegenden Straßenseite.

Am Bahnhof Tegernsee wartet schon der Zug für die Rückfahrt.

23 Aufn Hirschn
Skitour auf den Hirschberg

| Scharling Grundnerweg | Tour 3.30 h | ↗ 900 m ↘ 900 m | Scharling Grundnerweg |

Der Hirschn geht einfach immer – bei schlechtem Wetter, bei unsicherer Schneelage oder wenn man mal nur einen halben Tag Zeit hat und Höhenmeter schrubben möchte. Doch eigentlich ist dieser Münchner Hausberg mit seinem abwechslungsreichen Anstieg und seinem wunderschönen Tiefblick auf den Tegernsee mehr als nur ein Lückenbüßer oder eine Trainingskuppe. Dank der beschneiten Piste im unteren Bereich und der schattigen Lage sind Touren selbst im Spätwinter und teilweise sogar noch im Frühjahr möglich. Die verhältnismäßig geringen technischen Anforderungen und die überschaubaren 900 Höhenmeter mit eingebauter Lift-Option machen den Berg auch für weniger geübte TourengeherInnen oder für Leute mit Genussfokus zu einem interessanten Tourenziel. Auch SplitboardfahrerInnen kommen hier auf ihre Kosten.

Einzig und allein der Trubel rund um die Skilifte im unteren Bereich ist ein kleiner Wermutstropfen. Wobei es auch Spaß macht, den Kids bei den ersten Kurven im Schnee zuzuschauen, wo schon die Generation unserer Eltern das Skifahren gelernt hat. Die steilere Piste im oberen Bereich gehört dann schon oft den TourengeherInnen. Und spätestens wenn wir nach dem ruhigen Aufstieg durch den dichten Wald und die daran anschließende sanfte Landschaft rund um die Rauheckalm das Gipfelplateau erreicht haben und am Horizont das Karwendel-, das Rofan- und das Wettersteingebirge zum Vorschein kommen, fühlt es sich nach einer richtigen Skitour an.

Auf dem Gipfelplateau des Hirschbergs.

Ausgangs- und Endpunkt: Bushaltestelle Scharling Grundnerweg, Kreuth, 765 m. Mit der Regionalbahn (RB 57) von München Hbf bis Tegernsee, weiter mit dem Bus 9556 Richtung Wildbad Kreuth. Abfahrt München Hbf über München Harras ab 6.04 Uhr ca. stündlich. Abfahrt ab Bushaltestelle Scharling Grundnerweg nach München Hbf über München Harras bis ca. 18.53 Uhr, Dauer ca. 1.45 Std.
Gipfel: Hirschberg, 1670 m.
Gehzeiten: Bushaltestelle Scharling Grundnerweg – Skilift Hirschberg (Fußweg 15 Min.), Skilift Hirschberg – Rauheckalm (2 Std.), Rauheckalm – Hirschberg-Gipfel (30 Min.), Hirschberg-Gipfel – Skilift Hirschberg (30 Min.), Skilift Hirschberg – Haltestelle Scharling Grundnerweg (15 Min.); gesamt ca. 3.30 Std.
Hangrichtung: Ost, kurze Passage Süd bei der Rauheckalm.
Lawinengefährdung: Gering bis mittel.
Anforderungen: Überwiegend einfache Skitour mit kurzen Passagen mit bis zu 35 Grad auf der Skipiste und unterhalb der Rauheck-Alm.
Orientierung: Einfach, der untere Teil verläuft entlang des Pistenrandes, der mittlere Teil ist eine ausgewiesene DAV-Skitour.
Einkehrtipps: Andis Hirschberg Stüberl am Skilift Hirschberg, Mo–So 9–17 Uhr, Mitte Dez. bis zum letzten Schnee, www.hirschbergalm.com, Tel. +49 8029 9975380; Aran Schlosscafé in Tegernsee, Mi–Mo, 9–18 Uhr, feiertags geöffnet, feste geschlossene Feiertage: 25. und 26. Dez., www.aran.coop/standorte/tegernsee/, Tel. +49 8022 6634700; Braustüberl in Tegernsee, tägl. 10–22 Uhr, www.braustuberl.de, Tel. +49 8022 673350.
Naturschutz: Ab der Rauheckalm und im Gipfelbereich sind die Wald-Wild-Schongebiete Hirschberg und Hirschberg Nord zu beachten. Der dazwischen liegende Bereich zwischen Vor- und Hauptgipfel sollte zum Schutz der Natur nicht vor 10 Uhr und nicht nach 16 Uhr betreten werden.

Die letzten Meter am Gipfelhang vor magischer Kulisse.

Von der **Bushaltestelle Scharling Grundnerweg** ❶, 765 m, in Kreuth gehen wir die Nördliche Hauptstraße in nördliche Richtung zurück und biegen nach etwa 80 m links in den Jodlweg ab. Nach einer Linkskurve mündet dieser in die Pointer Gasse, auf die wir rechts abbiegen. Nach etwa 8 Min. Gehzeit erreichen wir den **Hirschberglift** ❷, 777 m. Wir gehen die Skipiste entlang auf der meist auf der rechten Seite verlaufenden Aufstiegsspur. Etwa 100 m nach Pistenende folgen wir der Skitouren-Aufstiegsspur bis zu einem Wegweiser am Abzweig eines **Forstwegs** ❸, 1197 m. Am Ende des Forstwegs folgen wir dem Sommerweg durch den nun deutlich steiler werdenden Südhang des Rauhecks. Nach zwei Kehren erreichen wir die Hütten bei der **Rauheckalm** ❹, 1485 m. Nun folgen wir dem Rücken in westliche Richtung, anfangs flach, dann etwas steiler. In wenigen Spitzkehren gelangen wir zum **Vorgipfel des Hirschbergs** ❺, 1653 m. Das finale Ziel im Blick, rutschen wir ein paar Meter auf Fellen weiter Richtung Westen hinab und erreichen schließlich den **Hauptgipfel des Hirschbergs** ❻, 1670 m.

Oben: Auch Splitboarder haben Spaß bei der Abfahrt vom Hirschberg.
Unten: Heim geht's — am Bahnhof von Tegernsee.

Am Gipfel: Blick auf den Tegernsee und das Alpenvorland.

Nachdem wir das Panorama ausgiebig bewundert haben, gehen wir denselben Weg zur **Rauheckalm** ❹ zurück. Dort verlassen wir den Aufstiegsweg und fahren nach Süden eine Steilstufe durch eine Waldschneise hinab, bis wir wieder sanftes Skigelände erreichen. Wir schwingen den baumfreien Hang ostseitig hinab, bis wir uns kurz vor der Gründhütte links halten und über einen kurzzeitig schmalen Weg durch den Wald wieder zur Skipiste gelangen. Diese ist im oberen Teil meist etwas vereist. Wir fahren die Skipiste bis zum **Hirschberglift** ❷ ab und gehen von dort zu Fuß zur **Bushaltestelle Scharling Grundnerweg** ❾ zurück.

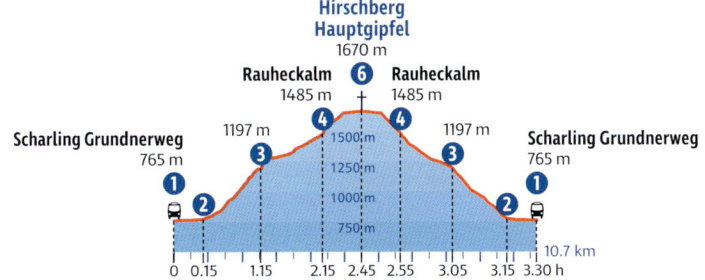

24 Ins Herz der Bayerischen Rockies
Zum Tiefschneetresor der Plankensteine

Rottach-Egern
Kistenwinterstube

Reibn
3.20 h

↗ 800 m
↘ 800 m

Rottach-Egern
Kistenwinterstube

Die besten Skireibn findet man wie so oft direkt vor der Haustür, und diese hier in den wilden Tegernseer Bergen liegt uns besonders am Herzen. Die Öffianbindung ist ideal, zwischen An- und Abreise liegt ein recht großes Zeitfenster für einen erlebnisreichen Skitourentag. Ziel unserer schönen Runde ist der unscheinbare Rauhenberg, der ein wenig versteckt neben seinen prominenten Nachbarn Wallberg, Risserkogel und Plankenstein liegt. Mit seiner Gipfelaussicht muss er sich aber trotzdem nicht verstecken, denn er steht einfach perfekt mittendrin in diesem Pulverschneeloch. Im Hochwinter fällt in den Kessel rundherum wenig Sonne hinein und der Schnee hält sich lange gut. Dazu liegt uns ein frisch eingezuckerter Bergwald zu Füßen, aus dem viele kleine Berggipfel herausspitzen, und die eleganten Felszacken des Plankensteins in der Sonne blinzeln – willkommen in den Bayerischen Rockies! Eine wilde und wunderschöne Postkartenidylle!

Oft sind wir diese schöne Runde schon gegangen, einfach mal ohne zusätzliches Ziel als gemütlichen Tagesausflug. Ein anderes Mal als Reibn über den Plankensteinsattel oder als Variante unserer ebenfalls in diesem Buch beschriebenen Plankenstein-Safari. Die Kombinationsmöglichkeiten sind so vielfältig, nach Lust und Laune. Am schönsten ist diese Ecke natürlich im Hochwinter, wenn der südseitige Anstieg auf den Rauhenberg ausreichend Schnee hat und der nordseitige Hang unter den steilen Abstürzen des Plankensteins eine sagenhaft gute Abfahrt verspricht. In dieser Zeit ist der Suchtfaktor besonders hoch, und wenn man einmal infiziert ist, wird man sicher jedes Jahr diesem kleinen Paradies einen Besuch abstatten. Und das alles finden wir gleich hinter dem mondänen Tegernsee, ganz weit weg vom Trubel, mit einer sanften Anreise und ohne große Spuren zu hinterlassen. Auch hier machen es die Öffis wieder mal möglich.

An der Bushaltestelle Kistenwinterstube startet und endet unsere Reibn.

Schöner Aufstieg zum Gipfel des Rauhenbergs.

Ausgangs- und Endpunkt: Bushaltestelle Kistenwinterstube, Rottach-Egern, 951 m, direkt an der Straße zum Skigebiet Sutten/Moni-Alm. Mit der Bayerischen Regiobahn BRB (RB 57) von München Hbf über München Harras nach Tegernsee, Weiterfahrt mit dem Bus 9560a Richtung Moni-Alm bis Kistenwinterstube, teilweise mit Umsteigen in Post, Rottach-Egern. Abfahrt München Hbf über München Harras ab 8.03 Uhr mindestens stündlich, Dauer ca. 1.50 Std.
Mit Bus 9560a zum Bahnhof Tegernsee, teilweise Umstieg zum Bus 9556 in Post, Rottach-Egern, Weiterfahrt mit der Bayerischen Regiobahn BRB (RB 57) nach München Hbf bis 17.02 Uhr stündlich, Dauer ca. 1.55 Std.
Gipfel: Rauhenberg, 1703 m.
Gehzeiten: Bushaltestelle Kistenwinterstube – Röthensteinalm (Aufstieg ca. 1.30 Std.), Röthensteinalm – Rauhenberg (Aufstieg ca. 50 Min.), Rauhenberg – Bushaltestelle Kistenwinterstube (Abfahrt 1 Std.); gesamt ca. 3.20 Std.
Hangrichtung: Alle, in der Abfahrt Nord.
Lawinengefährdung: Mittel bis hoch, vor allem für die nordseitige steile Abfahrt sind stabile Verhältnisse notwendig.
Anforderungen: Der Aufstieg zum Rauhenberg ist eher einfach, die nordseitige Abfahrt erfordert eine sichere Skitechnik.
Orientierung: In weiten Teilen meist gespurt.
Autorentipp: Sind die Bedingungen für die Abfahrt vom Rauhenberg zur Plankensteinalm nicht passend, kann man vom Gipfel des Röthensteins Richtung Westen durch einen lichten Wald zu einer steilen Hangmulde fahren. Diese fährt man ab. Dann immer weiter rechtshaltend zur Röthensteinalm und über lichte Almwiesen zum Waldrand. Hier auf einer Forststraße immer rechtshaltend bis zur Bushaltestelle Kistenwinterstube.

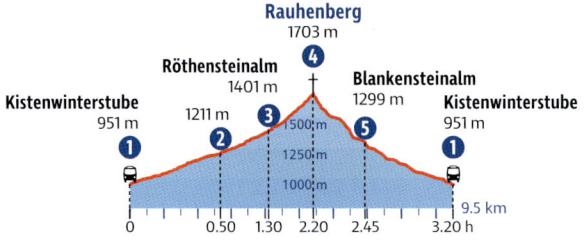

Auf einem breiten Forstweg geht es zunächst von der **Bushaltestelle Kistenwinterstube** ❶, 951 m, gemeinsam mit Wandernden, SchneeschuhgeherInnen und SchlittenfahrerInnen immer leicht bergauf Richtung Wallberg und Plankenstein (über Röthensteinalm). Erst kurz vor Ende des Walds gelangen wir an eine **Abzweigung mit Schildern** ❷, 1211 m. Hier geht es für die SkitourengeherInnen Richtung Plankenstein, 1136 m, über die Röthensteinalm. Dazu überqueren wir den Schiffbach im Pfenninggraben und steigen zuerst weiter auf einer Forststraße zwischen dichtem Bergwald auf.

Der Wald lichtet sich und bald sehen wir unser nächstes Ziel, die neu erbaute **Röthensteinalm** ❸, 1401 m. Wir ziehen unsere Aufstiegsspur an der Alm vorbei über freie Almwiesen, immer geradeaus weiter zu einem bewaldeten Rücken. Hier halten wir uns links. Zwischen Bäumen geht es in engen Kehren steil immer Richtung Plankensteinsattel. An einer erkennbar größeren Lichtung steigen wir südseitig zum Rauhenberg auf. Unsere Aufstiegsspur führt über den breiten Hang zunächst auf der rechten Hangseite bergan und quert unterhalb einer Felsmauer zum linken Rand. Von

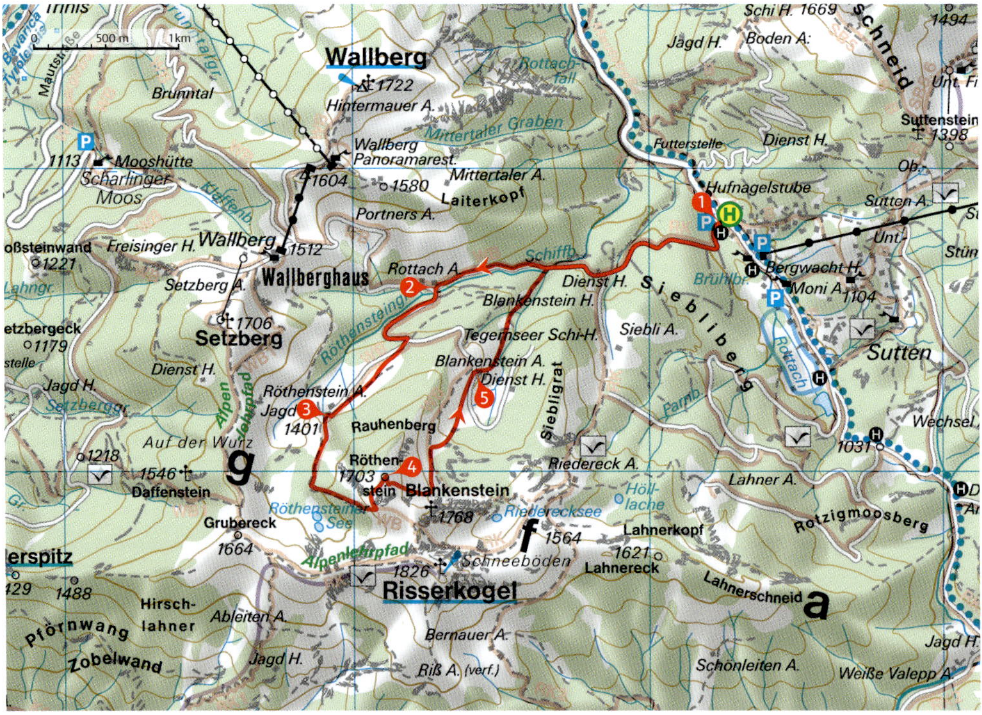

Im Hintergrund: die mächtige Nordwand des Plankensteins.

hier steigen wir rechtshaltend zur Gipfelflanke und zum kleinen Gipfelkreuz des **Rauhenbergs** ❹, 1703 m, auf.
Auch hier entscheiden die Verhältnisse, wohin wir abfahren. Unsere Wahl fällt auf die nordseitige Abfahrt zur Blankensteinalm. Dazu fahren wir ein kurzes Stück des Gipfelhangs entlang der Aufstiegsspur zurück und biegen nach links in den steilen Hang unterhalb der Nordwände des Plankensteins ab. Wir gelangen zum sogenannten »Obstgarten« mit seinen vielen alten Ahornbäumen. Über offene Waldflächen geht es weiter bergab, dabei halten wir uns immer ein wenig links und fahren die wunderbar freien Hänge zur **Blankensteinalm** ❺,

1299 m, ab. An dieser vorbei gelangen wir zu einem Waldstück und am Schluss auf eine breite Forststraße, der wir bis zum Ende folgen. Gegenüber der Einmündung auf die Mautstraße zum Skigebiet Sutten/Moni-Alm befindet sich die **Bushaltestelle Kistenwinterstube** ❶.

Nicht nur wir genießen die Aussicht.

25 Plankenstein-Safari
Voralpen-Skisafari mit Setzberg

  Rottach-Egern Safari ↗ 1700 m Rottach-Egern
Wallbergbahn ⏱ 5.00 h ↘ 1550 m Kistenwinterstube

Hinter dem Setzberg versteckt sich ein eiskalter Tiefschneetresor, den man im Hochwinter unbedingt einmal besuchen sollte. Wie wir es lieben, natürlich nicht auf dem einfachsten Weg, sondern mit genügend pulvrigen Abfahrtsmetern vorher. Deshalb gehen wir heute mal wieder auf Skisafari.
Ohne Umsteigen geht es recht flott mit dem Zug nach Tegernsee, vor dem schönen Bahnhof startet gut getaktet der rote Bus zur rustikalen Wallberg-Kabinenbahn. Hier gibt es tatsächlich eine sehr steile, schwarze Skipiste für wirkliche Könner, die meisten Gäste nutzen die Auffahrt inzwischen aber für einen Spaziergang mit Einkehr auf dem geräumigen Gipfelplateau oder sausen auf einer der längsten Naturrodelbahnen in der Gegend hinunter.
Obwohl wir die Skier ja eigentlich dabei haben, lassen wir die Gelegenheit für die legendäre Nordabfahrt auch verstreichen und widmen uns lieber der pulvrigen Südseite zu, denn da soll heute die Reise hingehen. Eine wirklich schöne Einfahrt in den großen Kessel gibt es beim Wallbergkircherl zwischen den Gipfeln des Setzbergs und des Wallbergs. Ersteren haben wir noch mitgenommen.
Nach der ersten langen Abfahrt wird tief unten im Tal erst einmal eine Pause eingelegt, aufgefellt und nun geht es weiter Richtung Röthensteinalm. Unser Ziel sind die markanten Plankensteine am südlichen Ende des Kessels. Hier kann man sogar an sonnigen Wintertagen den Kletterern zusehen, wie sie sich elegant an den senkrechten Felsen empor bewegen. Wir sitzen dabei gemütlich an der Scharte unterhalb der Zacken in der Sonne und genießen die letzten wärmenden Sonnenstrahlen. Denn dahinter erwartet uns dann eine wirklich eiskalte Abfahrt, um diese Jahreszeit kommt das Licht hier fast gar nicht herein. Die Gesichter ziehen sich zusammen, kein Sprechen mehr, keine Fotostopps, nur mehr schnelles Hinabschwingen im Pulver.
Nach einem kleinen Gegenanstieg fahren wir über freies Wiesengelände, durch ein paar enge Waldpassagen und zuletzt Schuss auf dem Forstweg hinunter ins Suttengebiet bis fast direkt vors Bushäusl.
Die richtig runden Geschichten enden wie so oft in unserem Buch mit einer guten Einkehr, das gehört einfach dazu. Am heutigen Tag landen wir beim gut sortierten Kiosk im Tegernseer Bahnhof und verlegen die Brotzeit einfach ins Zugabteil.

Ein kurzer Stopp und weiter geht es.

Ein grandioses Panorama erwartet uns auf dieser Tour.

Ausgangspunkt: Bushaltestelle Wallbergbahn, Rottach-Egern, 781 m. Mit der Bayerischen Regiobahn (RB 57) nach Tegernsee, Weiterfahrt mit dem Bus 9556 Richtung Klamm, Kreuth bis Wallbergbahn. Abfahrt München Hbf über München Harras ab 6.04 Uhr mindestens stündlich, Dauer ca. 1.35 Std.
Endpunkt: Bushaltestelle Kistenwinterstube, Rottach-Egern, 951 m, direkt an der Straße in Richtung Monialm. Mit dem Bus 9560a direkt zum Bahnhof Tegernsee oder mit dem Bus 9560 bis Post, Rottach-Egern und Umsteigen in den Bus 9556 nach Bahnhof Tegernsee. Weiter mit der Bayerischen Regiobahn (RB 57) nach München Hbf. Abfahrt Bushaltestelle Kistenwinterstube nach München Hbf über München Harras bis 17.02 Uhr stündlich, Dauer ca. 1.55 Std.
Gipfel: Setzberg, 1706 Hm.
Gehzeiten: Bushaltestelle Wallbergbahn-Wallberghaus (Aufstieg 2 Std.), Wallberghaus – Setzberg (Aufstieg 20 Min.), Setzberg– Forstweg Abzweigung Plankenstein (Abfahrt 20 Min.), Forstweg – Plankensteinsattel (Aufstieg 1.15 Std.), Plankensteinsattel – Riederecksee (Abfahrt 20 Min.), Riederecksee – Sattel Schreistein (Aufstieg 20 Min.), Sattel Schreistein – Bushaltestelle Kistenwinterstube (Abfahrt 30 Min.); gesamt ca. 5 Std.
Hangrichtung: Alle.
Lawinengefährdung: Mittel bis mäßig, vor allem die Abfahrt vom Wallberghaus Richtung Rottachalm muss kritisch beurteilt werden.
Anforderungen: Mittel, der Aufstieg über die steile Skiroute zum Wallberghaus erfordert gute Aufstiegstechnik, Abfahrt vom Sattel Schreistein durch dichten Wald bei schlechten Schneebedingungen anspruchsvoll.
Orientierung: In vielen Bereichen ist diese Skiroute gut markiert und oft gespurt.
Einkehrtipps: Restaurant Wallberg, 1623 m, täglich 9–16.30 Uhr, www.wallberg-restaurant.de, Tel. +49 8022 6800; Berghotel Altes Wallberghaus, 1512 m, Mo/Di Ruhetag, www.wallberg-haus.de, Tel. +49 8022 7056979.
Hinweis: Beim Aufstieg zum Wallberg bzw. Setzberg muss die örtliche Regelung beachtet werden, dass die Rodelbahn zum Wallberg bzw. Setzberg für SkitourengeherInnen gesperrt ist, Aufstieg über die markierte Skiroute.
Autorentipp: Bei ungünstigen Schneebedingungen ist die Abfahrt vom Plankenstein über die Röthensteinalm zu empfehlen. Durch die nordseitige Ausrichtung ist die Schneequalität meist besser und die Hänge sind auf weiten Strecken offener und lichter. Dabei fährt man bis vom Plankensteinsattel den bekannten Weg bis zur Abzweigung im Pfenniggraben, 1211 m, zurück und fährt dann rechts die Forststraße bis zur Bushaltestelle Kistenwinterstube ab.

Am Bahnhof Tegernsee wechseln wir vom Zug auf den Bus.

Wir starten an der **Bushaltestelle Wallbergbahn** ❶, 781 m, und gehen an der Talstation der Wallbergbahn rechts vorbei. Da die Rodelstrecke für SkitourengeherInnen gesperrt ist, folgen wir dem Verlauf der ehemaligen Skipiste über den Erlen- und Graslhang. Eine saubere Spitzkehrentechnik ist für die steile Skipiste erforderlich. Nach ca. 1.30 Std. erreichen wir den Sattel mit der **Berg-**

Steil hinunter Richtung Rottachalm.

station der Wallbergbahn ❷, 1615 m. Von hier geht es rechts abwärts am alten **Wallberghaus** ❸, 1512 m, vorbei Richtung Setzberg. Unsere Aufstiegsspur führt dann über einen freien Rücken links von einem stillgelegten Schlepplift auf den Gipfel des **Setzbergs** ❹, 1706 m. Wir fahren wieder bis zum Sattel zurück und je nach Bedingungen wählen wir nun die Abfahrt Richtung Rottachalm. Meistens fahren wir am Wallbergkircherl Richtung Osten steil bergab, fahren an der Portnersalm, 1405 m, vorbei und folgen den Waldschneisen bis zur Rottachalm. Auf dem Forstweg rechts an der Alm vorbei kommen wir am Waldrand zu einer Abzweigung mit Schildern. Hier fellen wir wieder an und folgen der **Beschilderung »Plankenstein über Röthensteinalm«** ❺, 1136 m. Wir überqueren den Schiffbach im Pfenniggraben und steigen zunächst durch dichten Wald auf der Forststraße weiter auf. Unser jetzt gemütlicher Anstieg führt uns über freie

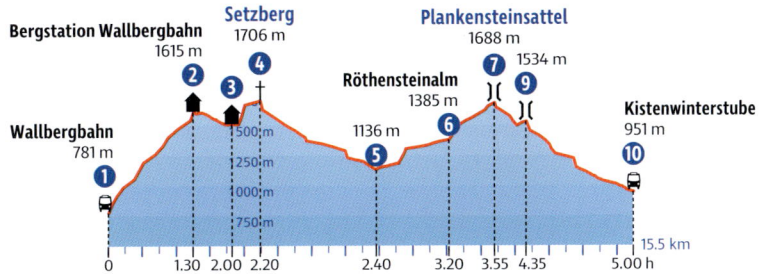

Almwiesen zur neu erbauten **Röthensteinalm** ❻, 1385 m. Hier geradeaus weiter zu einem bewaldeten Rücken. Über diesen zwischen Bäumen teils eng stetig bergauf, bis wir den Sattel zwischen Plankenstein und Risserkogel erreichen. Am **Plankensteinsattel** ❼, 1688 m, können wir an sonnigen Tagen so mancher Seilschaft beim Klettern zusehen.

Nach einer kurzen Rast fahren wir über freies Skigelände in den kühlen Kessel rund um den verschneiten **Riederecksee** ❽ ab. Hier fellen wir ein letztes Mal auf, um bald später am **Sattel des Schreisteins** ❾, 1534 m, zu stehen und nochmals Sonne zu tanken.
Jetzt folgt die Abfahrt durch den Siebligraben bis zur Sieblialm, der bei Pulver

Tolle Aussicht vom Wallberg auf den Tegernsee.

gut zu fahren ist. Bei wenig Schnee oder schlechten Schneeverhältnissen ist die Fahrt durch den Wald problematisch. Ist dies zu befürchten, sollte man die beschriebene Variante in Betracht ziehen. Bei der Standardtour gelangen wir nach dem Waldstück zu den freien Hängen an der Sieblialm und erreichen nach kurzer Zeit eine Forststraße, die uns direkt zur **Bushaltestelle Kistenwinterstube** ⑩, 951 m, führt. Die Bushaltestelle befindet sich auf der anderen Seite der Straße, in die der Forstweg mündet.

26 Ausflug aufs Sonnendeck
Über Rofanspitze und Wiesingabfahrt

| Maurach Rofanseilbahn | Safari 5.20 h | ↗ 1200 m ↘ 1200 m | Wiesing Rofansiedlung |

Gleich hinter der bayerischen Grenze beim Achensee liegt ein kleines Mini-Hochgebirge voller wunderbarer Skitourenhänge, und an besonderen Wintertagen kann man dort viel mehr Höhenmeter runterfahren, als man hochgelaufen ist. Dann nämlich reicht die weiße Pracht von den höchsten Gipfeln des Rofans hinunter bis ins Inntal und es ist die Gelegenheit für die legendäre »Wiesing-Abfahrt«. Eine sagenhaft lange Abfahrt, wie man sie nur selten findet.

Mit dem Eurocity reisen wir ziemlich flott und entspannt nach Jenbach. An diesem besonderen Verkehrsknotenpunkt treffen gleich drei verschiedene Bahnen mit jeweils unterschiedlicher Spurweite zusammen: Inntalbahn, Zillertalbahn und die rustikale Achenseebahn, letztere schnauft mit über hundertjährigen Dampfloks über äußerst schmale Gleise leider nur im Sommer hinauf ans Ufer – was wäre das für eine spektakuläre Öffi-Anreise jetzt im Winter! Aber es gibt zum Trost wenigstens den kanarienvogelgelben Postbus, der uns in rasanter Fahrt die vielen Sepentinen hinauf nach Maurach bis vor die Talstation der Rofanseilbahn bringt. Obwohl die zehnminütige Auffahrt mit der Gondel jetzt auch noch recht verlockend wäre, starten wir heute by fair means Richtung Erfurter Hütte, es soll ja schon eine richtige Safari werden, und wir fühlen uns stark und ausgeruht. Kurz nach der Hütte und dem kleinen Skigebiet tauchen wir schon ein in die wunderbare Welt dieses Gebirgsstocks. Auf unserem Weg hinüber zur Rofanspitze nehmen wir noch die Seekarlspitze mit und bewundern die faszinierenden Nordabbrüche. Man kann eigentlich ein ganzes Wochenende auf dem Plateau verbringen, wollte man alle möglichen Skitouren hier oben machen. Kein Problem, ein Anruf auf der Erfurter Hütte genügt!

Die lange Abfahrt vom Gipfel hinunter ins Inntal nach Wiesing ist natürlich die Krönung des Tages und ein Abenteuer für sich. Bei idealer Schneelage endet die großartige Runde erst am Bushäusl an der Bundesstraße. Ansonsten gibt es einen kleinen Spaziergang Richtung Dorf mit den Skiern am Rücken. Wie schön, dass wir jetzt nicht mehr die vielen Kurven hinauf zum Parkplatz müssen! Von hier aus ist es nur noch ein Katzensprung zum Bahnhof, aber wir unterbrechen die Heimreise gerne noch mit einem Abstecher beim hervorragenden Wiesinger Dorfwirt.

Links: Auf dem Weg zum Dorfwirt in Wiesing.
Rechts: Der Start ist perfekt ans Öffinetz angebunden.

Traumabfahrt hinunter ins Inntal.

Ausgangspunkt: Bushaltestelle Maurach Rofanseilbahn, 970 m. Viele Anreisemöglichkeiten je nach Wochentag unterschiedlich, z. B. samstags mit dem ICE 1203 Richtung St. Anton am Arlberg bis Jenbach Bahnhof. Weiterfahrt mit dem Regionalbus 4080 Richtung Maurach Mittelschule bis Maurach Rofanseilbahn. Wichtig: Busse starten in Jenbach in Fahrtrichtung links auf der gegenüberliegenden Seite der Gleise, nicht vor dem Bahnhofsgebäude, auf die Beschilderung achten. Abfahrt München Hbf über München Ost, Rosenheim und Kufstein nach Jenbach z. B. Sa ab 6.26 Uhr mindestens stündlich, Dauer ab 2.45 Std. je nach Verbindung. Es besteht zusätzlich eine alternative Anreisemöglichkeit morgens mit der Bayerischen Regionalbahn BRB (RB 57) nach Tegernsee und weiter mit dem Bus 9550 Richtung Pertisau.

Endpunkt: Bushaltestelle Wiesing Rofansiedlung. Mit Regionalbus 8332 bis Jenbach Bahnhof, Weiterfahrt mit dem Eurocity (EC 82) oder der Regionalbahn (RB 54) nach München Hbf über Kufstein, Abfahrt Wiesing Rofansiedlung Richtung Jenbach bis 18.40 Uhr, Dauer ca. 1.50 Std. Alternativ Fußweg zur S-Bahn-Station Münster-Wiesing (ca. 25 Min.), S4 Richtung Kufstein.
Gipfel: Seekarlspitze, 2261 m; Rofanspitze, 2259 m.
Gehzeiten: Talstation der Rofanseilbahn – Bergstation Rofanseilbahn (Aufstieg 1.30 Std.), Bergstation – Seekarlspitze (Aufstieg 1.30 Std.), Seekarlspitze – Rofanspitze (Abfahrt und Aufstieg 1.20 Std.), Rofanspitze – Alpiglalm (Abfahrt ca. 30 Min.), Alpiglalm – Bushaltestelle Wiesing Rofansiedlung (Abfahrt 30 Min.); gesamt ca. 5.20 Std.

Hangrichtung: Im Aufstieg vorwiegend West und Süd, in der Abfahrt vorwiegend Süd.
Lawinengefährdung: Mäßig bis mittel, bis zur Grubascharte weitgehend lawinensicher. Die folgende südseitige Querung hinüber zur Rofanspitze ist steil. Hier ist nach Neuschneefällen und bei intensiver Sonneneinstrahlung Vorsicht geboten. Die Abfahrt nach Wiesing erfordert ebenfalls stabile Verhältnisse.
Anforderungen: Ohne Liftbenutzung konditionell fordernder und langer Aufstieg zur Rofanspitze, ab Bergstation über gestuftes Gelände mit einigen kurzen steileren Engstellen. Die Abfahrt nach Wiesing ist lang und in Abschnitten steil.

Orientierung: Die Route ist teilweise ausgeschildert, u. a. markierte DAV-Skiroute; zudem ist sie vom Gelände gut vorgegeben und auf weiten Strecken oftmals gespurt.
Einkehrtipps: Erfurter Hütte, DAV, www.erfurterhuette.at, Tel. +43 52435517; in der Nähe der Bushaltestelle Wiesing Restaurant Dorfwirt, Mi–So 11–22 Uhr, www.dorfwirt-wiesing.at, Tel. +43 676 5935690.
Autorentipp: Mit Benutzung der Rofanseilbahn (Infos: www.rofanseilbahn.at) kann man die Höhenmeter im Aufstieg erheblich reduzieren und hat einen größeren Zeitpuffer für zusätzliche Gipfelziele.

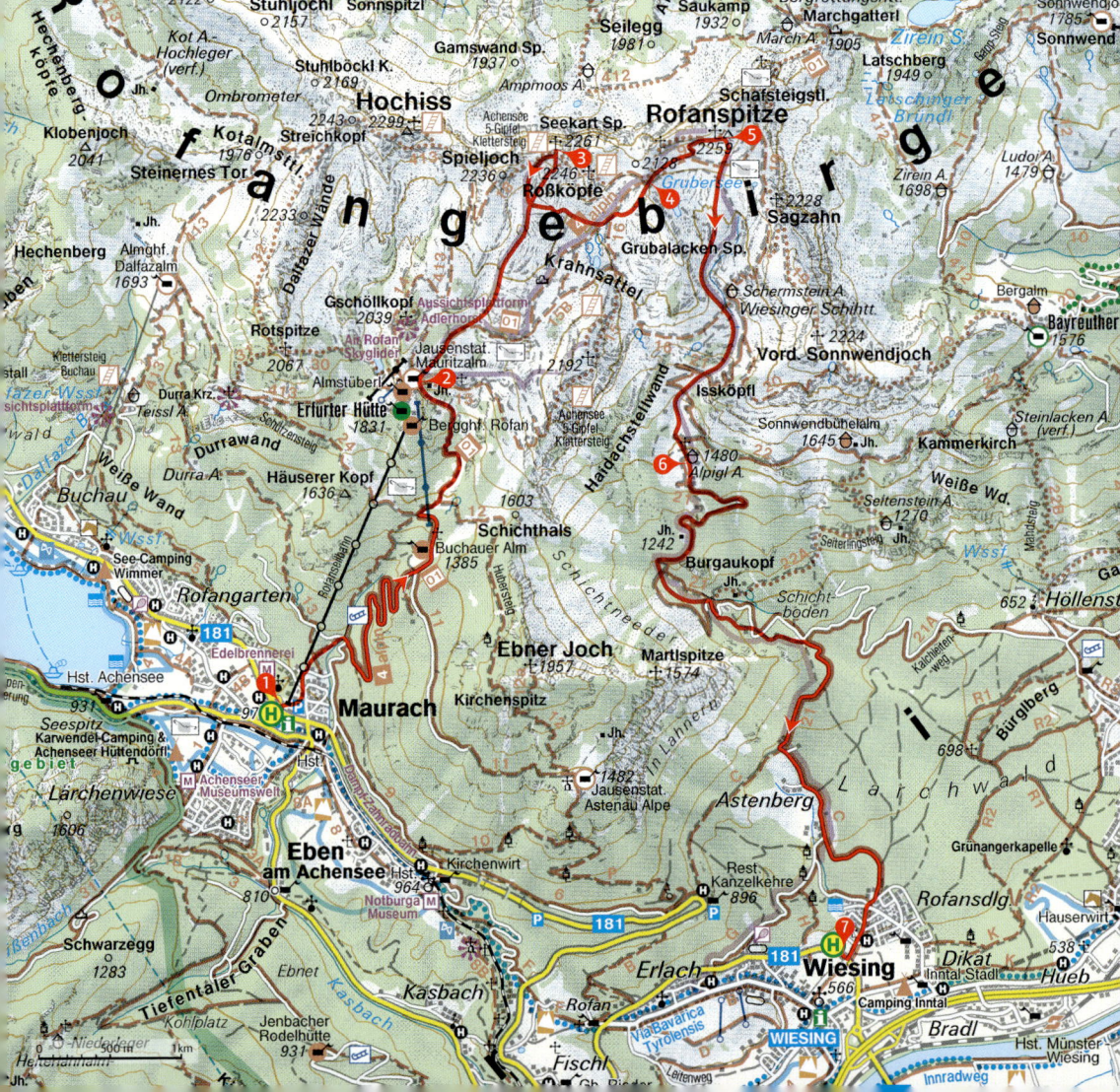

Heute strahlen wir mit der Sonne um die Wette – auf dem Weg zur Seekarlspitze.

Nicht mit der Seilbahn, sondern »by fair means« wollen wir unsere kleine Skisafari angehen. Wir starten an der **Bushaltestelle Maurach Rofanseilbahn** ❶, 970 m, und steigen zunächst entlang der Skipiste und dann weiter am Fahrweg zur Jausenstation Buchauer Alm, 1385 m, auf. Zwar gibt es eine Abkürzung auf einem markierten, schmalen Sommerweg, diese ist aber nicht zu empfehlen, da das Bachbett mehrfach zu queren ist und die Skier teilweise zu schultern sind. Daher besser den kleinen Umweg über den Fahrweg

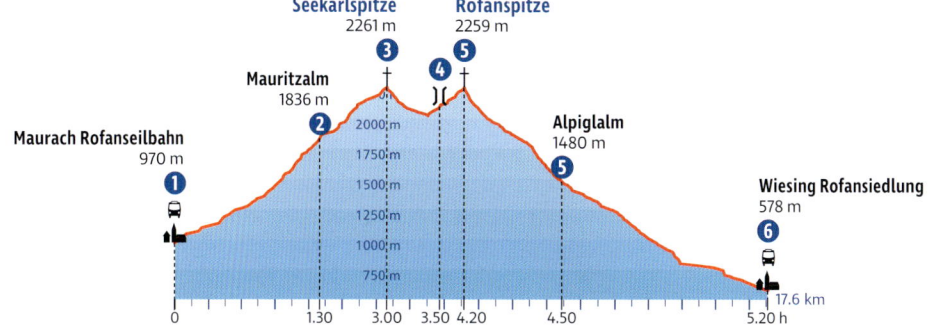

Sind wir die einzigen SkitourengeherInnen im Abteil?

nehmen. Nach der Alm laufen wir am Rand der breiten Piste über steilere Etappen weiter bis in die Nähe der **Mauritzalm** ❷, 1836 m, und erreichen schließlich oberhalb der Erfurter Hütte das weitläufige Hochplateau. Nun geradeaus noch ein Stück nach oben, leicht rechts haltend, bis wir an einem kleinen Schlepplift entlang abfahren. Leicht aufsteigend queren wir einen Osthang unterhalb einer großen Karwanne und queren weiter, bis wir östlich auf eine Rampe gelangen. Hier halten wir uns links und steigen zu einem Sattel auf.

Eine kleine Entspannungspause am Holzstadl muss schon mal sein.

Wer die Seekarlspitze auslassen will, kann hier direkt weiter zur Rofanspitze aufsteigen. Wir hingegen gehen um einen kleinen Rücken herum und folgen nun einem mit einigen Latschen durchsetzten Rücken immer weiter zur **Seekarlspitze** ❸, 2261 m.
Jetzt fahren wir den Gipfelhang ca. 200 m ab, biegen nach Süden ab und gelangen über schöne Abfahrtshänge bis zur Grubalacke. In der Nähe befindet sich auch ein Schild »Lawinen Basics«. Wir folgen dem Schild Richtung Rofanspitze und kommen zur **Grubascharte** ❹, 2101 m. Hier queren wir den großen Hang über eine weite Strecke und steigen erst kurz vor der **Rofanspitze** ❺, 2259 m, zum Gipfel auf.
Die Abfahrt verläuft zunächst geradeaus in freiem Gelände Richtung Südosten und weiter Richtung Süden hinunter zu einem Flachstück. Hier halten wir uns leicht rechts und kommen direkt an der Schermsteinalm vorbei. Von dort aus fahren wir weiter in südlicher Richtung ab, bis wir zu einem Fahrweg gelangen. Dieser wird bei der weiteren Abfahrt immer wieder gequert. Wir erreichen die **Alpiglalm** ❻, 1480 m, und folgen nun der Fahrstraße Richtung Wiesing Rofansiedlung. Sie schlängelt sich über eine lange Strecke durch einen schönen Bergwald und endet schließlich am Waldrand. Hier halten wir uns links und kommen nach Astenberg. Wir queren zwei flache Wiesen und folgen an deren Ende der Straße nach Wiesing Rofansiedlung. Die **Bushaltestelle Wiesing Rofansiedlung** ❼, 578 m, befindet sich an der Bundesstraße in Richtung Jenbach.

Firnfreuden bei der ersten Abfahrt des Tages.

27 Ins Reich der Freude
Reibn über die Brecherspitze

Fischhausen-Neuhaus   Reibn   ↗ 820 m   Fischhausen-Neuhaus
                       ⏲ 3.45 h ↘ 820 m

Freudenreich – dieser Name ist Programm! Wenn wir hier im Winter bei Eiseskälte mit unseren Tourenskiern durch die Schneekristalle gleiten, dürfen wir uns bereits im Aufstieg auf pulverreiche Abfahrten freuen. Obwohl das »Reich der Freude« rund um die Freudenreichalm nur ein Steinwurf vom Skigebiet des Spitzingsees entfernt ist, bekommen wir dort im kalten und schattigen Kessel die meiste Zeit vom Trubel nichts mit. Hier können wir oft noch lange Zeit nach dem letzten Schneefall unsere eigene Signatur in den Pulverschnee gravieren. Eigentlich so nah und doch so fern, könnte man meinen, wenn man kurz hinter dem Schliersee in Fischhausen-Neuhaus aus der Bahn steigt und nach wenigen Minuten Fußmarsch in die Stille des Waldes eintaucht.

Ein Forstweg führt uns zuerst durch dichten Wald, später über schneebedeckte Almwiesen zu unserem Ziel, der Brecherspitze. Bei ausreichend Schneefall hat man das große Glück, dass sich der Südhang im Aufstieg bei bestem Pulver zeigt. An solchen Tagen ziehen wir unsere Bögen in das weiße Gold und steigen einfach ein weiteres Mal zum Westgipfel der Brecherspitze auf. Das »grande finale« ist die rassige Abfahrt über den Nordwesthang hinunter zur Freudenreichalm.

Immer noch nicht ausgepowert und ausreichend Kraftreserven vorhanden? Dann lasst uns weiterziehen – der Gipfel der Bodenschneid ist in einer guten Stunde erreicht und lockt mit mehreren steilen Abfahrtsmöglichkeiten.

Besondere Rücksicht auf den Fahrplan der Bahn müssen wir an diesem Freudentag auch nicht nehmen. Wir können ganz entspannt hinunter ins Tal gleiten, denn das letzte Highlight des Tages ist unsere Einkehr in der hervorragenden Cafébar »La Stazione« im urigen Bahnhofsgebäude. Da kann es schon mal vorkommen, dass wir einen Zug sausen lassen und nochmal einen Aperol Spritz bestellen.

Sehr schick! Roter Nagellack macht sich auch beim Auffellen gut.

Ausgangs- und Endpunkt: Bahnhof Fischhausen-Neuhaus, 805 m. Mit der Bayerischen Regiobahn (RB 55) Richtung Bayrischzell bis Fischhausen-Neuhaus. Abfahrt München Hbf über München Harras ab 6.30 Uhr stündlich, Dauer ca. 1.10 Std. Abfahrt Bahnhof Fischhausen-Neuhaus nach München Hbf über München Harras bis 22.49 Uhr stündlich. Dauer ca. 1.10 Std.
Gipfel: Brecherspitze Westgipfel, 1624 m.
Gehzeiten: Bahnhof Fischhausen-Neuhaus – Freudenreichsattel (Aufstieg ca. 2 Std.), Freudenreichsattel – Westgipfel Brecherspitze (Aufstieg ca. 45 Min.), Brecherspitze Westgipfel – Fischhausen – Bahnhof Fischhausen-Neuhaus (ca. 1 Std.); gesamt ca. 3.45 Std.
Hangrichtung: Im Aufstieg bis Freudenreichsattel Nord, danach zum Westgipfel der Brecherspitze Süd, in der Abfahrt vor allem West und Nordwest.
Lawinengefährdung: Gering.
Anforderungen: Eine leichte Skitour, die auch von Anfängern unternommen werden kann.
Orientierung: Die Route ist gut ausgeschildert. Die Einfahrt in die westseitige Abfahrt zur Freudenreichalm befindet sich in einer Mulde ein wenig versteckt.
Einkehrtipps: Berggasthof Obere Firstalm, 1375 m, privat, täglich 10–22 Uhr, www.firstalm.de, Tel. +49 8026 7302; Italienische Cafébar »La Stazione« im Bahnhof Fischhausen-Neuhaus, Tel. +49 177 9285578; kleiner Kiosk am Bahnhofsvorplatz.
Variante: Die Skitour kann bei passenden Verhältnissen um den Gipfel der Bodenschneid erweitert werden. Dabei von der Unteren Freudenreichalm ❷ zunächst wieder zum Freudenreichsattel ❸ aufsteigen und rechts Richtung Obere Firstalm bis zur Beschilderung. Dem Schild »Bodenschneid« rechts in den Wald folgen und in lichtem Wald immer weiter der Beschilderung nach. Zunächst geradeaus in einem leichten Linksbogen, später über einen Hang, der nach oben immer steiler wird, bis zum Grat. Diesem nach rechts bis zum Gipfel der Bodenschneid folgen. Abfahrt anfangs wie Aufstieg, im unteren Teil dann direkt weiter Richtung Freudenreichalm. Weitere Abfahrtsvarianten Richtung Freudenreichalm sind möglich.
Autorentipp: Bei guten Schneeverhältnissen kann die Skitour mit einer zusätzlichen Abfahrt vom Westgipfel der Brecherspitze Richtung Obere Firstalm erweitert werden. Der Aufstieg zum Westgipfel der Brecherspitze erfolgt auf der bereits bekannten Route.

So könnte die Abfahrt ewig weitergehen – hinunter zur Freundenreichalm.

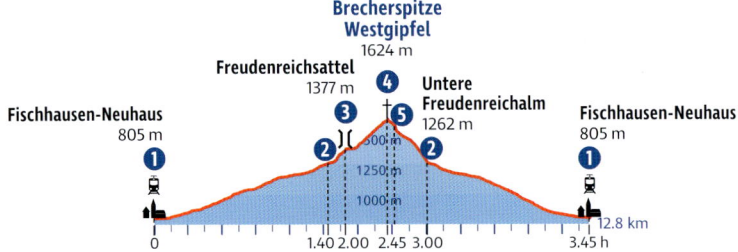

So wird das Losgehen leicht gemacht: Gleich hinter dem **Bahnhof Fischhausen-Neuhaus** ❶, 805 m, befinden sich mehrere Wegweiser, und so folgen wir der Beschilderung Richtung Freudenreichalm nach rechts. Wir nehmen die Straße, die in einem weiten Linksbogen am rechten Rand von Neuhaus Richtung Pfannlift führt. Links am Lifthäusl vorbei gehen wir geradeaus weiter in den Wald und folgen nun einem Forstweg bis zu einer T-Kreuzung. Auch hier orientieren wir uns an der Beschilderung in Richtung Brecherspitz über Freudenreichalm und steigen durch schönen Bergwald weiter stetig nach oben. Nach ca. 1 Std. kommen wir an eine Kreuzung mit einer Bank. Würden wir geradeaus weiter gehen, kämen wir zum gemütlichen Bodenschneidhaus. Wir biegen jedoch links ab und folgen weiter der Beschilderung. Der dichte Bergwald mit altem Fichtenbestand lichtet sich zunehmend und geht in einen lockeren Mischwald über. Jetzt begleiten uns Fichten und Buchen auf dem Weiterweg, bis wir zu einer Lichtung kommen und endlich schöne freie Wiesenhänge erreichen, die herrlichen Abfahrtsgenuss versprechen. Auf der rechten Seite sehen wir den Gipfel der Bodenschneid, vor uns liegt die Freudenreichalm und links dürfen wir bereits den unteren Teil unserer nordwestseitigen Abfahrt vom Westgipfel der Brecherspitze in Augenschein nehmen. Unser Weg zum Westgipfel der Brecherspitze geht aber geradeaus weiter, an der **Unteren Freudenreichalm** ❷, 1262 m, vorbei, und steigt in südlicher Richtung durch eine Waldschneise zum **Freudenreichsattel** ❸, 1377 m auf. Oben angekommen folgen wir ein kurzes Stück der Beschilderung Richtung Obere Firstalm nach rechts und queren bald oberhalb dieser an die rechte Seite des Südhangs der Brecherspitze. Den Südhang der Brecherspitze gehen wir nun am Waldrand entlang an der rechten Seite empor. Unser Ziel, den Westgipfel der **Brecherspitze** ❹, 1624 m, erreichen wir nach ca. 2.30 bis 3 Std.

Die Brecherspitze liegt hinter uns, jetzt geht es auf die Bodenschneid.

Hier fellen wir ab und fahren ca. 100 m rechtshaltend ab, bis wir zu einer kleinen Mulde kommen. Hier befindet sich ein wenig versteckt die **Einfahrt zur Westabfahrt** ❺, 1567 m, in Richtung Freudenreichalm. Bei der Einfahrt müssen wir die ersten paar Schwünge auf versteckte Steine achten. Dann fahren wir an einer Hütte rechts vorbei und ziehen unsere Schwünge in das weiße Gold. Meistens kommen wir wieder zur **Unteren Freudenreichalm** ❷ und halten uns nun für die weitere Abfahrt wieder rechts. Liegt genug Schnee, kann weiter oben bereits das Ende der Lichtung avisiert und direkt dorthin abgefahren werden. Wir folgen der Forststraße wie im Aufstieg zurück bis zur T-Kreuzung, die zum Pfannlift abzweigt. Hier bleiben wir direkt auf der Forststraße und kommen zu einem Parkplatz und zur Straße. Dieser Straße folgen wir bis weit in den Ort hinein und biegen später links in die Brecherspitzstraße ab. Wir gehen bis zum Straßenende und erreichen so die Straße, die rechts direkt zum **Bahnhof Fischhausen-Neuhaus** ❶ führt.

Belohnung am Ende der Tour im urgemütlichen »La Stazione«.

28 Die stille Seite am Spitzing
Von Geitau über den Auerspitz

| Geitau | Safari 6.00 h | ↗ 1200 m ↘ 1200 m | Spitzing Taubensteinbahn |

Diese Paradetour in den Münchner Hausbergen hat geradezu das Zeug zum Öffi-Klassiker. Sie vereint alles, was man sich von einer perfekten Skisafari an einem einzigen Tag erwartet: einfache, umsteigefreie Anfahrt mit dem Zug, einsamer Aufstieg ins Tourengebiet, einen kleinen, aber feinen Gipfel, Schneesicherheit, viele Variationsmöglichkeiten, gemütliche Hütten auf dem Weg und eine Skiabfahrt fast bis zur Bushaltestelle. Und das auch noch alles zusammen in einem Gebiet, das seit Generationen von Wintersportlern mit allem erdenklichen Sportgerät regelrecht überrannt wird: dem legendären Spitzing.

Weil wir mit unseren Tourenski in entgegengesetzter Richtung unterwegs sind, bekommen wir vom vielen Verkehr und vom Trubel rund um den Spitzingsee überhaupt nichts mit. Dieser ist lediglich Endpunkt unserer großartigen Skidurchquerung. Am frühen Abend, wenn uns der letzte Bus an der Talstation der Taubensteinbahn Richtung Bahnhof Fischhausen-Neuhaus abholt, begegnen wir höchstens noch wenigen SkitourengeherInnen, die zu einer kurzen Feierabendrunde starten. Dann versinkt dieses wunderbare Minigebirge wieder in einen kurzen Erholungsschlaf, bis am nächsten Morgen der Rummel wieder von vorne beginnt.

Wer sich auf den Weg zu dieser Skisafari macht, wird belohnt mit dem Gefühl, eine große lange Skitour gegangen zu sein. Von der bäuerlich geprägten Landschaft über verschneite Almwiesen bis hin zu den schroffen Felsen der Ruchenköpfe wechselt die Szenerie ständig. Stetig schreiten wir voran, ziehen unsere Schwünge, um dann wieder aufzusteigen. Kein Weg ist doppelt. Wer konditionsstark ist, wird diese Tour erweitern. Viele Möglichkeiten stehen den ambitionierten SkitourengeherInnen dabei zur Verfügung. Woher man gekommen ist, hat man schon nach kurzer Zeit vergessen. Wir müssen nicht mehr denselben Weg zurück, sondern besitzen die große Freiheit weiterzuziehen und viele Eindrücke mitnehmen zu dürfen. Let's go Spitzing!

Blick zurück vom Taubensteinsattel Richtung Wendelstein.

Ausgangspunkt: Bahnhof Geitau, 780 m. Mit der Bayerischen Regiobahn (RB 55) Richtung Bayrischzell bis Geitau. Abfahrt München Hbf über München Harras ab 6.30 Uhr stündlich, Dauer ca. 1.20 Std.
Endpunkt: Bushaltestelle Spitzing Taubensteinbahn, 1091 m. An der Straße direkt an der Talstation Spitzingsee. Mit dem Bus 9562 nach Bahnhof Fischhausen-Neuhaus oder Bahnhof Schliersee. Die Weiterfahrt mit der BRB (RB 55) nach München Hbf ist mit den Ankunftszeiten der Busse abgestimmt. Abfahrt Bushaltestelle Spitzing Taubensteinbahn nach München Hbf über München Harras bis 17.32 Uhr mindestens stündlich, Dauer ca. 1.30 Std.
Gipfel: Auerspitz, 1810 m.
Gehzeiten: Geitau Bahnhof– Auerspitz (Aufstieg ca. 3.30 Std.), Auerspitz – Großtiefenthalalm (Abfahrt ca. 30 Min.), Großtiefenthalalm – Miesingsattel (Aufstieg ca. 30 Min.), Miesingsattel – Kleintiefenthalalm (Abfahrt ca. 30 Min.), Kleintiefenthalalm – Bergstation Taubensteinbahn (Aufstieg ca. 30 Min.), Bergstation Taubensteinbahn – Talstation Taubensteinbahn (Abfahrt ca. 30 Min.); gesamt ca. 6 Std.
Hangrichtung: Alle Hangrichtungen; bis zum Auerspitz und Abfahrt Großtiefenthalalm Nord, danach in der Abfahrt vor allem Süd.
Lawinengefährdung: Mäßig bis mittel.
Anforderungen: Für den langen Aufstieg zum Auerspitz ist eine gute Kondition erforderlich, danach schöne Abfahrten und nur zwei weitere verhältnismäßig kurze Aufstiege; mehrmaliges Auf- und Abfellen notwendig.
Orientierung: Die Route ist teilweise ausgeschildert, u. a. markierte DAV-Skiroute; zudem ist sie vom Gelände gut vorgegeben und in weiten Strecken oftmals gespurt.
Einkehrtipps: Postgasthof Rote Wand, Mi–Mo durchgehend geöffnet, Di Ruhetag, Mi ab 17 Uhr, www.rotewand.de, Tel. +49 8023 9050; italienisches Tagescafé La Stazione direkt im Bahnhof Fischhausen-Neuhaus, Tel. +49 177 928557; Taubensteinhaus, Tel. +49 171 2255033.
Variante: Gipfelaufstieg zum Hochmiesing, 1883 m: Vom Miesingsattel ❺ gehen wir in weniger als 30 Min. der Beschilderung folgend durch einen Latschengürtel zum freien Gipfel. Vom Gipfel fahren wir zunächst durch Latschengassen und Mulden, dann durch die Westrinne hinab zur Kleintiefenthalalm. Dann weiter auf der Hauptroute.
Autorentipp: Da die Abfahrt vom Auerspitz zum Soinsee nord- bis nordostseitig ausgerichtet ist, kann die Tour bei guten Schneeverhältnissen auch in entgegengesetzter Richtung empfohlen werden. Ab der Schellenbergalm ❷ verläuft die Abfahrt dann jedoch größtenteils über eine Forststraße. In Geitau kann man direkt zum Bahnhof gehen oder eine Wartezeit mit der Einkehr im Postgasthof »Rote Wand« verkürzen.

Oben: Warten auf den Zug? Kein Problem am Bahnhof Fischhausen-Neuhaus.
Unten: Tiefenentspannt zurück in München.

Wir starten am **Bahnhof Geitau** ❶, 780 m, und gehen vom Bahnsteig kommend rechts auf die Landstraße, die nach Geitau führt. Nach ca. 5 Min. überqueren wir die Bundesstraße (Vorsicht vor schnellem Verkehr!), gehen in Geitau auf der Hauptstraße am Postgasthof Rote Wand vorbei, bis wir zu einer Kreuzung mit Wanderschildern kommen. Hinter der Kreuzung befindet sich ein Parkplatz. An der Kreuzung biegen wir links ab und folgen auf dem weiteren Weg der Beschilderung Richtung Rotwand bzw. später Auerspitz. Bei ausreichender Schneelage können wir bereits hinter den letzten Häusern unsere Skier

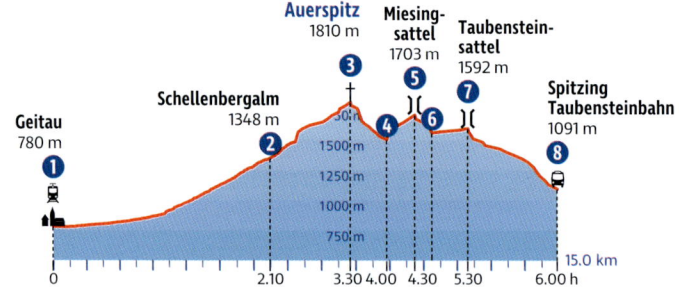

anschnallen. Die kleine Teerstraße führt uns an einem Segelflugplatz vorbei, und über einen Forstweg erreichen wir in gerader Linie den Waldrand. Im Wald beginnt der Forstweg entlang eines Bachs in angenehmer Steigung schnell an Höhe zu gewinnen. Wir folgen im Verlauf des Weges der Beschilderung in Richtung Soinsee bzw. Rotwandhaus. Nach ca. 1.30 bis 2 Std. lichtet sich der Wald und wir erreichen die **Schellenbergalm** ❷, 1348 m. An dieser gehen wir links haltend vorbei und weiter auf einem Forstweg in Richtung Soinsee, den wir vom Bahnhof Geitau nach ca. 2 bis 2.30 Std. erreichen.

Vor dem im Winter oftmals zugefrorenen Soinsee verlassen wir den breiten Forstweg, gehen links über eine kleine Holzbrücke und folgen weiter der Beschilderung »Auerspitz/Rotwand«. Zunächst führt unser Weg hinter dem Soinsee über eine Mulde zu einer Anhöhe, von der wir unser erstes Ziel, der Auerspitz, bereits erspähen können. Nun gehen wir immer geradeaus, links an den markanten Ruchenköpfen vorbei, bis zur Einbuchtung mit Beschilderung. Hier folgen wir der Beschilderung »Auerspitz« zum Nordwestkamm, schlängeln uns zwischen Latschen hindurch und erreichen nach 20 Min. den **Auerspitz** ❸,

Bei Schneefall besonders schön – das legendäre Gipfelkreuz auf dem Auerspitz.

Nicht viel los an diesem herrlichen Wintertag.

1810 m, einen unscheinbaren Gipfel mit einem zwar kleinen, aber schönen schmiedeeisernen Gipfelkreuz.
Am Gipfel fellen wir nun das erste Mal ab und fahren über den freien Nordhang wieder hinunter bis zur Ausschilderung. Hinter dem Schild »DAV-Skiroute« befindet sich die unscheinbare Einfahrt zur nordseitigen Abfahrt in Richtung Großtiefenthalalm. Zuerst müssen wir zwischen ein paar Latschen hindurch, dann gelangen wir über schönes Skigelände zur **Großtiefenthalalm** ❹, 1500 m. Dort angekommen sehen wir schon unser nächstes Ziel, den Miesingsattel. Wir fellen auf und steigen in ca. 30 Min. die 200 Hm über Mulden nach Nordwesten zum **Miesingsattel** ❺, 1703 m, auf, der sich zwischen Rotwand und Hochmiesing befindet. Hier fellen wir ein weiteres Mal ab und fahren zur **Kleintiefenthalalm** ❻, 1555 m, ab. Dabei schwingen wir zunächst einige Meter geradeaus und halten uns dann eher links, ehe wir erneut geradeaus an der Alm vorbeifahren und uns wieder links halten. Ca. 100 Hm unterhalb der Alm kommen wir zu einem kleinen Waldbereich und zu einem markanten Felsen. Wir fahren rechts davon mit einigen Schwüngen durch das kurze Waldstück und erreichen so eine Lichtung mit Blick zum Taubensteinhaus. Ein letztes Mal werden die Felle montiert, und wir steigen in 10 Min. zum **Taubensteinhaus**, 1567 m, auf. Von dort aus gehen wir leicht ansteigend und querend in 10 Min. weiter zum **Taubensteinsattel** ❼,

1592 m. Die Bergstation der Taubensteinbahn befindet sich in unmittelbarer Nähe.
Hier fellen wir ein letztes Mal ab. Die Abfahrt erfolgt entlang der aufgelassenen Skipiste. Zunächst fahren wir über ideales Abfahrtsgelände, bis die Piste flacher wird. Hier folgen wir skatend oder gehend ca. 10 Min. der Piste, bis die Abfahrt wieder steiler wird und wir schlussendlich die Talstation der Taubensteinbahn erreichen. Hier gehen wir links an der Talstation vorbei und kommen zur Spitzingstraße. An der Einmündung gehen wir 10 m nach links zur **Bushaltestelle Taubensteinbahn** ❽, 1091 m.

Oben: Die dicht eingeschneite Großtiefenthalalm.
Unten: Bayerische Bilderbuchlandschaft mit Ruchenköpfen und Soinsee.

29 Firstalm-Safari
Vom Schliersee zum Spitzingsee

| Fischhausen-Neuhaus | Safari ⏱ 5.00 h | ↗ 1000 m ↘ 1000 m | Spitzingsee Kirche |

Manchmal fragt man sich schon, warum man am Sonntag in aller Herrgottsfrüh bei nassem Schmuddelwetter mit Skistiefeln aus dem Haus geht und nicht einfach im Bett liegen bleibt. Und dann gleich noch eine Safari, fällt uns heute wirklich nichts Besseres ein? Aber den Mutigen gehört die Welt! Denn statt Nieselregen erwartet uns im Voralpenland herrlicher Schneefall. Je näher wir unserem Ausstiegsort am südlichen Ende des Schliersees kommen, desto weißer wird es. Also nehmen wir nicht den Anschlussbus hinauf zum Spitzingseetrubel auf 1000 m, sondern starten unsere kleine Durchquerung gleich hier unten im Tal am Bahnhof Fischhausen-Neuhaus. Denn wir wollen so schnell wie möglich das Skitourenfeeling einatmen, und das beginnt schon am Ortsende auf dem schönen Waldweg hinauf Richtung Freudenreich und Bodenschneidhaus.

Dann beginnt unsere kleine Reise durch das Winterwonderland, von dem wir bei der Abfahrt am Hauptbahnhof gar nicht zu träumen wagten. Und heute wollen wir nicht nur durch den Schnee stapfen, sondern auch ordentlich skifahren. Deshalb lohnt sich der Abstecher zum Westgipfel der Brecherspitze mit ihrem breiten, südseitigen Abfahrtshang. Bis hierher reichte früher das Skigebiet Spitzing, heute findet man nur noch wenige Relikte der alten Liftanlagen, zum Glück sind sie tief im Schnee versunken. Wer nach dem Abfahrtsgenuss oder einer zweiten Runde am Südhang erstmal eine Pause braucht, ist in einer der beiden Firstalmen recht gut aufgehoben. Es gibt die obere und die untere, beide haben ihr eigenes Skihüttenflair und sind immer recht gut besucht. Dann folgt der zweite Akt, bei dem wir einen Teil unseres Wegs durch das noch bestehende Skigebiet zum nächsten Gipfel zurücklegen müssen. Aber wenn man sich von dieser Seite her dem überaus populären Roßkopf nähert, ist es deutlich ruhiger als auf der Hauptroute vom Spitzingsee aus. Wir schleichen uns sozusagen von der Rückseite an den Berg heran.

Auch die letzte Abfahrt hinunter zum Grünsee und weiter in die Valepp ist ein Highlight und macht die heutige Safari so richtig komplett. Unten angekommen könnte man jetzt noch eine Rast in der sehr empfehlenswerten Albert-Link-Hütte einlegen, bevor noch ein kleiner Skimarsch hinüber zum Ort Spitzingsee zur Bushaltestelle bei der Kirche ansteht. Aber nach so einem ausgefüllten Tag fühlt sich das eh nur noch nach einem Katzensprung an.

Eine Wohltat für Augen und Geist, der Blick aus dem Zugfenster.

Gut beschildert sind wir heute unterwegs.

Ausgangspunkt: Bahnhof Fischhausen-Neuhaus, 805 m. Mit der Bayerischen Regiobahn (RB 55) Richtung Bayerischzell bis Fischhausen-Neuhaus, Abfahrt München Hbf über München Harras ab 6.30 Uhr stündlich, Dauer ca. 1.10 Std.

Endpunkt: Bushaltestelle Spitzingsee Kirche, Schliersee, 1090 m. Mit dem Bus 9562 nach Bahnhof Fischhausen-Neuhaus oder Bahnhof Schliersee. Die Weiterfahrt mit der Bayerischen Regiobahn (RB 66) nach München Hbf ist mit den Ankunftszeiten der Busse abgestimmt. Abfahrt: Bushaltestelle Spitzingsee Kirche nach München Hbf über München Harras bis 17.59 Uhr mind. stündlich, Dauer ca. 1.35 Std.

Gipfel: Brecherspitze Westgipfel, 1643 m; Roßkopf, 1580 m.

Gehzeiten: Bahnhof Fischhausen-Neuhaus – Westgipfel Brecherspitze (Aufstieg ca. 2.45 Std.), Westgipfel Brecherspitze – Obere Firstalm (Abfahrt 20 Min.), Obere Firstalm – Talstation Schlepplift (Abfahrt 10 Min.), Talstation Schlepplift – Bergstation Stümpflingbahn (Aufstieg 30 Min.), Bergstation Stümpflingbahn – Roßkopf (25 Min.), Roßkopf – Valepp (Abfahrt 30 Min.), Valepp – Bushaltestelle Spitzingsee Kirche (Fußweg 25 Min.); gesamt ca. 5 Std.

Hangrichtung: Alle Hangrichtungen.

Lawinengefährdung: Gering.

Anforderungen: Eine technisch leichte, aber trotzdem tagesfüllende Skisafari, die auch von Anfängern gut unternommen werden kann. Teilweise führt die Tour über Skigebiet und kann aufgrund der guten Öffi-Anbindung im Gebiet auch verkürzt werden.

Orientierung: Einfach, die Route ist in allen Bereichen gut ausgeschildert.

Einkehrtipps: Berggasthof Obere Firstalm, 1375 m, privat, täglich 10–22 Uhr, www.firstalm.de, Tel. +49 8026 7302; Berggasthof Untere Firstalm, 1320 m, privat, täglich 10–17 Uhr, www.unterefirstalm.de, Tel. +49 8026 7676; etwas abseits der Route: Albert-Link-Hütte, 1053 m, DAV Sektion München, täglich (außer Mo), Tel. +49 8026 71264; italienische Cafébar La Stazione im Bahnhof Fischhausen-Neuhaus, Tel. +49 177 9285578; kleiner Kiosk am Bahnhofsvorplatz.

Hinweis: Öffentliches WC direkt gegenüber der Bushaltestelle Spitzingsee Kirche und an den Bahnhöfen Fischhausen-Neuhaus und Schliersee.

0 500 m 1 km
Fischhausen
St. Leonhard
Bhf. Fischhausen-Neuhaus
Hirschgeröhrkopf
1272
Auracher Köpferl
1231
(Kegelspitz)
Jagd H.
1066
Kellnerberg
Probstalm
Aurach
Bodensee-Königssee-Radweg
801
Neuhaus
Brunstkogel
1255
Dienst H.
Westerberg
1333
Dürnb.
Dürnbachwald
Wildfütterung
Josefsthal
Jh.
Hagenberg
Nagelspitz
1554
Brunnerstein
Rainerkopf
1465
Rainer A.
Kühzagl A.
Jagd H.
1524
1343
Ankel A.
Stocker A.
Wasserspitz
1552
Eckspitz
1388
Rettenböck
1365
Bodenschneidhaus
Ob.-
Freudenreich A.
Unt.-
Brecherspitze
1683
Jägerbauern A.
Jägerkamp
1746
Rinnerspitz
1611
Bodenschneid
Schi H. 1669
Boden A.
Krettenburg
1494
Freudenreichsattel
1377
Obere First A.
Spitzingsattel
1127
Spitzing A.
Spitzinghaus
Lochgrabenschneid
Wilde Fräulein
1615
Schönfeldhütte
1410
Unt. First A.
Firstgraben
Münchner H.
Suttenstein
1398
Drei Tannen
1506
Bergwacht H.
Spitzingsee
Stümpfling
1484
Sutten A.
Stümpfling H.
Donnerlöcher
Polizeiheim
Spitzingsee
(1090)
Schwarzenkopf H.
Schwarzenkopf
1464
Stümpfling A.
Roßkopf
1580
Grünsee A.
Grünsee
Albert-Link Hs.
1053
Valepp A.
Hufnagelstube
Bergwacht H.
Moni A.
1104
Sutten
Rotach
Haushamer B.
Rotkopf
1602
Unt.-Haushammer A.
1022
Bleckstein Hs.
Bleckstein Winterstube
Wechsel A.
Jagd H.
1031
Ankerb.
Lahner A.
Stolzenberg
Gleiselstein
Dienst H.
Bergwacht H.
1263
1735
Benzingspitz

Fischhausen-Neuhaus
805 m
Brecherspitze Westgipfel
1643 m
Untere Firstalm
1318 m
Roßkopf
1580 m
Spitzingsee Kirche
1090 m
1500 m
1250 m
1000 m
0
2.45
3.15
3.45
4.10
5.00 h
14.0 km

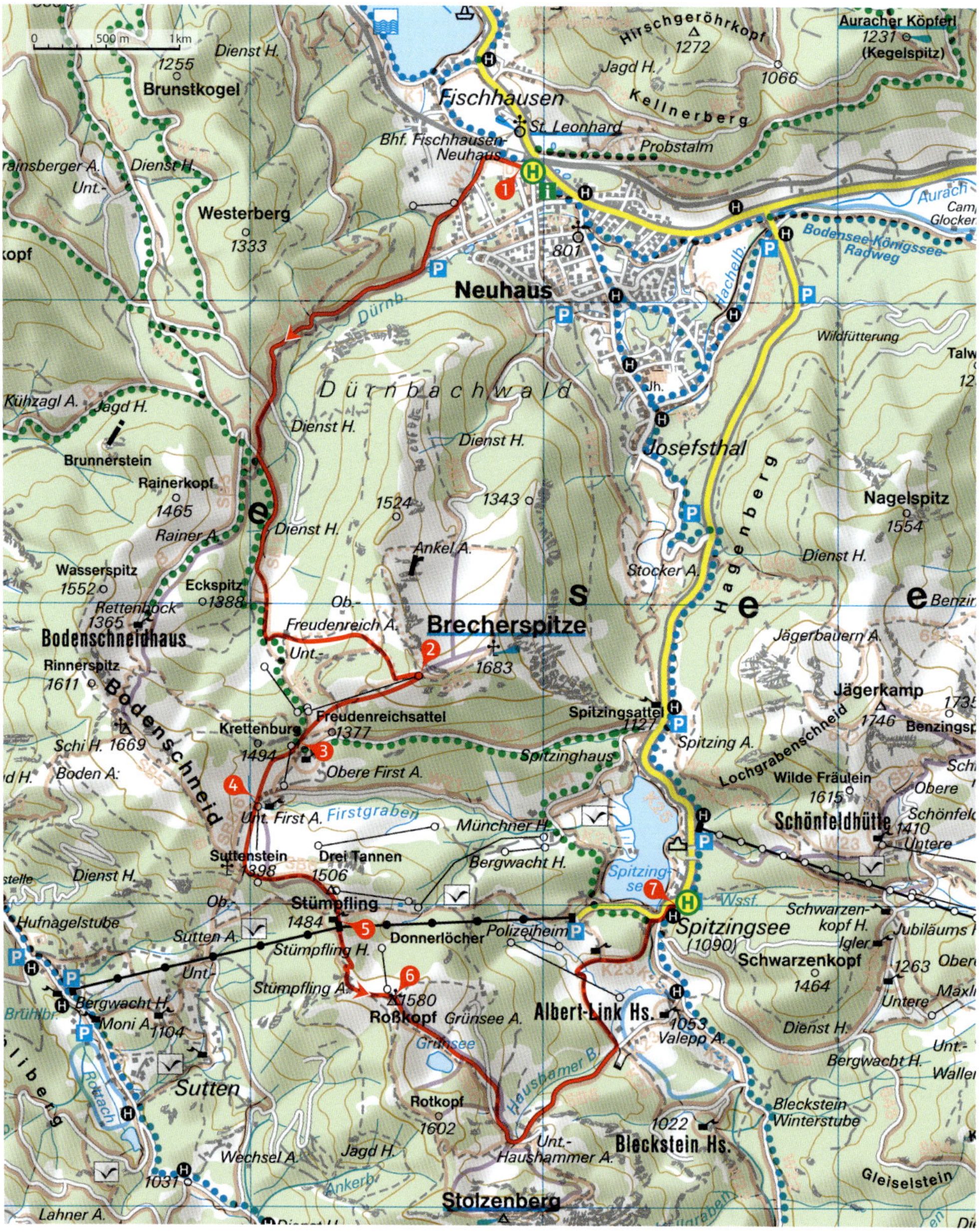

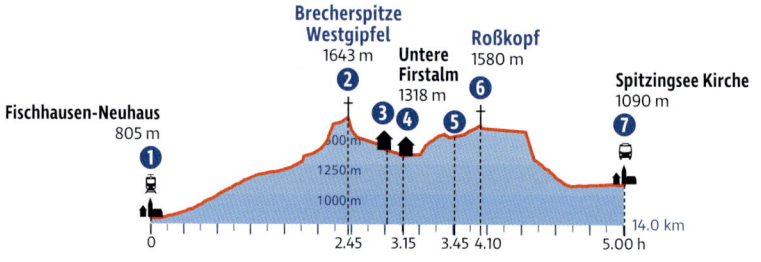

Tiefgefrorener Aufstieg zum Gipfel.

Gleich hinter dem **Bahnhof Fischhausen-Neuhaus** ❶, 805 m, befinden sich mehrere Wegweiser, und so folgen wir der Beschilderung »Freudenreichalm« nach rechts. Auf der Straße geht es in einem weiten Linksbogen am rechten Ortsrand Richtung Pfannlift. Links am Lifthäusl vorbei marschieren wir geradeaus weiter in den Wald und folgen nun einem Forstweg bis zu einer T-Kreuzung. Auch hier folgen wir der Beschilderung »Brecherspitz (1683 m) über Freudenreichalm« und steigen durch schönen Bergwald weiter stetig nach oben. Nach ca. 1 Std. kommen wir an eine Kreuzung mit einer Bank, wo wir links abbiegen und weiterhin der Beschilderung folgen.

Der dichte Bergwald mit altem Fichtenbestand lichtet sich zunehmend und geht in einen lockeren Mischwald über. Jetzt begleiten uns Fichten und Buchen auf dem Weiterweg, bis wir eine Lichtung und endlich schöne freie Wiesenhänge erreichen. Auf der rechten Seite sehen wir den Gipfel der Bodenschneid, vor uns liegt die Freudenreichalm. Unser Weg zum Westgipfel der Brecherspitze zweigt hier nach links ab. Wir gehen in einer Waldschneise an einer Hütte immer geradeaus hoch, bis wir zur Scharte kurz unterhalb des Betonfundaments der alten Bergstation gelangen. Von hier links in wenigen Minuten zum **Westgipfel der Brecherspitze** ❷, 1643 m.

Für die Abfahrt über den Südhang folgen wir zunächst der Beschilderung »Obere Firstalm« geradeaus und queren dann etwas oberhalb des Berggasthofs **Obere Firstalm** ❸, 1369 m, und einer kleinen Almhütte nach rechts bis zu einem kleinen Hang. Hier fellen wir ab und fahren hinunter zur **Unteren Firstalm** ❹, 1318 m, und der benachbarten Talstation des Schlepplifts. Nun steigen wir rechts neben der wenig befahrenen Piste bis zum Ende des Schlepplifts auf. Jetzt nach links über einen Ziehweg am rechten Rand hinauf bis zum Stümpfling und weiter bis zur **Bergstation der Suttenbahn** ❺, 1484 m. Wir folgen dem Ziehweg hinüber zu den Stümpflingalmen und steigen über den meist abgeblasenen Westrücken zum Gipfelkreuz des **Roßkopfs** ❻, 1580 m.

Für die Abfahrt vom Roßkopf stehen mehrere Varianten zur Verfügung. Eine Möglichkeit ist, auf der Skipiste zur Talstation der Stümpflingbahn abzufahren und von dort bei Skibetrieb in den Skibus zum Spitzingsee einzusteigen. Wir aber wählen die schönere Option, nämlich die vom DAV empfohlene Route über den Grünsee, die wir zunächst abfahren und uns links halten. Die Weiterfahrt führt durch lichten Wald und eine Waldschneise Richtung Valleppalm bis zu einem flachen Forstweg. Hier biegen wir links ab und kommen über diesen Weg direkt zum Roßkopfweg nach Spitzingsee. An der nächsten T-Kreuzung gehen wir rechts und folgen der Spitzingstraße bis zur **Bushaltestelle Spitzingsee Kirche** ❼, 1090 m, die sich bei einem Wendeplatz an der Kirche befindet.

Rechts: Eine Seltenheit – wenig los am beliebten Roßkopf.
Unten: Klare Sache – verfahren kann man sich hier nicht wirklich.

30 Steig ein und lass uns tanzen!
Ultimative Tanzeckreibn über dem Spitzingsee

| Spitzing Taubensteinbahn | Reibn 3.45 h | ↗ 1200 m ↘ 1200 m | Spitzing Taubensteinbahn |

Wir lieben sie einfach, diese grandiosen Deep-Powder-Days! Wenn alles im unendlichen Weiß versinkt, von der Haustür bis zum Berg. Dann gibt es eigentlich nichts Schöneres als Eiskratzen, kalte Sitze, Schritttempo hinter dem Schneepflug, Schneeketten anlegen, am Straßenrand irgendwo eine Parkbucht freischaufeln und in tiefgefrorene Skistiefel steigen? Und nach der Tour das ganze Prozedere nochmals in umgekehrter Reihenfolge. Oder man steigt vergnügt in den gut eingeheizten Zug Richtung Schliersee, lässt sich professionell mit dem Bus zum Spitzingsee hinauf chauffieren und startet an der Haltestelle schon fix und fertig aufgefellt zu einer flowigen Skireibn.

Große Schneeflocken schweben vom Himmel und verzaubern die Landschaft. Normalerweise trifft man hier am riesigen Parkplatz der geschlossenen Taubensteinbahn Heerscharen von SkitourengeherInnen, die allermeisten mit dem Ziel Bergstation. Heute sind es nur wenige, die mit uns hier starten – zu ungemütlich scheint es für viele zu sein. Aber genau dieses Wetter hat seinen besonderen Reiz und deshalb sind wir heute hier! Die Goretex-Jacke lassen wir erst einmal an, und leise bewegen wir uns in der tiefen Spur nach oben. Heute sind wir noch mehr Freunde, als auf das Bayernticket passen, uns vereint alle die große Leidenschaft im Winter! Wir lieben Skitourengehen, wir lieben Pulverschnee und wir lieben es, klimaschonend unterwegs zu sein. Das alles fügt sich an solchen Tagen zu einer perfekten Einheit, und wir spüren, dass wir mit unserer Einstellung auf dem richtigen Weg sind.

Die ganze Woche haben wir bereits das Wetter und den Lawinenlagebericht verfolgt. Kommt die nächste Ladung Neuschnee hoffentlich zum Wochenende? Wir wissen, wenn es draußen ungemütlich ist, finden wir oft den besten Schnee und die Eindrücke der Tour sind noch viel größer. Es ist kalt, aber kein Jammern! Die Vorfreude ist groß und unsere Erwartungen werden heute übertroffen. Vor uns ist noch niemand vom Tanzeck zur Krottentaler Alm abgefahren – wir sind heute die ersten! Es staubt und wir jubeln. Die Stille ist vorbei, was für eine schöne Abfahrt, heute tanzen wir im Pulverschnee! Und so geht es den ganzen Tag weiter, rauf und runter, bis wir müde und glücklich am Abend wieder in den gut vorgeheizten Bus einsteigen.

Eine runde Sache, die Tanzeckreibn.

Vom Spitzingsee zum Tanzeck ist immer gespurt.

Ausgangs- und Endpunkt: Bushaltestelle Spitzing Taubensteinbahn, 1091 m, knapp unterhalb der Talstation der Taubensteinbahn. Mit der Bayerischen Regiobahn BRB (RB 55) in Richtung Schliersee/Bayrischzell. Weiterfahrt ab Bhf Schliersee/Fischhausen-Neuhaus mit dem Bus 9562 bis Spitzing Taubensteinbahn.
Abfahrt München Hbf über Donnersberger Brücke und Harras ab 6.30 Uhr mind. stündlich, Dauer ca. 1.20 Std. Abfahrt Bushaltestelle Spitzing Taubensteinbahn nach München Hbf bis 18 Uhr mind. stündlich, Dauer ca. 1.20 Std.
Gipfel: Keine.
Gehzeiten: Bushaltestelle Spitzing Taubensteinbahn – Tanzeck (Aufstieg ca. 1.30 Std.), Tanzeck – Krottentaler Alm (Abfahrt 20 Min.), Krottentaler Alm – Bergstation Taubensteinbahn (Aufstieg 30 Min.), Bergstation Taubensteinbahn – DAV-Naturschutzschild kurz unterhalb Gipfelaufbau Lempersberg (20 Min.), DAV-Naturschutzschild – Forststraße (Abfahrt 20 Min.), Forststraße – Kapelle (Aufstieg 25 Min.), Kapelle – Talstation Taubensteinbahn (Abfahrt 20 Min.); gesamt ca. 3.45 Std.
Hangneigung: Alle Richtungen, im Aufstieg zum Tanzeck Süd und West, Abfahrt Krottentaler Alm Ost, im weiteren Aufstieg vor allem Nord, Abfahrt vorwiegend Süd und West.
Lawinengefährdung: Mäßig bis mittel.
Anforderungen: Mehrmaliges Auf- und Abfellen notwendig, mittlere Anforderungen.
Orientierung: In der Regel problemlos, nur der Aufstieg von der Krottentaler Alm zur Bergstation Taubensteinbahn durch den Wald ist ohne Spur etwas schwierig zu finden.
Einkehrtipps: Schönfeldhütte, Tel. +49 8026 7496; Taubensteinhaus, Tel. +49 171 2285033; italienische Cafébar La Stazione im Bahnhof Fischhausen-Neuhaus, Tel. +49 177 9285578; kleiner Kiosk am Bahnhofsvorplatz.
Naturschutz: Im Tourengebiet gibt es diverse teils neu ausgewiesene Wald-Wild-Schongebiete sowie Wildschutzgebiete mit Betretungsverbot. Diese sind unbedingt zu beachten.

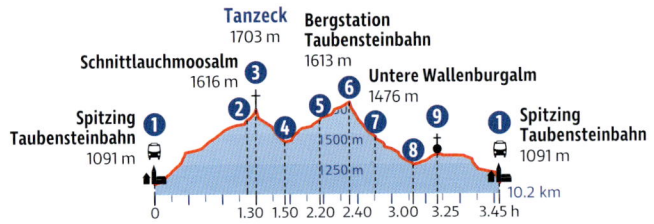

Wir starten an der **Bushaltestelle Spitzing Taubensteinbahn** ❶, 1091 m, und gehen am großen Parkplatz vorbei zum Beginn der ehemaligen Skipiste. Die Taubensteinbahn ist von November bis April nicht in Betrieb. Sind die Lawinensuchgeräte alle eingeschaltet? Den Test übernimmt gleich am Beginn unserer kleinen Skireibn eine fest installierte Teststation. Steil gehen wir zu Beginn die ehemalige Piste empor. Dieses Teilstück kann bei Hartschnee oder Vereisung sehr anspruchsvoll sein, Harscheisen sind dann hilfreich. Am Ende des Steilhangs folgen wir zunächst der Skipiste nach links. Die Piste führt nun rechts weiter; wir halten uns aber links und steigen am nächsten Waldstück weiter links auf, bis es abflacht. Hier gehen wir geradeaus weiter, queren etwas oberhalb der **Schönfeldhütte** den Hang und fahren aufgefellt einige Meter ab, um links von den Felsen Wilde Fräulein mit vielen Spitzkehren weiter aufzusteigen. Oberhalb der Felsen flacht es ab. Hier besteht die Möglichkeit, zum Jägerkamp weiterzugehen. Wir lassen die Abzweigung links liegen, gehen geradeaus weiter durch einen lichten Wald und kommen über freies Gelände zur **Schnittlauchmoosalm** ❷, 1616 m. Dahinter sehen wir bereits eine Kuppe mit Latschen, unser erstes Ziel: Nach ca. 15 Min. erreichen wir das **Tanzeck** ❸, 1703 m.

Hier wird zum ersten Mal abgefellt, und wir fahren je nach Verhältnissen direkt nach Osten oder eine weniger steile Rinne südlich davon ab. Manchmal kann es am Tanzeck auch teilweise überwechtet sein. Unsere Abfahrt führt uns in einem weiten Rechtsbogen durch schönes Skigelände hinunter zur **Krottentaler Alm** ❹, 1435 m. Hier halten wir uns immer geradeaus Richtung Waldrand und fahren zuletzt zu einer Senke ab. In dem meist kalten Graben fellen

Noch nicht genug? Dann am besten an der Unteren Wallenburgalm nochmals aufsteigen.

wir wieder auf und spuren linkshaltend in den Wald. Wir erreichen einen Rücken und steigen hier weiter auf, bis wir zu unserer linken Seite eine kleine Berghütte erkennen können. Der Wald lichtet sich auf unserem weiteren Weg, und schon bald sichten wir unser nächstes Etappenziel, die klobige **Bergstation der Taubensteinbahn** ❺, 1613 m.
Nach einer kurzen, wettergeschützten Rast am Gebäude folgen wir links der Beschilderung »Taubenstein« und gehen auf einem schmalen Wanderweg zunächst zwischen Bäumen, Latschen und Felsen weiter bergauf. Unsere Skiroute führt unterhalb des Taubensteins weiter Richtung Lempersberg. Schließlich erreichen wir ein **DAV-Naturschutzschild** ❻, 1762 m, knapp unterhalb des Gipfelaufbaus. Hier soll man nicht weitergehen, deshalb fellen wir jetzt ab, fahren ein kurzes Stück zurück, um links durch lichten Wald zu freiem Abfahrtsgelände zu gelangen. Wir folgen der breiten Waldschneise nach Westen und gelangen so bis kurz vor die **Untere Wallenburgalm** ❼, 1476 m. Hier führt ein Fahrweg nach rechts, auf dem wir zu einer aufgelassenen Skipiste mit Schlepplift gelangen. Nun erwartet uns eine weitere schöne Abfahrt auf flachen, weiten Hängen bis zu einem kleinen grauen Lifthäusl. Unterhalb davon befinden sich eine **Forststraße** ❽ und ein deutlich sichtbarer schmaler Graben. Wir fahren am besten auf der rechten Seite des Grabens gleich weiter hinunter, im ersten Teil zwischen Bäumen, später nochmals durch freies Abfahrtsgelände, bis wir zu einer geteerten Straße kommen.
Hier fellen wir ein letztes Mal auf und steigen rechts entlang der Straße über einen Wiesenhang hinauf bis zu einer kleinen **Kapelle** ❾ beim Gästehaus der Bayerischen Bereitschaftspolizei. Beim Schild »Taubensteinbahn Talstation 60 Min.« fahren wir geradeaus durch ein kurzes Waldstück und gelangen so auf die aufgelassene Skipiste, die von der Bergstation der Taubensteinbahn herunterkommt. Die Piste ist hier zunächst flach. Wir skaten oder schieben ca. 10 Min. westwärts, bis die Abfahrt wieder steiler wird und wir am Ende unserer Tour die **Talstation der Taubensteinbahn** und die **Bushaltestelle** ❶ erreichen.

31 Von Dorf zu Dorf
Von Osterhofen nach Bayrischzell

| Osterhofen | Safari 4.30 h | ↗ 1200 m ↘ 1200 m | Bayrischzell |

Das ist das wahre Glück für leidenschaftliche Öffi-Skitouristen: Wenn der Schnee bis zur Bahnsteigkante reicht und die Tour schon direkt am Gleis beginnt. Solche seltenen Tage muss man nutzen, und es ergeben sich gleich so viele schöne neue Ideen. Eine dieser fantastischen Möglichkeiten ist eine kleine Safari mit den Tourenski von Dorf zu Dorf. Wir steigen aus der Regionalbahn nach Bayrischzell einfach eine Station vorher in Osterhofen aus, schnallen die Skier schon am Bahnsteig an und ziehen los. Auf der alten Skipiste an den meistens ruhenden Lacherliften geht es zügig hinauf bis in einen weiten Talkessel unterhalb des Wendelsteins. Zeit für eine kleine Pause an den alten Lifthäuseln. Rechts oberhalb der Schlepplifttrasse wartet schon unser feines Tourenziel, der hübsche und tiefgefrorene Gipfelfelsen der Lacherspitze.

Nach Süden zu schaut es recht gut verschneit aus, unserer Weiterreise steht also nichts im Weg. Und so ziehen wir unsere Schwünge durch das weite Lacherkar, über die obere Lacheralm bis hinunter zum unteren Sudelfeld. Willkommen in der Zivilisation! Jetzt touchieren wir tatsächlich mal ein Skigebiet im laufenden Betrieb, aber wirklich nur kurz. Dafür kommen wir nach einem kurzen Gegenanstieg entlang der Piste in den Genuss der rasanten Talabfahrt hinunter nach Bayrischzell, und das macht unsere Runde perfekt. Von der Talstation des rustikalen Schwebelifts sind es nur ein paar Schritte hinüber ins Dorf, ein kleiner Spaziergang inmitten schöner Häuser und schon sitzen wir im fabelhaften Café Huber in unmittelbarer Nähe des Bahnhofs. Da kann man bei den hausgemachten Mehlspeisen und Kuchen schon mal die Bahn verpassen. Macht ja nix, die Züge der Bayerischen Regiobahn fahren bis zum späten Abend stündlich retour.

Besser kann es nicht laufen: Start zur Skitour direkt am Bahnsteig.

Das alte Pistenpflegegerät im tiefen Winterschlaf.

Ausgangspunkt: Bahnhof Osterhofen (Oberbayern), 806 m. Mit der Bayerischen Regiobahn (RB 55) Richtung Bayrischzell bis Osterhofen. Abfahrt München Hbf über München Harras ab 6.30 Uhr stündlich, Dauer ca. 1.20 Std.
Endpunkt: Bahnhof Bayrischzell, 803 m. Mit der Bayerischen Regiobahn (RB 55) bis München Hbf über München Harras bis 22.32 Uhr mind. stündlich, Dauer. ca. 1.25 Std.
Gipfel: Lacherspitze, 1724 m.
Gehzeiten: Bahnhof Osterhofen – Lacherspitze (Aufstieg ca. 2.30 Std.), Lacherspitze – Unteres Sudelfeld (Abfahrt ca. 45 Min.), Sudelfeld Zubringer – Talabfahrt (Aufstieg ca. 25 Min.), Abzweig Talabfahrt – Talstation Schwebelift (Abfahrt ca. 25 Min.), Talstation Schwebelift – Bayrischzell Bahnhof (ca. 25 Min.); gesamt ca. 4.30 Std.
Hangrichtung: Alle Hangrichtungen, bis zur Lacherspitze vorrangig Südwest, in der Abfahrt zum unteren Sudelfeld Südost.
Lawinengefährdung: Mäßig, Vorsicht bei der Einfahrt von der Lacherspitze ins Lacherkar.
Anforderungen: Einfacher Aufstieg zur Lacherspitze, danach in der Orientierung anspruchsvoll und teilweise enge Abfahrt durch den Wald,

die Steilabfahrten sind für Anfänger nicht geeignet, ab Unteres Sudelfeld sowohl im Aufstieg als auch Abfahrt entlang der Piste.
Orientierung: Die Route ist bis zur Lacherspitze einfach, die Abfahrt zum Parkplatz Unteres Sudelfeld in der Orientierung anspruchsvoll, der Weiterweg aufgrund der Piste wieder einfach.
Einkehrtipps: Bröselalm, täglich 9–17 Uhr, www.berghotel-sudelfeld.de, Tel. +49 8023 81990; Restaurant Café Huber, Mi–So 10–22 Uhr, www.cafe-huber-bayrischzell.de, Tel. +49 8023 1327.
Naturschutz: Die Wald-Wild-Schongebiete im Wendelsteingebiet sind zu beachten.
Autorentipp: Die Lacherspitze ist auch mit der Abfahrt zurück zum Bahnhof Osterhofen eine lohnende Öffi-Skitour.

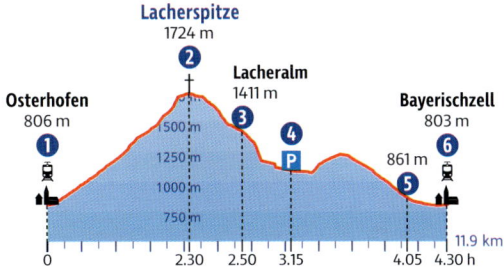

Am **Bahnhof Osterhofen** ❶, 806 m, queren wir schräg links hinter dem Bahnsteig die Wiese und münden nach ca. 500 m auf die Westabfahrt der Wendelsteinbahn. Hinter den letzten Häusern am Ortsrand steigen wir im weiteren Verlauf entlang der Skipiste auf und folgen dem Weg, der bald über eine Brücke zu einer Lichtung führt. Nun führt der Aufstieg entlang der Piste über freie Wiesen, eine Waldschneise und an Almen vorbei bis zum meist ruhenden Lacherlift Richtung Gipfel. Wir halten uns links von der Schlepplifttrasse und gelangen nach ca. 2 Std. Gesamtgehzeit zur kleinen Bergstation. Jetzt steigen wir auf einem schmalen Weg durch Latschen rechts weiter aufwärts Richtung Lacherspitze. Kurz unterhalb des Gipfelaufbaus geht es ohne Skier in leichter Kraxelei weiter

Sicher unter der Sudelfeldstraße hindurch setzen wir unsere Tour fort.

Wintermärchen am Gipfel der Lacherspitze.

zum felsigen Gipfel der **Lacherspitze** ❷, 1724 m, wo wir mit einer wunderbaren Rundumsicht belohnt werden.
Zurück am Skidepot können wir bei gutem Wetter die Skiabfahrt Richtung Sudelfeld bereits einsehen. Wir fahren vom Skidepot in östlicher Richtung ab und queren nun unterhalb der Lacherspitze rechtshaltend, bis wir zu den felsigen Hängen unterhalb des Tagweidkopfs gelangen. Nun immer rechtshaltend das Lacherkar bis zur **Lacheralm** ❸, 1411 m, hinunter abfahren. Das letzte Stück führt durch einen steilen und engen Waldgürtel. Es gibt von der Lacherspitze in Richtung Lacheralm noch eine weitere Abfahrtsvariante, die im Sonnenhang linkshaltend durch das Lacherkar führt. Die hier beschriebene Abfahrt ist allerdings schattenseitig, sodass man über längere Zeit Pulverschnee vorfindet.
Nun folgen wir den gelben Wegweisern nach rechts und gelangen über ein kurzes Stück Forststraße wieder zu freien Wiesenhängen. Diese fahren wir linkshaltend ab und erreichen so einen großen **Wanderparkplatz** ❹, 1087 m, direkt an der Bundesstraße. Diese unterqueren wir durch eine kleine Unterführung. Einige Meter hinauf auf der andern Straßenseite und wir stehen am oberen Lifthäusl des Wedellifts. Wir fahren die kurze Piste hinunter bis zum Hotellift. Nun steigen wir schräg gegenüber der Talstation neben der Piste nach Süden Richtung Hauptskigebiet auf, bis wir zu einem großen, blauen Schild mit der Aufschrift »Talabfahrt nach Bayrischzell« gelangen. Diese führt uns durch eine Waldschneise hinunter bis zur **Talstation des Schwebelifts** ❺, 861 m. Am Parkplatz folgen wir immer der Sudelfeldstraße bis hinein in die Ortsmitte von Bayrischzell. Dort biegen wir rechts in die Schlierseer Straße ab, die uns zum Gasthaus Alpenrose bringt. Direkt danach führt uns die Bahnhofstraße zum bereits sichtbaren **Bahnhof Bayrischzell** ❻, 803 m.

Geigelstein-Express
Unterwegs in den Chiemgauer Alpen

  Ettenhausen　　Safari　↗ 1300 m　　　Sachrang
　　　　　　　　　⏱ 7.10 h　↘ 1300 m

Heute steht endlich mal wieder ein Skiausflug ins Herz des Chiemgaus auf dem Fahrplan und es soll eine prächtige Tagestour werden. Also nicht einfach nur mal schnell rauf und runter auf einer Bergseite und gleich wieder heim, sondern eine lange Skisafari quer durchs Gebirge. Denn das ist unsere Lieblingsbeschäftigung im Winter. Mit dem Lauf der Wintersonne führt uns die Reise von Ettenhausen im Osten hinüber ins Bergsteigerdorf Sachrang nach Westen. Dazwischen liegen der berühmte Geigelstein und seine Nachbargipfel Breitenstein und Mühlhornwand, allesamt wunderbar zum Skifahren. Wenn die Verhältnisse so bärig sind, wie wir uns es heute erhoffen, steigen wir einfach auf alle drei Berge rauf. Der Tag ist schließlich lang genug, los geht's!

Ein gähnend leerer morgendlicher Bus bringt uns vom Bahnhof Übersee am Chiemsee mitten hinein ins hübsche Dorf Ettenhausen. Bereits an der Haltestelle können wir die mächtige, weiße Gipfelflanke des Geigelsteins sehen, da kommt gleich mal richtig Vorfreude auf. Ein paar Meter zu Fuß durchs Zentrum, noch ein kurzer Einkauf im lokalen Lebensmittelmarkt, um die Brotzeit zu komplettieren, und schon sind hinter den letzten Häusern die Skier unter den Füßen. Der Aufstieg zur Wuhrsteinalm entlang der alten Skipiste ist so entspannt, fast wären wir am Breitenstein vorbeigelaufen. Aber für die pulvrige Abfahrt durch die steile Nordflanke lohnt sich der kurze, knackige Abstecher wirklich. Dann wollen wir aber endlich rauf auf den Geigelstein, lange genug haben wir schon draufgeschaut. Nach der kühlen Extrarunde ziehen wir nochmals an der Alm vorbei, und am frühen Nachmittag haben wir den sonnigen Gipfel jetzt ganz für uns allein. Das ist schon ein Luxus auf so einem bekannten Berg. Der westseitige Schnee im Kessel oberhalb der Priener Hütte ist jetzt um die Tageszeit butterweich zu fahren, leider ist dort heute am Dienstag ausgerechnet Ruhetag. Also wird die Kaffee- und Kuchenpause eben auf später ins Tal verlegt, und wir biegen vorher schon ab zur Mühlhornwand, unserem letzten Gipfelziel. Geschafft, alle drei sind jetzt im Kasten und nun lassen wir es locker bis hinunter nach Sachrang laufen. Wie wir es inzwischen gewohnt sind, hält irgendwann mitten im Dorf ein gähnend leerer Bus. Der bringt uns pünktlich zum Bahnhof Aschau mit der putzigen roten Lokalbahn, die den Anschluss an die weite Welt sichert. Eventuelle Wartezeiten lassen sich nach getaner Arbeit in den vielen Geschäften und Lokalitäten der beiden Orte bestens überbrücken, die lokale Wirtschaft freut's und uns natürlich auch.

Wer hat die schönsten Skier?

Ausgangspunkt: Bushaltestelle Ettenhausen, Schleching, 568 m. Mit der Bayerischen Regiobahn BRB (RE 5) von München Hbf in Richtung Salzburg bis Bahnhof Übersee, Weiterfahrt mit Bus 9505 in Richtung Reit im Winkl bis Ettenhausen, Abfahrt München Hbf über München Ost ab 7.56 Uhr, Dauer ca. 1.50 Std.

Endpunkt: Bushaltestelle Sachrang Ort, Aschau im Chiemgau, 738 m, gegenüber des Sachranger Dorfladens. Mit Bus 9502 nach Bahnhof Aschau im Chiemgau, Weiterfahrt mit der Bayerischen Regionalbahn BRB (RB 52) nach Bahnhof Prien a. Chiemsee, Umstieg in die Bayerische Regiobahn BRB (RE 5) nach München Hbf. Letzte Abfahrt Bushaltestelle Sachrang Ort 17.51 Uhr, Dauer ca. 2.15 Std. je nach Verbindung. Wichtiger Hinweis zur An- und Abreise: Die Buslinie 9502 von Sachrang Ort nach Aschau fährt in den Wintermonaten laut aktuellem Fahrplan nur Mo–Fr, am Wochenende ist für die kurze Strecke zum Bahnhof Aschau ein Taxi zu empfehlen.

Gipfel: Breitenstein, 1661 m; Geigelstein, 1808 m; Mühlhornwand, 1658 m.

Gehzeiten: Bushaltestelle Ettenhausen – Talstation Geigelsteinbahn (ca. 25 Min.), Talstation Geigelsteinbahn – Wuhrsteinalm (Aufstieg ca. 1 Std.), Wuhrsteinalm – Breitenstein (Aufstieg 1.30 Std.), Breitenstein – Wirtsalm (Abfahrt und Aufstieg 45 Min.), Wirtsalm – Geigelstein (Aufstieg 1 Std.), Geigelstein – Oberkaseralm (Abfahrt 20 Min.), Oberkaseralm – Mühlhornwand (Aufstieg 30 Min.), Mühlhornwand – Parkplatz Sachrang (Abfahrt 1.15 Std.), Parkplatz Sachrang – Bushaltestelle Sachrang Ort (ca. 25 Min.); gesamt ca. 7.10 Std.

Hangrichtung: Im Aufstieg vorwiegend Ost und Süd, in den Abfahrten vorwiegend Süd und Südwest, sowie Richtung Sachrang Nord.

Lawinengefährdung: Mäßig bis mittel ab Wirtsalm und im oberen Bereich der Mühlhörndlwand, auch oberhalb der Schreckalm besteht in Extremsituationen Schneebrettgefahr, sonst in weiten Teilen gering.

Anforderungen: Lange, schöne Skisafari ohne größere Schwierigkeiten in der Orientierung, oft gespurt; Aufstieg über ehemaliges Skigebiet unterhalb des Geigelsteins, Abfahrt vom Geigelsteingipfel bei geringer Schneelage etwas herausfordernd.

Orientierung: Einfach, meist gespurt.

Einkehrtipps: Wuhrsteinalm, www.wuhrsteinalm.de; abseits der Route: Priener Hütte, ganzjährig geöffnet, Mitte September bis Mai (außer bayerische Schulferien) Mo/Di Ruhetag, Tel. +49 8057 428; Sachranger Dorfladen gegenüber Bushaltestelle Sachrang, Mo, Di, Do, Fr 7.30–12.30 Uhr und 15–18 Uhr, Mi/Sa 7.30–12.30 Uhr, www.der-sachranger.de, Tel. +49 8057 9045123; Hans Clarin Stüberl am Bahnhof Aschau, täglich 15–23 Uhr, Tel. +49 8052 4791.

Naturschutz: Die Regelungen für TourengeherInnen im Naturschutzgebiet Geigelstein bitte dingend beachten!

In den letzten Sonnenstrahlen hinunter nach Sachrang.

Herrliche Aussicht am Gipfel des Geigelsteins.

Wir starten an der **Bushaltestelle Ettenhausen** ❶, 568 m, und biegen links in die Geigelsteinstraße ab, die zu einer bereits sichtbaren Kapelle führt. An schönen Bauernhäusern vorbei folgen wir nun der Beschilderung »Geigelstein über Wirtsalm«. Zu wenig Brotzeit im Rucksack? Kein Problem, auf dem Weg durch Ettenhausen kommen wir direkt am lokalen Supermarkt vorbei. Wir gelangen neben der Straße zur **Liftstation der ehemaligen Geigelsteinbahn** ❷.

In der steilen nordseitigen Abfahrt vom Breitenstein.

Auf einer Übersichtskarte können wir uns über den Verlauf unserer Tour und über das Naturschutzgebiet Geigelstein informieren. Wir folgen auf einem Forstweg der Beschilderung »Wuhrsteinalm/Berghotel Breitenstein«, bis wir bald linkerhand zur ehemaligen Skipiste kommen. Auf ihr geht es zunächst bis zur **Wuhrsteinalm** ❸, 1144 m.

Unser erstes Gipfelziel ist der Breitenstein mit seiner nordseitigen, steilen Abfahrt. Dafür gehen wir knapp unterhalb der Wirtsalm links zu einem bewaldeten Kamm hinauf und an diesem entlang bis zum Gipfel des **Breitensteins** ❹, 1661 m.

203

Der Geigelstein in seiner schönsten Form. Auf der linken Seite steigen wir zum Gipfel hinauf.

Für die Abfahrt laufen wir ca. 100 m zurück und biegen rechts in die Nordrinne ab, die im Mittelteil sehr steil ist. Unten angekommen fellen wir wieder an, steigen nun zur **Wirtsalm** ❺, 1429 m, auf und ziehen in einem Rechts-Links-Bogen zunächst bis zu einer kleinen Einbuchtung hinauf. Unser weiterer Aufstieg verläuft nun in vielen Spitzkehren durch ein dichtes Latschenfeld bis zum Gipfel des **Geigelsteins** ❻, 1808 m.

Die Abfahrt verläuft zunächst südseitig ebenfalls durch einen dichten Latschengürtel, der bei geringer Schneelage mühsam ist. Nun halten wir uns leicht rechts, um über freie Wiesenhänge zur **Oberkaseralm** ❼, 1493 m, abzufahren. Hier fellen wir auf, steigen über eine steile Hangmulde auf einen Rücken und über diesen zur **Mühlhornwand** ❽, 1658 m. Nach einer kurzen Rast gehen wir um den Gipfelfelsen herum und gelangen zu einer breiten Almwiese. Hier fahren wir

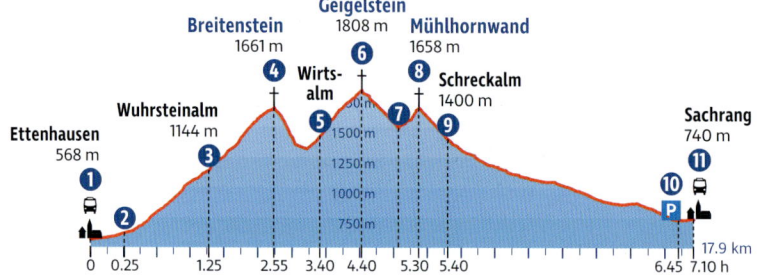

immer leicht rechtshaltend über einen schönen Hang zu einem Waldstreifen und weiter hinunter zur **Schreckalm** ❾, 1400 m. Immer rechtshaltend geht es jetzt über freie Flächen bergab und über einen letzten, steileren Hang auf eine Forststraße. Dieser folgen wir bis zum ersten größeren Gebäude, der Diensthütte. Hier halten wir uns links und fahren den Forstweg weiter ab bis zur Einmündung in die Bundesstraße an einem **Parkplatz** ❿. Nun folgen wir der Straße kurz nach links und biegen Richtung Ortsmitte Sachrang ab. Die **Bushaltestelle Sachrang** ⓫, 740 m, befindet sich gegenüber des Sachranger Dorfladens.

Jetzt noch in den gut sortierten Sachranger Dorfladen. Hier lässt sich die Wartezeit auf den Bus hervorragend überbrücken.

33 Kaiserschmarrn und Chiemseeblick
Auf die Kampenwand

Aschau im Chiemgau | Tour 4.15 h | ↗ 1000 m ↘ 1000 m | Aschau im Chiemgau

Jedem das Seine! Man will nicht immer um 5 Uhr in der Früh aufstehen und 2000 Höhenmeter aufsteigen, um sich dann waghalsige Steilrinnen hinabzustürzen. An manchen Tagen siegt die Lust auszuschlafen und gemütlich zu frühstücken, um danach auf eine beschauliche Pistentour mit Einkehr und entspannter Abfahrt zu gehen. Für solche Tage bietet die Kampenwand mit ihren bewirtschafteten Almen, ihrem verhältnismäßig einfachen Aufstieg und ihrem imposanten Blick auf den Chiemsee ein passendes Programm. Auch wenn es bei größeren Mengen Neuschnee und erhöhter Lawinengefahr nur wenige sichere Skitourenmöglichkeiten in den bayerischen Alpen gibt, lässt sich hier im Skigebiet auf präparierten Pisten eine sichere Tour finden. Ideal für Einsteiger, aber auch für Profis und Höhenmeterschrubber. Oft endet unsere Tour am höchsten Punkt des Skigebiets bei Kaffee und Kuchen in der gemütlichen Steinlingalm. Sollten dort jedoch noch immer die Beine kribbeln und die Lawinenverhältnisse mitspielen, dann warten weitere 200 optionale Höhenmeter im freien Skigelände sowie ein alpines Gipfelfinale. Der Pfad durch die winterlichen Kaisersäle, die beeindruckenden Felsformationen sowie der versicherte Steig auf den letzten luftigen Metern machen die Tour zu einem besonderen Erlebnis. Das Skigebiet Kampenwand ist eines der letzten Skigebiete Bayerns mit »Naturschnee«, also ohne künstliche Beschneiung. Und es ist nicht selbstverständlich, dass man es noch immer per Bahn durch den malerischen Chiemgau erreichen kann. Beinahe wäre die Strecke von Prien nach Aschau in den 1980er-Jahren geschlossen worden, das Stilllegungsverfahren wurde glücklicherweise rechtzeitig gestoppt.

Oben: Fantastische Aussicht auf das Chiemgauer Alpenvorland zwischen Steinlingalm und Gipfel.
Links: Start in Aschau – raus aus der Bahn und rauf auf die Skier.

Ausgangs- und Endpunkt: Bahnhof Aschau im Chiemgau, 604 m. Mit der Bayerischen Regiobahn BRB (RE 5) in Richtung Salzburg Hbf bis Prien am Chiemsee. Weiter mit der Regionalbahn (RB 52) bis Aschau. Abfahrt München Hbf über München Ost ab 5.55 Uhr ca. stündlich, Dauer ca. 1.20 Std. Rückfahrt nach München Hbf über München Ost mit Umstieg in Prien am Chiemsee bis 20.43 Uhr.
Gipfel: Kampenwand Ostgipfel, 1664 m.
Gehzeiten: Bahnhof Aschau – Beginn Skipiste (ca. 30 Min.), Beginn Skipiste – Steinlingalm (Aufstieg ca. 2 Std.), Steinlingalm – Kampenwand Ostgipfel (ca. 45 Min.), Kampenwand Ostgipfel – Beginn Skipiste (Abfahrt ca. 30 Min.), Beginn Skipiste – Bahnhof Aschau (ca. 30 Min.); gesamt ca. 4.15 Std.
Hangrichtung: Piste überwiegend West, Gipfelhang Nord.
Lawinengefährdung: Bis zur Steinlingalm im Skigebiet kaum lawinengefährdet, am Gipfelhang mittel.
Anforderungen: Bis zur Steinlingalm leichte Pistenskitour, am Hang zum Ostgipfel bis zum Skidepot ist gute Spitzkehren- und Skitechnik hilfreich. Vom Skidepot zum Gipfel sind Trittsicherheit und Schwindelfreiheit erforderlich.
Orientierung: Für den Weg vom Bahnhof bis zur Piste ist ein Blick in die Karte oder die Benutzung eines GPS-Geräts hilfreich. Ab dem Beginn der Piste ist die Orientierung verhältnismäßig einfach (die Aufstiegsroute ist während des Skibetriebs in der Regel ausgeschildert). Und selbst wenn man wegen der vielen Gabelungen und Abzweigungen vom hier beschriebenen Pfad abkommt, gelangt man über einen der zahlreichen anderen Wege zur Steinlingalm.
Einkehrtipps: Gorialm, bei schönem Wetter täglich geöffnet, www.gorialm.de, Tel. +49 151 72113792; Steinlingalm, geöffnet 26.12.–6.1. durchgehend, danach bis etwa Ende März Do–So, Do Abendbetrieb, www.steinlingalm.de, Tel. +49 8052 2962; Hans Clarin Stüberl am Bahnhof in Aschau, So–Fr 15–23 Uhr, Sa 14–23 Uhr, Tel. +49 8052 4791; Café Rosa in Aschau, Mo und Mi–Fr 8–18 Uhr, Sa, So und Feiertage 9.30–18 Uhr, www.caferosa.de, Tel. +49 172 6910326.
Hinweis: Bei Skibetrieb sind die Pisten 20–9 Uhr gesperrt (außer Do am Tourengeherabend, dann sind die Pisten sowie Steinlingalm und Gorialm bis 24 Uhr geöffnet).
Autorentipp: Die Tour kann ab der Steinlingalm um einen Abzweig zur Sonnenalm über den unterhalb der Kampenwand verlaufenden aussichtsreichen Winterwander- bzw. Panoramaweg erweitert werden.

Start: Bahnhof Aschau.
Ziel: Steinlingalm mit Steinlingkapelle.

Vom **Bahnhof Aschau** ❶, 604 m, gehen wir ca. 250 m auf der Bahnhofstraße nach Süden, bis links die Aufhamer Straße abzweigt. Am Wegweiser mit der Aufschrift »Zur Kampenwand« biegen wir nach links auf einen kleinen Weg ein. Bei ausreichend Schnee können wir hier schon die Skier anlegen. Wir folgen dem schmalen Weg über eine Brücke und dann nach Westen entlang des Lochgrabens bis zur Aufhamer Straße. Auf dieser biegen wir nach rechts ab und gehen durch den Ortsteil **Hub** ❷, 622 m, und weiter über die Felder rechts entlang der Straße. Den Fuchsluger Bach überqueren wir über eine kleine Brücke und steigen dann zunächst über die **Skipiste** ❸ am Pistenrand auf. Ohne Skibetrieb folgt man der Piste bis zur Gorialm. Etwas länger, doch dafür abwechslungsreicher ist der Aufstieg abseits der Piste. Hierfür biegen wir ca. 200 m nach einer 90-Grad-Rechtskurve, wo die Piste wieder steiler wird, in einen Weg nach links in den Wald ab. Nach ca. 600 m folgen wir nicht dem Schild »Über Miesau zur Kampenwand«, sondern nehmen den Abzweig nach rechts in Richtung

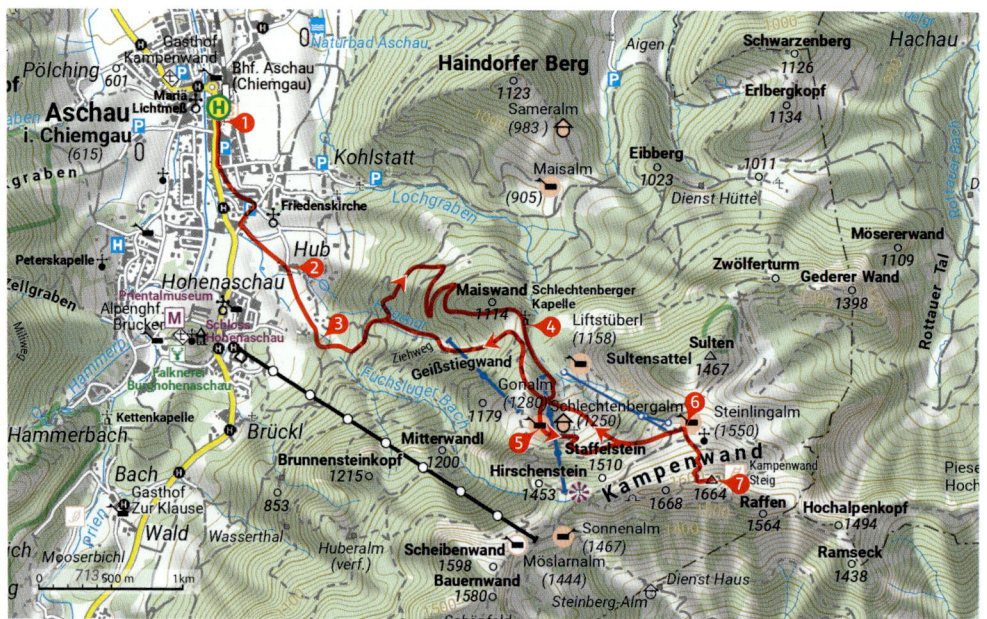

»Kampenwand über Schlechtenberg, Steinlingalm«. In einer Serpentine gehen wir an Kletterfelsen vorbei und stoßen schließlich auf einen Forstweg (Rodelbahn). Am Wegweiser mit der Aufschrift »Kampenwand über Steinlingalm« biegen wir nach rechts ab. Wir passieren die kleine **Schlechtenberger Kapelle** ❹, 1108 m, und gehen weiter zur **Gorialm** ❺, 1240 m. Ein Stück nach der privaten Schlechtenbergalm erreichen wir schließlich die **Steinlingalm** ❻, 1467 m, die uns mit einer fantastischen Sicht auf den Chiemsee und das Alpenvorland belohnt. Der Gipfelaufbau liegt nun direkt vor uns und ermöglicht die Einschätzung der Lawinenverhältnisse am bis zu 35 Grad steilen Gipfelhang. Bei kritischen Verhältnissen geht es direkt in die warme Stube der Steinlingalm. Bei sicheren Bedingungen steigen wir in Spitzkehren durch einen kleinen Latschengürtel dem

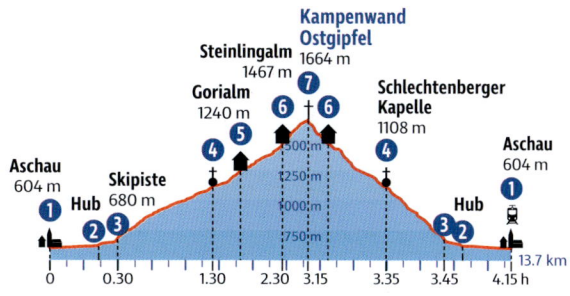

Gipfel entgegen. Am Fuß der beeindruckenden Kaisersäle errichten wir unser Skidepot und kraxeln die restlichen Meter auf den **Ostgipfel der Kampenwand** ❼, 1664 m, hinauf.

Die Abfahrt erfolgt auf der Piste. Wir achten dabei darauf, nicht zu weit abzufahren, um den Abzweig zur kleinen Brücke über den Fuchsluger Bach nicht zu verpassen. Ab hier nehmen wir wieder den bekannten Weg zurück zum **Bahnhof Aschau** ❶.

Versunken im Schnee – die Steinlingalm.

34 Im Herzen der Chiemgauer Alpen
Auf das Dürrnbachhorn

  Seegatterl   Tour   ↗ 980 m   Seegatterl
⏲ 3.00 h   ↘ 980 m

Das Seegatterl ist die unscheinbare Wasserscheide zwischen der Tiroler Ache, zu der die Schwarzlofer fließt, und der Traun, die von hier nach Nordosten entwässert. Auf der Fahrt von Reit im Winkl nach Ruhpolding merkt man kaum, dass man sich am höchsten Punkt befindet und das Tal jenseits wieder abfällt.

Dieses Herz der Chiemgauer Alpen ist für oberbayerische Verhältnisse relativ abgelegen. Vom Chiemsee aus muss man über den Masererpass fahren, eine Busverbindung von Übersee ermöglicht von dort auch die Anreise mit Öffis. Von Traunstein führt eine Bahnstrecke bis Ruhpolding, die »letzte Meile« – die sich hier über knapp 20 km erstreckt – kann man von dort mit dem Bus zurücklegen.

Das Seegatterl ist als »Schneeloch« bekannt. Wie ein Trichter kanalisieren Chiemsee und Achental von Nordwesten einströmende Wolken in seine Richtung, wo sie sich an der Barriere von Steinplatte und Sonntagshorn stauen und dann so richtig ausschneien. Daher möchte man meinen, dass es sich bei dem Tal um ein Skitourenparadies handelt. Leider ist dem nicht so, da die meisten Berge bis in die Gipfelregion dicht bewaldet sind. Eine Ausnahme bildet die Steinplatte, allerdings haben sich diesen schönen Berg schon vor langem die Touristiker unter den Nagel gerissen und mit Seilbahnen, Kunstschneeautobahnen und allerlei Eventinstallationen gefügig gemacht.

Zum Glück bleibt aber für uns SkitourengeherInnen noch das Dürrnbachhorn, das sich etwas abseits der belebten Winklmoosalm erhebt. Der Aufstieg dorthin führt durch oft tief verschneite Wälder und über einen tollen Westhang auf den aussichtsreichen Gipfel. Für die Abfahrt durch den Waldgürtel können wir dann auf die geschmähte Infrastruktur des Skigebiets zurückgreifen. Wir haben die Wahl zwischen der Talabfahrt von der Winklmoosalm oder der breiten Langlaufloipe, um zurück zum Ausgangspunkt zu kommen. So ergibt sich eine schneesichere und kaum lawinengefährdete Skitour, die sich auch konditionsstarke Anfänger zutrauen können.

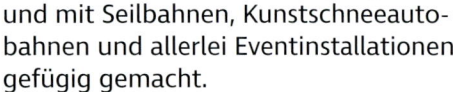

Michi freut sich über das Gipfelpanorama mit Blick Richtung Berchtesgadener Alpen.

Die Dürrnbachalm vor dem stark verspurten Gipfelhang.

Ausgangs- und Endpunkt: Bushaltestelle Seegatterl (Winklmoosalmbahn), 780 m. Mit der Bayerischen Regiobahn (RB 5) Richtung Salzburg bis Traunstein. Umstieg in die Regionalbahn (RB 53) nach Ruhpolding. Weiterfahrt mit dem Regionalbus 9506 Richtung Reit im Winkl bis Seegatterl. Alternativ mit der RB 5 Richtung Salzburg bis Prien am Chiemsee. Weiterfahrt mit dem Regionalbus 9505 Richtung Reit im Winkl bis zur Tourist-Info Reit im Winkl, Umstieg in den Regionalbus 9506 Richtung Inzell bis Seegatterl. Abfahrt München Hbf über München Ost ab 5.55 Uhr, Dauer je nach Verbindung ca. 3.10 Std. Abfahrt Bushaltestelle Seegatterl nach München Hbf über München Ost bis 17.48 Uhr, Dauer ca. 2.19 bis 3.10 Std.
Gipfel: Dürrnbachhorn, 1765 m.
Gehzeiten: Seegatterl – Kohlstatt (Aufstieg ca. 1 Std.), Kohlstatt – Dürrnbachalm (Aufstieg ca. 20 Min.), Dürrnbachalm – Dürrnbachhorn (ca. 1.10 Std.), Gipfel – Dürrnbachalm (Abfahrt 15 Min.) Abfahrt a) Dürrnbachalm – Langlaufloipe (10 Min.), Langlaufloipe – Seegatterl (15 Min.) Abfahrt b) Dürrnbachalm – Winklmoosalm (5 Min.), Winklmoosalm – Seegatterl (15 Min.); gesamt ca. 3 Std.
Hangrichtung: Vorwiegend West, Gipfelanstieg Süd.

Lawinengefährdung: Gering.
Anforderungen: Leichte Skitour, die auch von Anfängern unternommen werden kann.
Orientierung: Die Route ist selbst nach Neuschnee fast immer gespurt.
Einkehrtipps: Mehrere Gaststätten auf der Winklmoosalm, z. B. Traunsteiner Hütte, 1160 m, DAV-Sektion Traunstein, www.traunsteiner-huette-winklmoosalm.de, Tel. +49 8640 8140.
Naturschutz: Im Umfeld der Tour liegen die Wald-Wild-Schongebiete Lemberg, Lembergschneid und Finsterbachalm.
Variante: Eine etwas kürzere Alternative stellt die Lembergschneid, 1597 m, dar. Dorthin hält man sich vor dem Westhang des Dürrnbachhorns links und erreicht über einen Linksbogen die sanfte Gipfelkuppe.
Autorentipps: Wem die knapp 1000 Hm zu lang sind, der kann auch mit der Seilbahn zur Winklmoosalm fahren und von dort über die Almstraße zur Dürrnbachalm wandern, so verkürzt sich die Tour auf rund 650 Hm.
Bei guten und sicheren Schneeverhältnissen kann man vom Gipfelkreuz dem Grat nach Osten bis zum Ostgipfel folgen. Von dort führt eine schöne südwestseitige Mulde hinab zur Finsterbachalm, die bei Firn relativ spät auffirnt. Auf dem Almweg fährt man dann weiter ab zur Winklmoosalm.

Tiefblick auf die Dürrnbachalm, im Hintergrund das Kaisergebirge.

Am Ausgangspunkt sollte man sich von den Großparkplätzen und den zahlreichen abführenden Straßen nicht verwirren lassen. Von der **Bushaltestelle Seegatterl** ❶, 780 m, führt links von der Gondelbahn-Talstation eine Straße bzw. Langlaufloipe am Dürrnbach entlang nach Osten. Nach etwa 500 m biegt sie nach links ab und führt mit einer Brücke über den Bach. Gleich nach dem Bach zweigt rechts der Sommerweg ab ❷, dem wir nun, immer ein Stück oberhalb des Talbodens, folgen. Dieser Weg kann manchmal wenig Schneeauflage haben, sodass die Skier auch im Aufstieg abgeschnallt werden müssen. Für die Abfahrt ist er auch bei genug Schnee eher nicht empfehlenswert, da er recht eng ist und teils steil zum Bach hinabfällt. Nach etwa 30 Min. auf diesem Weg erreicht man wieder die Langlaufloipe und folgt ihr ein kurzes Stück, bis sie nach rechts über den Dürrnbach führt. Kurz vorher leitet links ein schmaler Forstweg in den Wald, der immer links vom Bach in etwa 20 Min. zur Freifläche der **Kohlstatt** ❸, 1164 m, führt und dort eine Forststraße kreuzt. Gemütlich ansteigend folgen wir dem beschilderten Weg weiter nach Osten zur **Dürrnbachalm** ❹, 1336 m, an der bereits der Blick frei wird auf unser Ziel mit seinem freien Westhang. Von den Almhütten steigen wir zuerst auf der sonnigen linken Seite ein Stück taleinwärts auf bis in die Talmulde, die hier nach Nordosten zieht. Dort, wo der Muldenboden etwas abflacht, verlassen wir ihn nach rechts und ziehen diagonal ansteigend über einen wenig ausgeprägten Rücken im Westhang hinauf ans Dürrnbacheck unweit der Bergstation eines Sessellifts, der nur im Sommer in Betrieb ist. Der hier ansetzende, latschenbewachsene Südrücken kann sich je nach Schneelage sehr unterschiedlich präsentieren. Bei hoher Schneelage geht es zwischen vereinzelten Bäumen ohne

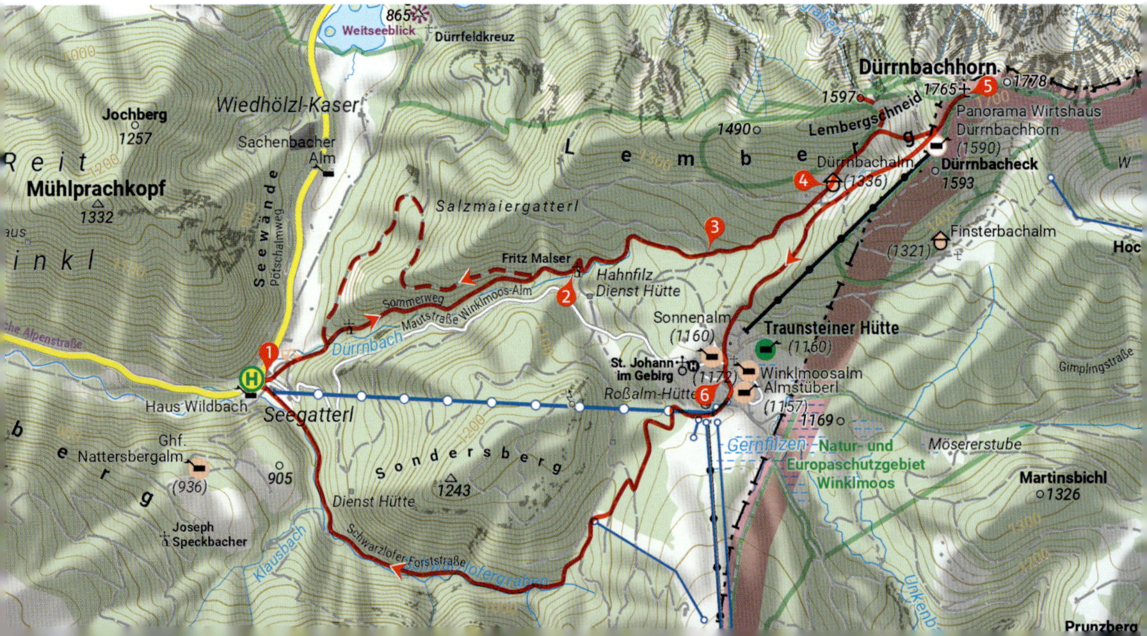

Abfahrtsspaß im geräumigen Westhang hinab zur Dürrnbachalm.

Schwierigkeiten mit Skiern zum höchsten Punkt. Bei wenig Schnee steigt man mit Skiern so weit auf wie möglich und stapft dann die letzten Meter am Sommerweg durch die Latschengassen zum Gipfelkreuz des **Dürrnbachhorns** ❺, 1765 m. Bei der Abfahrt schwingen wir über den tollen Westhang hinab zur **Dürrnbachalm** ❹. Nun gibt es zwei Möglichkeiten:
a) Wir folgen der Aufstiegsroute durch den Wald zurück bis zur Langlaufloipe. Auf dieser müssen wir ein längeres Flachstück kräftig anschieben oder skaten, um, zuletzt kurz leicht aufwärts, den Durchschlupf östlich von Punkt 1017 m zu erreichen. Danach läuft es auf der Loipe flott und schneesicher hinab zum **Ausgangspunkt** ❶.
b) Von der Dürrnbachalm führt eine Almstraße nach Südwesten hinab zur **Winklmoosalm** ❻, 1152 m. Hier fährt man zwischen den Häusern hindurch und schiebt zur Bergstation der Seilbahn, die vom Tal heraufkommt. Nun auf der Skipiste (Talabfahrt) hinab zum Ausgangspunkt am **Seegatterl** ❶.

Autor: Markus Stadler

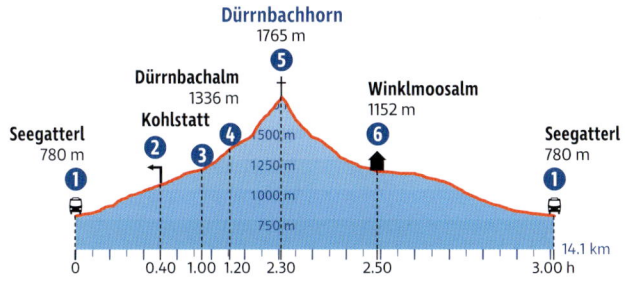

35 Mystisch und sagenhaft
Skitour zum Dritten Watzmannkind

| Ramsau Wimbachbrücke | Tour 5.00 h | ↗ 1550 m ↘ 1550 m | Ramsau Wimbachbrücke |

Kein Wunder, dass sich um diese fantastische Gebirgslandschaft am höchsten innerdeutschen Gipfel im Nationalpark Berchtesgaden zahlreiche Sagen und Mythen ranken, denn man kann es förmlich spüren, wie diese Gegend mit ihren magischen Steilwänden, ihren Zacken und Türmchen und dem am Ende wartenden Tiefblick auf den Königssee geradezu die Fantasie beflügelt und zum Träumen anregt! Es spielt daher auch keine Rolle, dass diese Tour lediglich zum unbedeutend winzigen Gipfel des Dritten Watzmannkindes zwischen Watzmann-Mittelspitze und Kleinem Watzmann führt, denn der Eindruck und das Gesamterlebnis der Tour in dieser grandiosen Landschaft sind unvergleichlich.

Etwa die Hälfte der Strecke verläuft durch das Watzmannkar, das dank seiner Ausrichtung nach Norden und seiner schattigen Lage zwischen den steilen Wänden des Kleinen Watzmanns und der Mittelspitze noch bis ins Frühjahr hinein für gute Schneeverhältnisse bekannt ist. Mit einer Steilheit von bis zu 35 Grad im oberen Teil ist Abfahrtsvergnügen hier garantiert.

Die Tour führt anfangs über einen zahmen Forstweg, später über eine recht steile weglose Passage durch dichten Wald und endet mit einem senkrechten Abbruch und einem fast schon surrealen Ausblick auf den 1500 Höhenmeter tiefer gelegenen Königssee und die beeindruckende winterliche Watzmann-Ostwand. Nirgendwo geht es mehr weiter, ringsherum nur noch Steilwände, Abbrüche, Flanken und meterhohe Wechten – fast wie am Ende der Welt.

Sonne im Gesicht – auf den letzten Metern zum Gipfel.

Die Watzmann-Ostwand stellt insbesondere im Winter eine grandiose Szenerie dar.

Ausgangs- und Endpunkt: Bushaltestelle Wimbachbrücke bei Ramsau, 631 m. Mit dem Regional-Express (RE 5) nach Salzburg. Weiter mit dem Bus 840 zum ZOB Berchtesgaden und dort weiter mit dem Bus 846 Richtung Hintersee.
Abfahrt München Hbf über München Ost ab 6.55 Uhr, Dauer ca. 3.30 Std.
Abfahrt Bushaltestelle Wimbachbrücke bei Ramsau nach München Hbf über München Ost bis 17.01 Uhr mit Bus 846 zum ZOB Berchtesgaden und weiter mit Bus IC nach Freilassing. Dort weiter mit Regional-Express (RE 5) nach München, Dauer ca. 3.05 Std.
Gipfel: Drittes Watzmannkind, 2209 m.
Gehzeiten: Wimbachbrücke – Schapbachalm (Aufstieg 1.30 Std.), Schapbachalm – Drittes Watzmannkind (Aufstieg 2.30 Std.), Drittes Watzmannkind – Wimbachbrücke (Abfahrt 1 Std.), gesamt ca. 5 Std.
Hangrichtung: Nord bis Nordost.
Lawinengefährdung: Im unteren Teil gering bis mittel, im oberen Teil hoch.
Anforderungen: Hohe Anforderung an die Kondition aufgrund der zu bewältigenden 1550 Hm. Technisch nicht besonders schwierig.
Orientierung: Im unteren Teil ist bei nicht vorhandener Spurenlage die Orientierung aufgrund der Gefahr, den falschen Abzweig im Wald zu nehmen, nicht ganz einfach. Im Watzmannkar stellt die Orientierung bei vorhandener Sicht kein Problem dar.
Naturschutz: Die Wald-Wild-Schongebiete im Watzmannkar sind zu beachten.

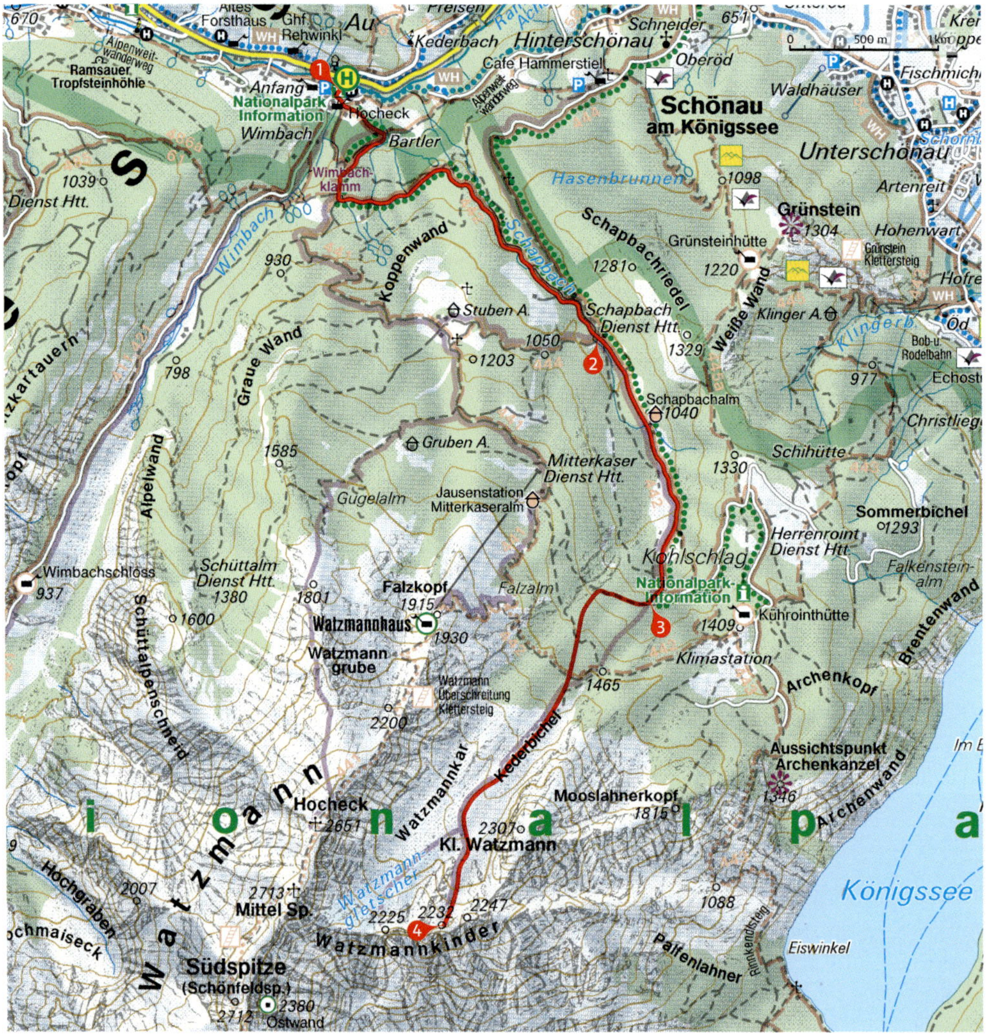

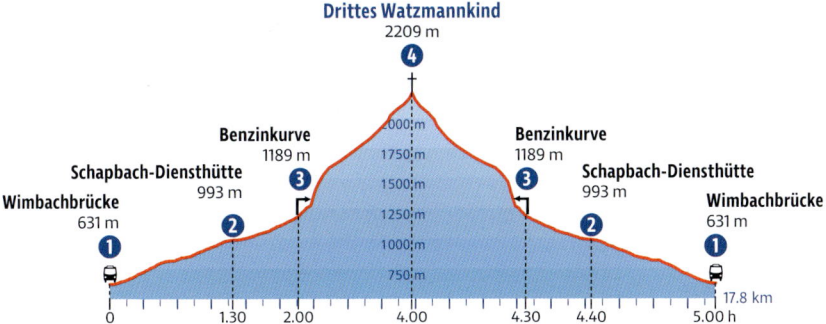

An der **Bushaltestelle Wimbachbrücke** ❶, 631 m, überquert man den Wimbach nach Südosten und folgt geradeaus dem Schapbachweg für insgesamt rund 5 km. Dabei passiert man die **Schapbach-Diensthütte** ❷, 993 m, und die Schapbachalm. Wo die Forststraße von einer längeren baumfreien Zone wieder in den Wald hineinführt und anschließend einen scharfen 180-Grad-Linksbogen beschreibt, auch **Benzinkurve** ❸, 1189 m, genannt, verlässt man diese nach rechts und steigt anfangs weglos und nach wenigen Minuten einem Wanderweg folgend in steilem Gelände empor. Etwa 300 m nach dem Abzweigen von der Forststraße verlässt man nun wiederum den Wanderweg nach links in eine etwas weniger dicht bewachsene Zone, die sich am Hang mit maximaler Steigung nach oben zieht. Man hält auf die links in Sicht kommenden Steilwände des Kleinen Watzmanns zu und gelangt an diesen entlang nach einem allmählich lichter werdenden Lärchenwald ins **Watzmannkar**. Nun geht es nahezu direkt auf das Vierte Watzmannkind zu, einen riesigen Steinturm mitten im Kar. Den Turm rechts liegen lassend erreichen wir über eine bis zu 35 Grad steile Rampe den Gipfel des **Dritten Watzmannkindes** ❹, 2209 m. Die Abfahrt erfolgt entlang der Aufstiegsroute.

Links oben: Mystisch – am Gipfel des Dritten Watzmannkindes.
Rechts: Gleich kommt der Bus zum Bahnhof Berchtesgaden.

Feierabend

Das Tagesziel ist geschafft, die Berghütte ist erreicht. Die Beine dürfen jetzt ruhen und suchen sich eine gemütliche Position unter dem Tisch in der Stube. Oberhalb der Tischplatte geht's nun erst richtig los, Speis und Trank erfreuen Gaumen und Magen. Mit strahlenden Gesichtern tauschen wir Geschichten und Erlebnisse aus. Wann starten wir zur nächsten Tour?

Oben: Der Zug zieht seine Bahnen durch die hochwinterliche Landschaft beim Bahnhof Gießenbach.
Unten: Brotzeit mit Panorama.
Rechts: Da kommt das rollende Wohnzimmer und bringt uns gemütlich nach Hause.

Links: Muskeln entspannen auf dem gemütlichen Abendspaziergang hinaus nach Krün.
Oben: Nach getaner Arbeit direkt zum Einkehrschwung in Lermoos.
Unten: Bier aus der Region schmeckt auf der Heimfahrt noch besser.

Stichwortverzeichnis

A
Achensee 170
Albert-Link-Hütte 187
Alemannenhütte 146
Almagmach, Berggasthof 47
Älpele-Hütte 59
Alpe Melköde 41
Alpiglalm 175
Alpspitzbahn 84, 85, 87
Ammergauer Alpen 96
Amperthalalm 155
Anderl-Alm 146, 147
Aschau im Chiemgau 201, 207, 208
Auerspitz 180, 183
Außerfern 70

B
Baad 39, 40
Bad Kohlgrub 102, 103, 104
Bayernhütte 146, 147
Bayrischzell 196, 197, 199
Benzinkurve 217
Berghaus Schwaben 51, 52
Bernadeinkopf 87
Bernadeinlift 84, 87, 88
Biberwier 75, 76, 78, 79
Blaichach 51
Blankensteinalm 163
Bodenschneid 176
Bolsterlang 51, 52
Brauneck 146, 148
Brauneck-Gipfelhaus 147
Brecherspitze 176, 178, 189
Breitenstein 200, 203
Brendlkar 82
Bröselalm 197
Buchauer Alm 173
Buralpkopf 42, 46

C
Chiemgau 200
Chiemgauer Alpen 200, 210
Chiemsee 206

D
Dammkar 132, 135
Dammkarhütte 135
Daxkapelle 108
Draxl-/Jaudenlifte (Lenggries) 147, 148
Drittes Watzmannkind 214, 217
Dürrnbachalm 212
Dürrnbachhorn 210, 213

E
Ehenbichler Alm 67, 68
Ehrwald 78, 79, 82
Ehrwalder Alm 79
Ehrwalder Almbahn 79, 82
Eppzirler Alm 114, 119
Eppzirler Scharte 119
Erfurter Hütte 170, 172
Esterbergalm 107, 108
Estergebirge 106
Ettenhausen 200, 201, 202

F
Farchant 107, 108
Feldernkopf 141
Feldernkreuz 141
Firstalm 186
Firstalm, Obere 187, 190
Firstalm, Untere 187, 190
Fischhausen-Neuhaus 177, 178, 187, 189
Florianshütte 146
Frauenmahdsattel 108
Freudenreichalm 176
Freudenreichalm, Untere 178
Freudenreichsattel 178

G
Gaiseck 59
Gaishorn 56, 59
Galtjoch 64, 68
Garmisch-Partenkirchen 85, 91, 107, 109
Gatteralpe 47
Geigelstein 200, 204
Geigelsteinbahn 202
Geitau 180, 181, 182
Gelchenwanger Kopf 46
Gießenbach in Tirol 111, 114, 116, 117, 119
Gorialm 207, 209
Grieskarscharte 84
Großer Ochsenkopf 53
Großtiefenthalalm 184

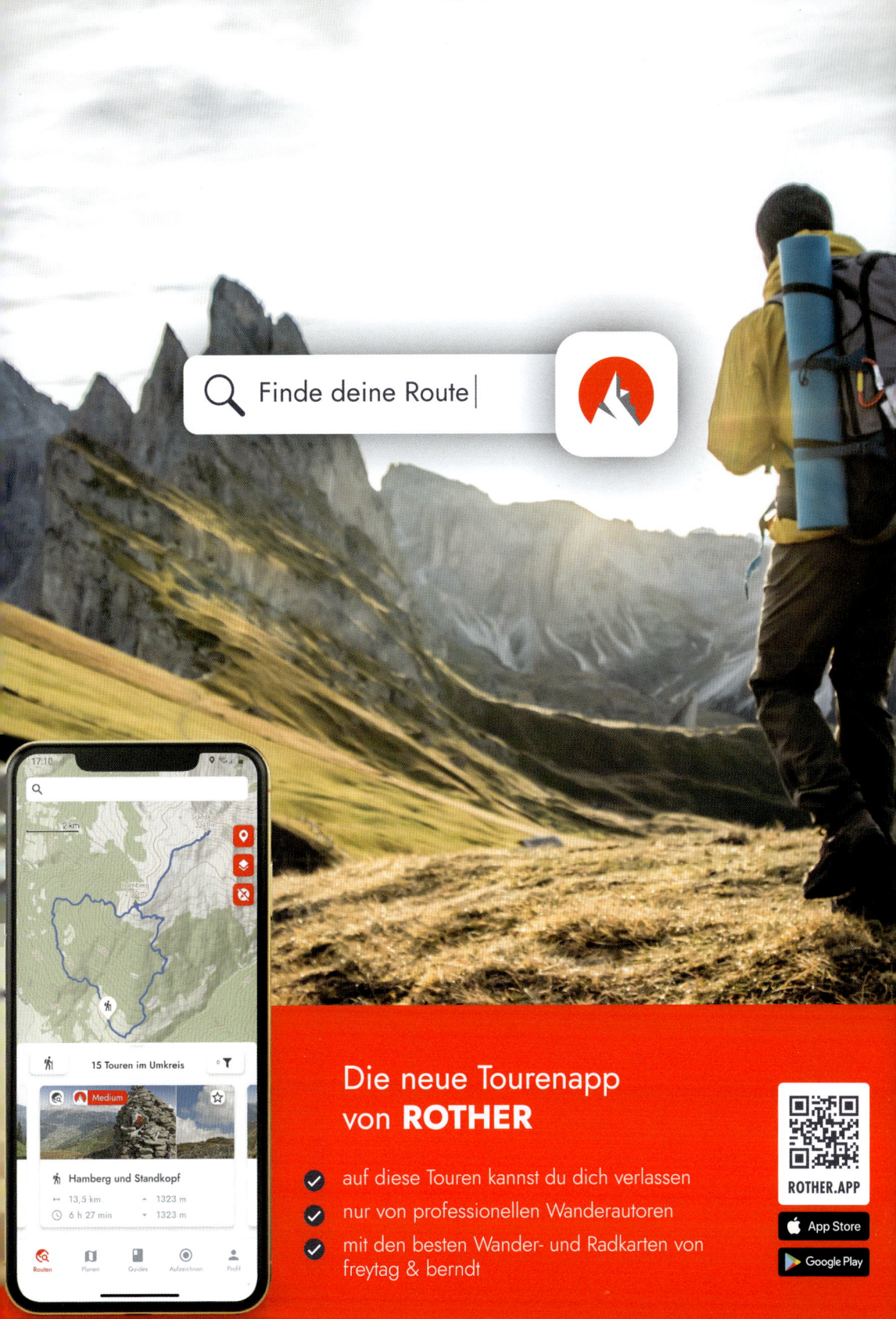

Grubascharte 175
Grünhorn 38, 41
Grünsee 186
Grünsteinscharte 78, 81
Grünsteinumfahrung 78
Gundalpe 47
Gündlesalpe 46
Gündleskopf 42, 46
Güntlespitze 38, 40
Gunzesried Säge 51, 54
Gütlealpe 46

H

Hausberg (Garmisch-Partenkirchen) 85, 88, 91, 95
Heimgarten 145
Heiterwang-Plansee 60, 62
Herzogstand 142, 144
Herzogstandhaus 143, 144
Hinteres Hörnle 105
Hinteres Tajatörl 81
Hintere Steinkarspitze 64, 68
Hirschberg 156, 158
Hirschberglift 158
Hochgrat 42, 46
Hochgratbahn (Steibis) 42, 43, 46, 48
Hochmiesing 181
Hochplatte 155
Hochzirl 116, 117, 118
Hohenburg, Schloss 152
Hölle 80
Höllkar 119
Hölltörl 80
Hörnlealm 105
Hörnlegruppe 102
Hörnlehütte 103, 104
Hörnle-Schwebebahn 104

I

Immenstadt 42, 43, 47, 48

J

Jochlift 80

K

Kampenwand 206, 209
Kappel 105
Karwendel 120
Karwendelbahn 135
Kaseralm 145
Kistenwinterstube (Rottach-Egern) 161, 165, 169

Klamm (Kreuth) 150, 151, 155
Kleiner Watzmann 214
Kleines Pfuitjöchle 70, 72
Kleintiefenthalalm 184
Kleinwalsertal 38
Kochel am See 143
Kochelsee 142
Kohlstatt 212
Königssee 214
Kreuzalm 91
Kreuzeck 85, 87
Kreuzeckhaus 91, 95
Krottentaler Alm 194
Krumbachalpe, Hintere 47
Krün 136, 137, 139, 141
Kuhalm 99

L

Lacheralm 199
Lacherkar 196, 199
Lacherspitze 196, 199
Lähn 71, 72
Laubhütte 93
Lechtal 60, 64
Lenggries 147, 148, 150, 151, 152

M

Mangfallgebirge 150
Mariaeck 154
Marienbergbahn (Biberwier) 75, 76, 79, 80
Marienbergjoch 80
Mauerschartenkopf 84, 88
Maurach 171, 173
Mauritzalm 174
Miesingsattel 184
Mittag 44, 48
Mittagberg 48
Mittenwald 133, 134
Mittleres Hörnle 105
Mühlhornwand 200, 204

N

Nagelfluhkette 42

O

Oberalpe 53
Oberkaseralm 204
Oberstaufen 43
Ohlstadt 143, 145
Osterfelderkopf 84
Osterhofen 196, 197, 198

Noch mehr Skitourenglück ...

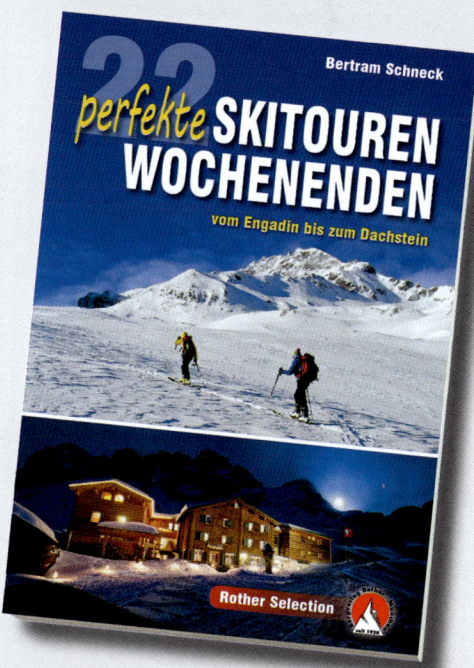

ROTHER | WWW.ROTHER.DE

P

Parsennbahn 41
Partnachalm 93
Partnachbrücke 93
Plankenstein 164
Plankensteinsattel 162, 168
Pleisenhütte 120, 121, 123
Pleisenspitze 120, 123
Priener Hütte 200, 201

Q

Quengeralm 146, 147

R

Ramsau 215
Rangiswanger Horn 54
Rauhalm 154
Rauhalmhütte 154
Rauheckalm 158
Rauhenberg 160, 163
Reintal 90
Riederecksee 168
Riezlern 39, 41
Rindalphorn 42, 46
Rinnen 66, 68
Rofangebirge 170
Rofanseilbahn (Maurach) 171, 173
Rofansiedlung (Wiesing) 171, 175
Rofanspitze 170, 175
Roßkopf 186, 190
Roßwank 108
Röthensteinalm 165, 168
Ruchenköpfe 183

S

Sachrang 200, 201, 205
Schapbachalm 217
Schapbach-Diensthütte 217
Scharling 157, 158, 159
Scharnitz 120, 121, 122
Schellenbergalm 183
Schleching 201
Schlechtenbergalm 209
Schlechtenberger Kapelle 209
Schliersee 176, 186, 187
Schnittlauchmoosalm 194
Schönfeldhütte 193, 194
Schöttelkar 136, 139
Schöttelkarscharte 139, 141
Schreckalm 205

Schrecksbachtal 41
Schreistein 168
Schwarzentennalm 151, 155
Schwarzwasserhütte 41
Sedererstuiben 42, 47
Seegatterl 210, 211, 212
Seekarkreuz 153
Seekarlspitze 175
Seelekopf 44, 48
Setzberg 164, 167
Skistadion (Garmisch-Partenkirchen) 91, 93
Soiernsee 139
Solnalm 119
Sonnenalm 207
Spitalalpe, Mittlere 40
Spitalalpe, Obere 40
Spitzing 176, 180, 181, 186, 193, 194
Spitzingsee 176, 180, 186, 187, 190, 192
Starzeljoch 41
Staufner Haus 44
Steibis 43, 46
Steineberg 44, 48
Steinköpfle 48
Steinlingalm 207, 209
Steinmandl 38, 41
Stie-Alm 146, 147, 148
Straßerhütte 146
Stuiben 42, 47, 48
Stuibenhütte 84, 85, 88, 94
Stuibenkopf 90
Stuibensee 84
Sudelfeld 196, 199
Sunnalm 76
Suttenbahn 190

T

Tannheimer Tal 56
Tannheim/Neu Kienzen 57, 58
Tanzeck 192, 194
Taubensteinbahn (Spitzing) 180, 181, 193, 194
Taubensteinhaus 184, 193
Taubensteinsattel 184
Tegernsee 160
Teufelstättkopf 96, 100
Thaneller 60, 63
Thanellerscharte 63
Tölzer Hütte 146

Traunsteiner Hütte 211
U
Unterammergau 97, 98, 101, 102, 103, 105
Urfeld 143, 144
V
Valepp 186
Viererkar 132
Viererscharte 132, 135
Vorderes Hörnle 105
W
Walchensee 142
Wallbergbahn (Rottach-Egern) 165, 166
Wallenburgalm, Untere 195

Wank 106, 108
Wankbahn 109
Wankhaus 107
Wannig 74
Watzmannkar 217
Watzmann-Mittelspitze 214
Westliche Karwendelspitze 132, 133, 135
Wiesing 171, 175
Wimbachbrücke (Ramsau) 215, 217
Winklmoosalm 213
Winklmoosalmbahn 211
Wirtsalm 204
Wuhrsteinalm 201, 203

Umschlagbild: Am Bahnhof Unterammergau.
Umschlagrückseite: Tiefschneefreuden am Grünhorn im Kleinwalsertal.
Bild S. 2/3: Mit der Werdenfelsbahn ins Wintervergnügen.
Bild S. 32/33: Vorbeiziehende Wintermärchenlandschaft während der Anfahrt.
Bild S. 36: Dieses Zeichen kennen wir wirklich gut.
Bild S. 37: Umziehen unnötig! Wir laufen einfach los.
Bild S. 124/125: Ein einziges Wintermärchen am Tanzeck.
Bild S. 128: Magisches Licht im Spitzingseegebiet nach einem Schneefall.
Bild S. 129: Tourenglück auf der Grünsteinscharte.
Bild S. 130/131: Starker Wind peitscht Schneekristalle ins Gesicht.
Bild S. 218/219: Sonnenuntergang an der Nagelfluhkette.
Bild S. 230/231: Abendstimmung am Ehrwalder Bahnhof.

Bildnachweis: Alle Fotos stammen von den AutorInnen, bis auf folgende:
S. 56–59 (Michael Pröttel) und S. 210–213 (Markus Stadler).

Kartografie: Tourenkarten im Maßstab 1:50.000 und 1:75.000
Touren 1–11, 14–19 und 22–35 sowie Übersichtskarte im Maßstab 1:800.000
© Freytag & Berndt, Wien
Tourenkarten im Maßstab 1:50.000 und 1:75.000
Touren 12, 13, 20 und 21 Geodaten © OpenStreetMap und Mitwirkende
(Kartografisches Design: Freytag & Berndt Prag, www.freytagberndt.cz)
Netzkarte S. 8/9: Michael Vitzthum

Lektorat: Sandra Schaeff
Umschlaggestaltung und Layout: Edwin Schmitt
Titelgestaltung und Bildstrecken: Michael Vitzthum

Danke an Markus Stadler und Michael Pröttel für ihre Gastbeiträge. Danke auch an alle unsere Freunde – mit Euch unterwegs sein zu dürfen ist großartig und immer eine Riesengaudi!

Die Ausarbeitung aller in diesem Führer beschriebenen Routenvorschläge erfolgte nach bestem Wissen und Gewissen der AutorInnen. Die Benutzung dieses Führers geschieht auf eigenes Risiko. Soweit gesetzlich zulässig, wird eine Haftung für etwaige Unfälle und Schäden jeder Art aus keinem Rechtsgrund übernommen.

Wir freuen uns über jeden Korrekturhinweis zu diesem Skitourenbuch!
Bitte per E-Mail an: **leserzuschrift@rother.de**

ROTHER BERGVERLAG · Keltenring 17 · D-82041 Oberhaching
Tel. +49 89 608669-0 · www.rother.de

1. Auflage 2023
© Bergverlag Rother GmbH, München

ISBN 978-3-7633-3312-7